BREITENGRAD

BREITENGRAD

*Die wahre Geschichte der Abenteurer,
die unsere Welt formten*

NICHOLAS CRANE

MIDAS

© 2022 Midas

1. Auflage 2022
ISBN 978-3-03876-555-4

Text: © Nicholas Crane, 2021
Übersetzung: Kathrin Lichtenberg
Lektorat: Dr. Friederike Römhild
Layout: Ulrich Borstelmann

Printed in Europe

Originaltitel: *Latitude*
© 2021 Penguin Books Ltd.

Bibliografische Information der Deutschen Bibliothek
Die Deutsche Bibliothek verzeichnet diese Publikation in der Deutschen Nationalbibliografie unter www.dnb.de.

Der Midas Verlag wird vom Bundesamt für Kultur für die Jahre 2021–2024 unterstützt.

Alle Rechte vorbehalten. Die Verwendung der Texte und Bilder ist ohne schriftliche Zustimmung des Verlages urheberrechtswidrig und strafbar.

Midas Verlag AG, Dunantstrasse 3, CH 8044 Zürich
kontakt@midas.ch, www.midas.ch,
socialmedia: follow »midasverlag«

Nach vierundzwanzig Stunden sahen sie das Tageslicht wieder, aber ihr Boot zerschellte an Klippen. Eine ganze Stunde mußten sie sich von Fels zu Fels schwingen, und schließlich gewahrten sie einen unermeßlich gedehnten Himmelsrand, der von unübersteigbaren Gebirgen gesäumt war. Das Land rings war sowohl zur Freude wie zur Stillung der Lebensnotdurft bebaut, und überall war das Nützliche zugleich auch angenehm.

Voltaire, *Candide* oder *Der Optimismus*, übertragen von Ernst Hardt, 1924

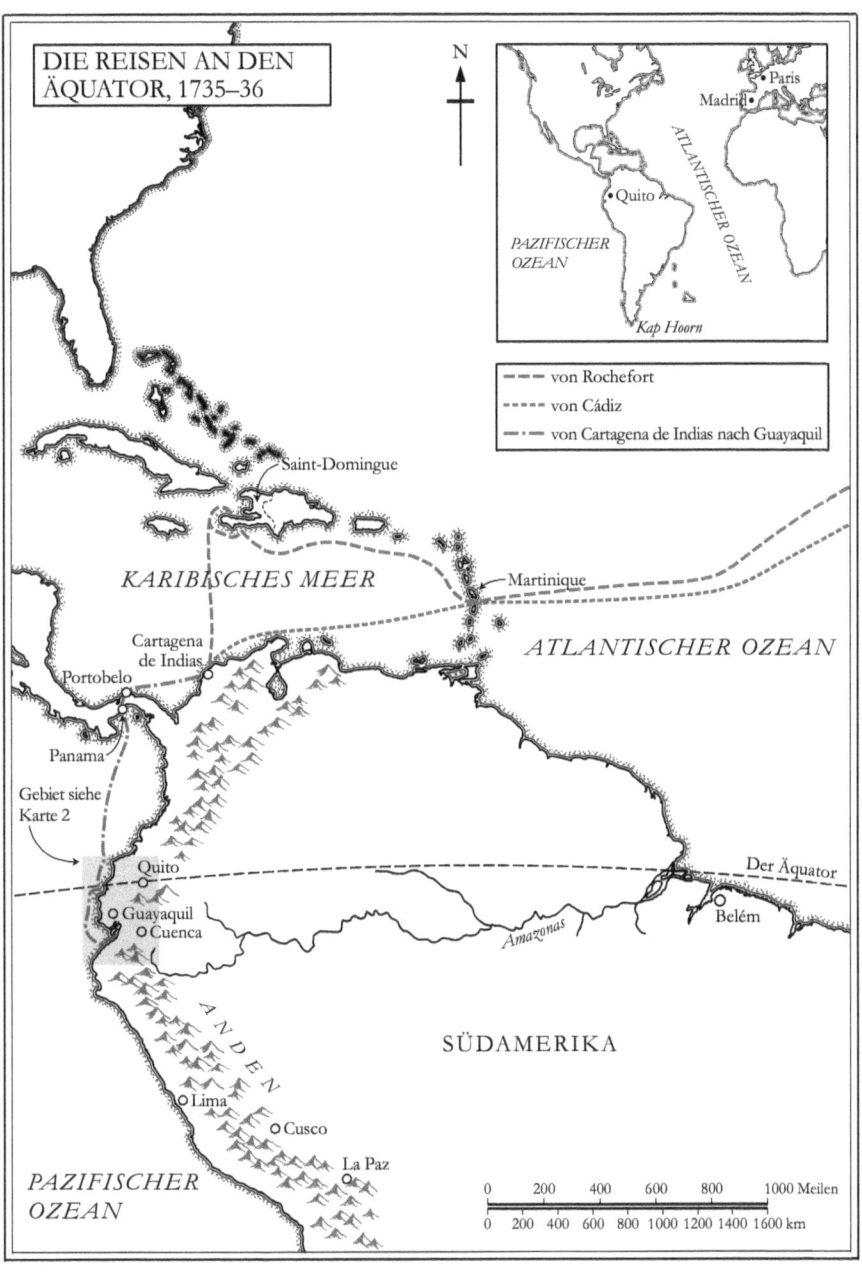

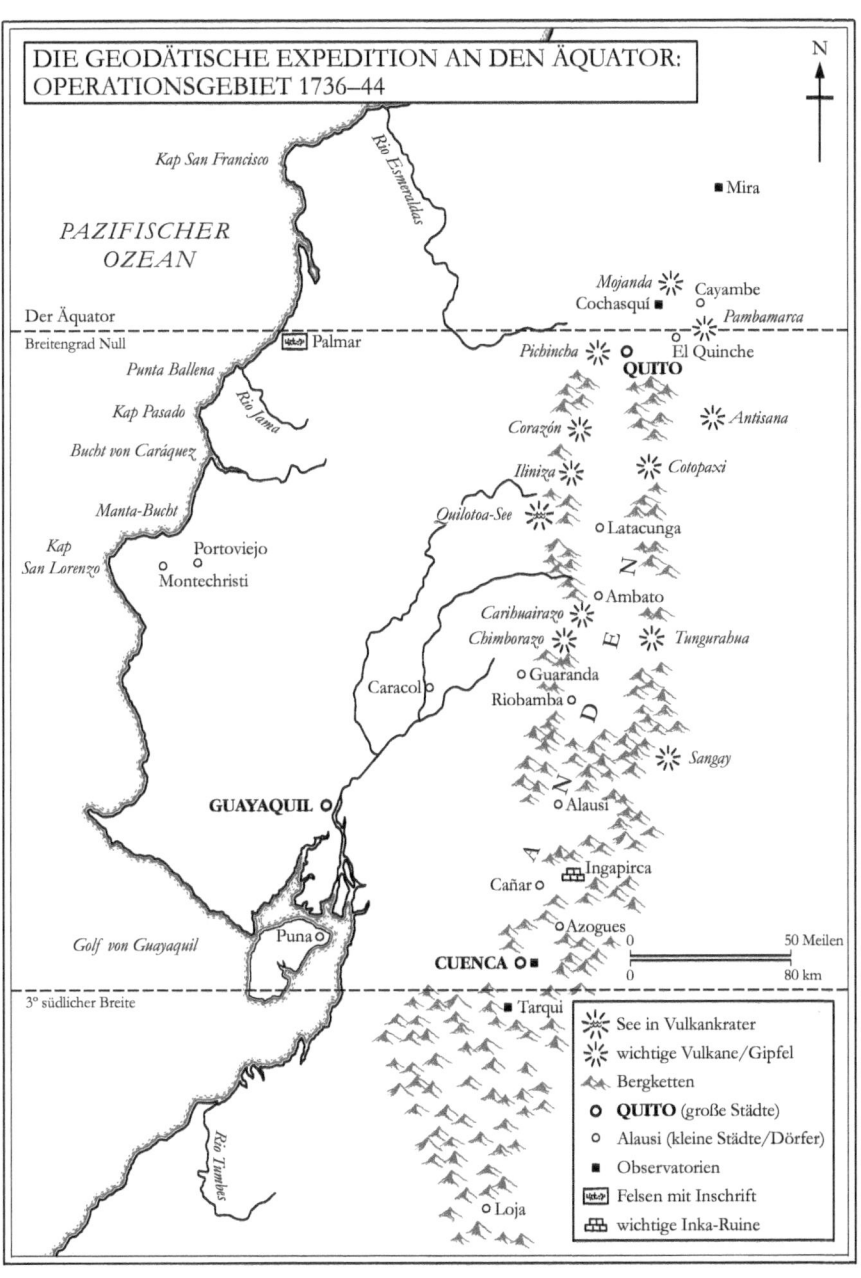

I

Die Tide wechselte. Schon bald würde der Mond die See den schwarzen Fluss hinunterziehen. Aus der Dunkelheit tönten das Gurgeln des Wassers auf dem Schlick und die schaurigen Rufe unsichtbarer Vögel. Am westlichen Ufer verschmolzen die Dächer und Türme von Rochefort mit dem tintenschwarzen Himmel. Ein gedämpftes *Klonk* schallte durch die feuchte Luft. Schiffsleute legten sich in ihre Riemen. Das Warten war fast vorbei. Der Rumpf des Schiffes erzitterte, als seine drei Masten vor den schwindenden Sternen schwankten. Der Morgen des 12. Mai 1735 war angebrochen.

Die *Portefaix* war vollgepackt mit mehr als einhundert Passagieren und einer Ladung aus Getreide und Kanonen. Wie bei den meisten Schiffen der französischen Flotte, die in die Kolonien aufbrachen, war der Laderaum zum Bersten gefüllt. Alle an Bord erhofften sich eine sichere Überfahrt. Achtzehn Jahre auf hoher See war eine lange Zeit für ein Schiff. Der 117 Fuß lange Kiel war 1717 in Toulon gelegt worden, und der Schiffsrumpf bestand aus den wiederverwendeten Planken dreier aus dem Dienst gestellter Kriegsschiffe. Das Schiff, das mit 22 Achtpfünder-Kanonen auf dem unteren und 22 Sechspfündern auf dem oberen Deck bestückt war, besaß eine Mannschaft aus 140 Männern und 5 Offizieren. Kommandiert wurden sie von Leutnant Guillaume de Meschin.

Der letzte Monat war frustrierend gewesen. Denn zur Fracht des Schiffes gehörte die »Geodätische Expedition zum Äquator«, eine unruhige Horde aus Gelehrten, Assistenten und Dienern, die es aus allen Ecken Frankreichs an die Charente gespült hatte, und mit ihnen eine unvorstellbare Menge an Gepäck, wissenschaftlichen Instrumenten und Ermächtigungsschreiben des Königs. Sie hatten mehr als 20 Koffer mit Büchern geladen. Einer von ihnen brachte einen Hund mit. An den Flottendirektor von Rochefort – den Beauftragten der Krone für den Betrieb des Hafens – waren Anweisungen ergangen, die Mission mit Schwertern, Musketen, Pulver und Munition, Zelten und Decken, chirurgischer Ausrüstung und Kochutensilien auszustatten. Mehr als 60 Kisten und Koffer hatten sich auf Rocheforts steinernem Kai angesammelt, zusammen mit einem Sammelsurium an Krimskrams, das nicht verpackt werden konnte. Das Gewicht und die Menge waren zu viel für das Schiff. Die Schlammbänke der Charente und die Untiefen der Bucht waren berüchtigt dafür, überladene Schiffe auflaufen zu lassen. Angesichts des übermäßigen Gepäcks der Expedition hatte sich Leutnant Meschin genötigt gesehen, 140 Fässer mit Getreide wieder auszuladen. Zwei Tage waren nötig gewesen, um die Fracht neu zu sortieren. Professor Bouguer, der nicht nur Hydrograf und Astronom war, sondern auch Frankreichs führender Experte für die Gewichtsverteilung in Schiffen, übernahm die Aufsicht.

Meschin erteilte den Befehl, den Anker zu lichten und das Schiff mit der Ebbe flussabwärts zu verholen. Um zehn Uhr vormittags bewegten sie sich im Mündungsbereich der Charente auf die Festung am Eingang des Mündungstrichters zu. Die *Portefaix* glitt vorbei an den Schießscharten der Île Madame und in das offene Wasser der Bucht. Da erstarb der Wind. Alle Augen richteten sich auf die schlaffen Segel. Als die Ankerkette auf den Meeresgrund vor der Île d'Aix ratterte, fragten sich einige an Bord, ob der Fehlstart ein schlechtes Omen gewesen sei.

Die Stunden verstrichen, und es wurde Nacht. Vier Tage lang lag die *Portefaix* vor Anker. Dann frischte der Wind wieder auf und die Segel wurden gesetzt. Unter prallen Segeln beobachteten Mannschaft und Passagiere, wie das flache Ufer der Île d'Oléron an der Backbordreling vorbeiglitt, bis sie sicher jenseits der Nordspitze der Insel und des mahnenden Fingers von Colberts Leuchtturm waren. Jean-Baptiste Colbert, *le Grand Colbert*, Erbauer von Leuchttürmen, Straßen, Kanälen und von Frankreich, hatte den Grundstein für die Französische Akademie der Wissenschaften gelegt, die erste gelehrte Gesellschaft in Frankreich, die der wissenschaftlichen Forschung gewidmet war. Drei der Männer auf der *Portefaix* waren gewählte Mitglieder der Akademie.

Als die *Portefaix* sich Richtung Westen wandte, begann das Deck, sich mit den Wogen des Ozeans zu heben und zu senken. Professor Bouguer verlor seinen Mageninhalt. Er hatte nicht vorgehabt, an der Expedition teilzunehmen. »Ich habe keine Absicht, irgendetwas mit diesem Unternehmen zu tun zu haben«, erinnerte er sich später, als er behauptete, dass der »schwache Zustand« seiner Gesundheit zu einer »Abscheu« vor Seereisen geführt habe. Pierre Bouguer war Königlicher Professor für Hydrografie in Le Croisic, dem wichtigsten Hafen an der Atlantikküste der Bretagne, wo er Kapitäne und Navigatoren für ein Leben auf See ausbildete. Er selbst war aber von Haus aus kein Seemann und dies war seine erste Atlantiküberquerung.

Ungehindert von Stürmen segelte die *Portefaix* durch den Golf von Biscaya bis zur Spitze von Spanien. Vor dem tückischen Felsen des Kap Finisterre warfen Mannschaft und Passagiere einen letzten Blick auf Europa. Mit jeder Wache, die verstrich, richteten sie sich weiter in den Routinen und Härten des Lebens an Bord ein. Verglichen mit der Sicherheit von Festlandfrankreich war ein 650-Tonnen-Schiff, das 250 Menschen transportierte, klaustrophobisch und unbequem. Bouguer und die beiden anderen Gelehrten lenkten sich von der Übelkeit und der Langeweile dadurch ab, dass sie lernten, ihre neuen Instrumente zu benutzen.

Sie segelten nach Südamerika, um die große Frage jener Zeit zu beantworten: Welche Form hatte die Erde wirklich? Die meisten waren sich einig, dass die Erde keine perfekte Kugel war. Aber war sie zu den Polen hin verlängert oder flach? War die Erde gestreckt oder abgeplattet? Im »gestreckten« Lager waren Anhänger des französischen Philosophen René Descartes. Im »abgeplatteten« Lager waren Anhänger des englischen Mathematikers Isaac Newton. In den Pariser Salons und Cafés, die von der akademischen Elite besucht wurden, waren die Cartesianer und die Newtonianer ungefähr gleich oft vertreten. Newtons Theorie war relativ neu und behauptete, dass die Zentrifugalkräfte innerhalb einer flüssigen, sich drehenden Erde so stark waren, dass sie am Äquator ausgebeult und an den Polen abgeplattet sei.

Es war keine ausschließlich abstrakt geführte Debatte. Ohne die exakte Form der Erde zu kennen, konnte es keine genauen Land- oder Seekarten geben. Die von der Geodätischen Expedition an den Äquator gelieferten Messungen versprachen, die Navigation auf den Ozeanen weniger gefährlich und profitabler zu machen. Zu denen, die die geopolitischen und wirtschaftlichen Vorteile für Frankreich erkannten, gehörte der Staatssekretär der Marine, Jean-Frédéric Phélypeaux, Graf von Maurepas, der das Wiederaufleben der französischen Seemacht befürwortete. Eine sichere Navigation war entscheidend für die Marine, und eine französische Exkursion in das Vizekönigreich Peru ließe nützliche Informationen über die spanischen Kolonien in Südamerika gewinnen, was möglicherweise Vorteile für den Handel und die politischen Beziehungen zwischen den beiden europäischen Großmächten hätte.

An Bord der *Portefaix* trugen die drei Wissenschaftler das Gewicht der Erwartungen. Eine Rückkehr nach Frankreich ohne Ergebnisse war undenkbar. Der Schlüssel zur Lösung der Frage nach der Form der Erde waren die parallelen Linien der Breitengrade, die den Globus umgaben. Der Breitengrad eines beliebigen Punktes auf der Erdoberfläche war sein Winkelabstand vom Äquator. Alle Orte auf dem Äquator hatten daher eine Breite von Null Grad, während der Nordpol bei 90 Grad nördlicher und der Südpol bei 90 Grad südlicher Breite zu finden waren. Indem man die Länge eines Breitengrades in Frankreich mit der Länge eines Breitengrades am Äquator verglich, würde man entdecken können, ob die Erde gestreckt oder abgeplattet sei. Für die Berechnung der Länge eines Breitengrades am Äquator sahen die Gelehrten einen zweistufigen Prozess vor: Zuerst würden sie eine scheinbare Kette von Dreiecken auslegen und Winkelmessungen einsetzen, um die exakte Länge der Kette zu berechnen. Zweitens würden sie astronomische Beobachtungen nutzen, um den Breitengrad an den beiden Enden der Kette festzulegen. Durch Dividieren der Länge der Dreieckskette am Boden (angepasst an die Meereshöhe) durch ihre Länge in astronomischen Grad würden sie in der Lage sein, die Länge eines Grads geografischer Breite zu berechnen. Diesen Wert zu erhalten, war auf dem Papier einfacher als in der Realität. Es war bekannt, dass ein Breitengrad ungefähr 60 Meilen lang war. Um jedoch die Genauigkeit zu erhöhen, wollten sie die Untersuchung auf drei Grad ausweiten, die Gesamtlänge der Kette aus Dreiecken würde also fast 200 Meilen betragen. Eine geodätische Untersuchung dieser Art und Größe war noch nie auf solch schwierigem Terrain versucht worden: Die Gegend des äquatorialen Südamerika, die man für die Vermessung gewählt hatte, war berüchtigt für ihre Regenwälder, Vulkane und Schluchten sowie für eine Vielzahl anderer Gefahren, zu denen tödliche Krankheiten, gefährliche Tiere, schreckliche Verkehrswege und misstrauische spanische Beamte gehörten. Die Mission war eine sehr teure, technisch herausfordernde, körperlich riskante Suche nach einem mathematischen Wert. Dieser Wert würde ein Vielfaches einer französischen *Toise* sein, einer Maßeinheit, die 6 *Fuß* entsprach. Die Expedition führte eine Eisenstange mit sich, die von dem Instrumentenbauer Claude Langlois geschmiedet und auf exakt die Länge einer *Toise* geschliffen worden war. Diese Stange sollte dazu dienen, alle Messungen während der Expedition zu kalibrieren.

Für ihre Mitreisenden auf der *Portefaix* war die Geodätische Expedition an den Äquator eine seltsame Gemeinschaft. Es waren zehn Teilnehmer an Bord, unterstützt von vier Dienern. An ihrer Spitze standen drei Mitglieder der französischen Akademie. Der älteste von ihnen war der bretonische Professor Pierre Bouguer, ein Mann, der seit seiner Kindheit in Le Croisic, wo sein Vater Königlicher Professor für Hydrografie gewesen war, in Zahlen gedacht hatte. Im Alter von sechzehn Jahren hatte Pierre den Posten seines Vaters geerbt und war mit achtzehn ein regelmäßiger Besucher in Paris und am Conseil de Marine, dem Marinerat. Er war strebsam und pedantisch, und die radikale Logik seiner mathematischen Vorstellungskraft war genau das, was die Marine brauchte. Mit dreiundzwanzig wurde er eingeladen, einen Streit in der Französischen Akademie der Wissenschaften über zwei entgegengesetzte Methoden, die Tonnage eines Schiffes zu messen, beizulegen. Sechs Jahre später gewann der begnadete Hydrograf einen Preis der Akademie für einen Artikel mit dem Titel »Über die beste Art, die Masten von Schiffen zu formen und zu verteilen«. Unter den Forschungsprojekten, an denen er gearbeitet hatte, als der Ruf von Maurepas kam, war ein

Traktat zur Schiffsarchitektur, der die ungeschriebenen Trial-and-Error-Gepflogenheiten des Schiffsbaus durch mathematische Regeln ersetzen sollte, die auf den Gesetzen der Physik beruhten. Das unvollendete Traktat lag in seiner Kabine auf der *Portefaix*. Bouguers Zögern, sich an der Expedition zu beteiligen, hatte mehr mit seinen wissenschaftlichen Ambitionen zu tun als mit der Angst vor einer Reise über den Ozean. Ein längerer Aufenthalt im Ausland würde seine Studien unterbrechen. Maurepas hatte jedoch den begehrten und nicht gerade reichen Wissenschaftler mit der Aussicht auf wertvolle Instrumente und die Versprechen gelockt, dass seine Ausgaben übernommen und er außerdem in der Akademie vom *associé ordinaire* zum *pensionnaire* befördert werden würde.

Charles-Marie de La Condamine war drei Jahre jünger als Bouguer und genau wie sein Kollege unverheiratet. Wie die anderen Teilnehmer der Mission bald entdecken würden, basierte La Condamines Charakter auf einer zerstörerischen Kombination aus Neugier und Rücksichtslosigkeit. Seine Herkunft war eher konventionell: Ein Pariser Vater, der als Steuereintreiber gearbeitet hatte, und eine Ausbildung in Geisteswissenschaften und Mathematik am Jesuitenkolleg Louis-le-Grand. Nach Abschluss seines Studiums war er in die Armee eingetreten und hatte sich im Krieg gegen Spanien wiedergefunden. In einer Episode, die typisch für seine Militärlaufbahn sein sollte, war er während der Belagerung von Roses auf eine erhöhte Stelle gestiegen, um von dort aus den Fall der feindlichen Artilleriegranaten beobachten zu können, und dies ungeachtet der Tatsache, dass sein auffälliger violetter Umhang der Grund dafür war, dass es um ihn herum explodierte. Nach seiner Rückkehr nach Paris schloss sich der Kriegsveteran den Denkern und Machern der *Académie des Sciences* sowie dem Kreis der intellektuellen Schurken an, die sich um einen anderen ehemaligen Schüler von Louis-le-Grand geschart hatten, François-Marie Arouet, den freimütigen Historiker und Philosophen, der seine Schriften unter dem Pseudonym Voltaire veröffentlichte. 1730 erkannte La Condamine ein Schlupfloch in den Regeln der staatlichen Lotterie und heckte gemeinsam mit Voltaire und anderen Freunden einen Plan aus, um das System zu knacken. Sie alle gewannen dabei eine Menge Geld. Im selben Jahr wurde La Condamine Mitglied der Akademie. La Condamine und Pierre Bouguer – der waghalsige Abenteurer und der methodische Mathematiker – waren ein ungleiches Paar. Dennoch war vielen an Bord klar, dass sie dazu bestimmt waren, enge Freunde zu werden.

Das dritte Akademiemitglied, das auf der *Portefaix* mitfuhr, war ein schwieriger Fall. Louis Godin war jünger als Bouguer und La Condamine, hatte bessere Verbindungen und wies Charakterschwächen auf, zu denen unter anderem Arroganz und Eitelkeit gehörten. Geboren in Paris und in Astronomie ausgebildet am Collège Royal, war er gutaussehend, hochgewachsen und hatte einen Vater, der Anwalt im Parlament war. Ohne etwas veröffentlicht zu haben, hatte Louis es geschafft, mit nur einundzwanzig Jahren adjungiertes Mitglied der Akademie zu werden. Nachdem er ihre Türen durchschritten hatte, war er in den einflussreichen Korridoren herumgeschlendert und hatte die *Mémoires de l'Académie des Sciences* bearbeitet. 1729, mit vierundzwanzig Jahren, hatte er Rose Angélique Le Moine geheiratet, und das junge Paar – das komfortabel am linken Seine-Ufer nahe der Sorbonne lebte – bekam schon bald einen Sohn und eine Tochter. 1730 war Godin es gelungen, sich in die prominente Rolle des Herausgebers von *Connaissance des temps* oder *Wissen der Zeiten* zu manövrieren. Hierbei handelte es sich um die offiziellen astronomischen Ephemeriden, ein jährlich aktualisiertes Buch von etwa 200 Seiten, das vollgepackt war mit Tabellen und Hinweisen zur Durchführung von Beobachtungen. Es war die älteste und angesehenste Publikation ihrer Art auf der Welt und der Name des Herausgebers stand in Großbuchstaben auf der Titelseite. Zeitgleich mit Godins Herausgeberschaft wurde ein neuer Abschnitt hinzugefügt, der die Namen und Adressen der *Messieurs* aufführte, die zur Königlichen Akademie der Wissenschaften gehörten. Einen Monat, nachdem die Ausgabe von 1734 in den Druck gegangen war, war Louis Godin in der Liste von einem lediglich *adjungierten* Mitglied zum *pensionnaire ordinaire* aufgestiegen und hatte der Akademie einen sorgfältig vorbereiteten Vorschlag zur Durchführung einer Expedition unterbreitet, die die Form der Erde feststellen sollte. Maurepas hatte Godin die Leitung übertragen. Allerdings war Louis Godin die Art von Mensch, die nicht einmal eine *boulangerie* leiten konnte, geschweige denn die erste internationale wissenschaftliche Expedition der Welt.

Eng mit den drei Wissenschaftlern zusammenarbeiten würde ein Quartett aus Spezialisten. Der erfahrenste von ihnen war Jean-Joseph Verguin, der als leitender Vermesser der Mission dienen würde. Verguin, ein begabter Ingenieur, der in Kartografie und Astronomie ausgebildet war, wäre verantwortlich für die Herstellung der Karten, von denen die Vermessung abhängen sollte. Dankenswerterweise war er ein Transatlantik-Veteran. Fünfzehn Jahre zuvor war er in die Karibik gesegelt und hatte an einer Vermessung von Cartagena de Indias sowie an einer weiteren des Mississippi-Deltas teilgenommen. Nach seiner Rückkehr nach Frankreich hatte er in einer Werft in Toulon als Architekt und Konstrukteur gearbeitet. 1731 fuhr Verguin erneut zur See, und zwar auf einer Reise durch das Mittelmeer, unter anderem zu den griechischen Inseln und an die nordafrikanische Küste. Seine großformatigen Karten von strategischen Häfen wie Tripolis und wichtigen Ankerplätze in der ionischen und ägäischen See waren Musterbeispiele für praktische Genauigkeit. Mit dreiunddreißig gehörte er zu den älteren Teilnehmern der Expedition. Verguins Reife und Erfahrung würden wichtige Stützen für das Projekt sein. Wie verschiedene andere Mitglieder der Expedition stellte er sich vor, dass ihn die geodätische Vermessung höchstens für einige Jahre außer Landes führen und wahrscheinlich mit einer Pension belohnt werden würde. Seine Frau und seine zwei Kinder blieben in Toulon, während er weg war.

Die Fortschritte der Expedition sollten natürlich festgehalten werden. Der mit dem Anfertigen von Bildern beauftragte Spezialist war Jean-Louis de Morainville. Der Künstler und Konstrukteur von Ende zwanzig ließ seine Frau in Frankreich zurück, um an den Zeichnungen und Karten der Mission zu arbeiten.

Techniker des Teams war ein Uhrmacher namens Théodore Hugo. Seine Rolle wäre die Wartung und Justierung der verschiedenen Instrumente der Expedition. Der Bestand reichte von Kompassen und Uhren bis zu Thermometern, Barometern und den empfindlichen Pendeln, mit denen die Gelehrten die Schwerkraft der Erde zu messen gedachten. Falls Newton recht hatte, müsste sie am Äquator geringer sein, weil die äquatornahen Orte durch die Ausbeulung weiter entfernt vom Kern des Planeten wären. Die Arbeitspferde für die Landvermessung bildeten Quadranten zum Messen von Winkeln. Das Instrument allerdings, das Hugo am wahrscheinlichsten schlaflose Nächte bereiten würde, war ein riesiges 12-Fuß-Zenitteleskop für astronomische Beobachtungen. Hugo war ein geschickter, vielseitiger Handwerker, versiert im akribischen Umgang mit Metall, doch seine Vertrautheit mit astronomischen Instrumenten war begrenzt.

Abgerundet wurde die Gruppe der Spezialisten durch Joseph de Jussieu. Seine Familie stand Godin nahe, der die Jussieus für ihre Erfolge in der Welt der Botanik und der Medizin bewunderte. Josephs älterer Bruder Antoine war Direktor des Jardin du Roi in Paris und sein dreibändiges Werk *Elemente der Botanik* brachte ihm die Aufnahme in die Akademie ein. Ein anderer Bruder, Bernard, trat im Anschluss an seine medizinischen Studien eine Stellung im Jardin du Roi an, wo er eine neue Methode der Pflanzenklassifikation entwickelte. Ihr jüngerer Bruder Joseph hatte einen Doktortitel in Medizin erworben und unterrichtete an der Universität von Paris, als er den Ruf nach Südamerika erhielt. Joseph de Jussieu, der in sich gekehrt und verletzlich war, sollte als Arzt und Botaniker der Expedition dienen.

Die drei restlichen französischen Mitglieder der Mission waren eine Mischung aus Freunden und Günstlingen. Jean-Baptiste Godin des Odonais war Cousin ersten Grades von Louis Godins. Jean-Baptiste, der gerade in seinen Zwanzigern war, hatte seine Berufung im Leben noch nicht gefunden, als er vom Familiensitz an den trägen Ufern des Flusses Cher im ländlichen Frankreich abberufen wurde. Er besaß keinerlei Erfahrungen als Geodät und nahm daher als allgemeiner Assistent an der Expedition teil.

Jacques Couplet-Viguier war der Neffe eines Freundes von Louis Godin, Nicolas Couplet de Tartreaux, des Schatzmeisters der Akademie. Jacques war ebenfalls ein Expeditionsneuling. Mit siebzehn Jahren war er das jüngste Mitglied der Mission, kam jedoch an Bord der *Portefaix* im Bewusstsein der Errungenschaften seiner Vorfahren. Sein Großvater hatte an Cassinis Vermessung Frankreichs teilgenommen und sein Onkel, Nicolas, hatte eine Zeit lang in Südamerika astronomische Beobachtungen durchgeführt. Genau wie Godin des Odonais würde er als allgemeiner Assistent dienen.

Jean Seniergues war ein enger Freund von Joseph de Jussieu. Beide waren zum Zeitpunkt der Abfahrt der *Portefaix* gerade dreißig geworden. Seniergues stand ungeniert zu seinen Motiven, einen Platz auf der *Portefaix* zu akzeptieren. Goldminen und Allgemeinmedizin würden ihn reich machen. Er war unverheiratet und hatte alles zu gewinnen. Von Beruf war er Chirurg und stand daher niedriger als sein medizinisch ausgebildeter Freund Joseph. Seine Erfahrungen mit Behandlungen und Schmerzlinderung wurden jedoch als Vorteil am Äquator angesehen.

Eingeschlossen in dem französischen Pass der Expedition waren vier nicht näher bezeichnete Diener, ein schattenhaftes Quartett, deren Identität und Leistungen in den später veröffentlichen Memoiren und Berichten praktisch nirgendwo auftauchten. Im Laufe der kommenden Jahre würden die Diener der Expedition durch andere *domestiques* und eine wechselnde Besetzung aus lokalen Führern, Trägern, Flussschiffern, Maultiertreibern und Arbeitern ergänzt und ersetzt werden, ohne die diese Mission gescheitert wäre.

Zwei wichtige Mitglieder der Gruppe waren allerdings nicht auf der *Portefaix*. Um Zugang zum Vizekönigreich von Peru zu erhalten, hatte Maurepas den spanischen Marineminister José Patiño überzeugt, dass die französische Expedition einen ungeheuren Vorteil für die spanische Navigation bieten würde. Um Spaniens Kooperation zu erreichen, hatte Maurepas die Dienste der Mission beim Messen der Längen- und Breitengrade wichtiger Orte an der Küste Perus angeboten. Patiño beriet sich mit seinem König und dem Consejo de Indias (Indienrat) und erhielt einen positiven Bescheid. Bedingung war allerdings, dass die Expedition »zwei intelligente Spanier« mitnehmen sollte.

Mehr als einen Monat lang rollte und schwankte die *Portefaix* über den Atlantischen Ozean. In der Mannschaft kam es zu ersten Spannungen. Eine von Louis Godins hässlicheren Charaktereigenschaften war seine Angewohnheit, auf seine Mitreisenden herabzuschauen. Dies ärgerte besonders den Chirurgen, Jean Seniergues, der später behauptete, Godin hätte »gewünscht, sich zum Großmeister aufzuschwingen«. Er war nicht der Einzige, der so dachte. Der Zwist wurde verstärkt durch eine frühe Allianz zwischen La Condamine und Bouguer, deren Zweifel an Godins Führungsqualitäten sich mit jedem weiteren Tag auf der *Portefaix* verfestigten.

Am 20. Juni wurden Fregattvögel gesichtet, die auf der Suche nach Tintenfischen und Fischen über den Wellen kreisten. Dann, am 22. Juni, als die Sonne begann, den östlichen Horizont zu färben, tauchte ein Berg aus dem Dunst über dem Meer auf. Martinique. Die Erleichterung unter den Passagieren war greifbar. Die Weiterreise wäre nun kaum mehr als ein Hüpfen von Insel zu Insel. Leutnant Meschin führte die *Portefaix* um die Spitze der Insel herum an ihre Westküste und segelte sein Schiff an der als Pointe des Nègres bezeichneten Landzunge vorbei in die Bucht von Fort-Royal. Der Anker fiel vor einer ansehnlichen Reihe von Kanonenmündungen, die aus der Festung auf Meereshöhe herausragten. Sie blieben zehn Tage liegen, während Fracht entladen und wichtiger Nachschub an Bord genommen wurde.

Für die Wissenschaftler war dies die Gelegenheit, endlich wieder einmal an Land zu gehen und Erkundigungen einzuholen. Martinique war ein entweihter Garten. Die Insel war bei den ursprünglich dort ansässigen Kariben für ihre Blumen berühmt gewesen, allerdings hatte 1635 die französische Compagnie des Îles d'Amérique von ihr Besitz ergriffen. Die Kariben wurden ausgerottet. Zu dem Zeitpunkt, als die *Portefaix* sich an ihrem geschützten Ankerplatz neben Fort-Royal wiegte, waren die meisten der zugänglichen Hänge der Insel mit Zucker- und Kaffeeplantagen bedeckt und Martinique war zu einem karibischen Gefängnis für 60.000 Sklaven geworden.

Die drei Wissenschaftler zogen mit ihren Instrumenten umher, erklommen den Mount Pelée, um dessen Höhe zu berechnen, und bestimmten die geografische Länge und Breite von Fort-Royal. Der Ingenieur Verguin zeichnete eine genaue Karte der Bucht mit Tiefenmessungen und der Lage gefährlicher Untiefen, um sich zurechtzufinden. Für Joseph de Jussieu war Martinique ein botanisches Märchenland. Schweißtriefend zog er über die Hänge auf der Suche nach exotischen Pflanzen und Früchten. Er hatte von seinem Bruder Antoine schon viel über die Insel erfahren. Sein Professorenamt am Jardin du Roi machte ihn zu einer nützlichen Quelle für botanische Informationen. »Ich glaube, ich werde mich ganz gut an das tropische Klima gewöhnen«, schrieb Joseph aufgeregt an seinen Bruder in Paris. Er wählte Pflanzen aus, um sie mit dem nächsten verfügbaren Schiff nach Frankreich zu schicken. Eigentlich war all dieses wissenschaftliche Getue überflüssig, da der Jardin du Roi die Pflanzen bereits besaß und die Lage von Fort-Royal sowie die Höhe des Pelée schon bekannt waren, doch für Godin, La Condamine, Bouguer, Verguin und Jussieu waren es gute Übungen für ihre Arbeit im Feld, die sie schon bald in deutlich anspruchsvollerem Gelände unternehmen würden.

Zwei Tage, bevor die *Portefaix* weitersegelte, ereignete sich ein beunruhigender Todesfall an Bord. Unter den Passagieren, die in Fort-Royal auf das Schiff gekommen waren, befand sich ein Schweizer Sergeant. Er war, wie La Condamine notierte, »ein robuster Mann«. Dennoch wurde er »in weniger als einem Tag von der *maladie de Siam* hinweggetragen, die auf unseren Inseln so verbreitet ist«. Man glaubte damals, die Siamesische Krankheit oder das »Schwarze Erbrechen« – nach inneren Blutungen im Verdauungstrakt – sei durch ein Schiff mit französischen Siedlern in die Karibik eingeschleppt worden. Schon bald würde sie unter dem Namen »Gelbfieber« bekannt werden, ein Virus, das von Mücken übertragen wird. Symptome waren eine grippeartige Kombination aus Kopfschmerzen, Fieber und Muskelschmerzen, gefolgt von Übelkeit und Erbrechen, Gelbsucht, Blutungen, Anfällen und Organversagen. Die Überlebensrate lag bei lediglich 50 Prozent. Die Krankheit war in Südamerika verbreitet, sodass ab Martinique jedes Mitglied der Expedition nur einen Mückenstich vom Tod entfernt war.

Es gab keinen Grund, weshalb die Anreise der *Portefaix* von Martinique mit Komplikationen einhergehen sollte, dennoch gelang es den französischen Wissenschaftlern zum zweiten Mal, die Pläne von Leutnant Meschin zu vereiteln. Zuerst versuchte Godin, dem Verwalter von Martinique einige *Livres* abzuringen, angeblich zur Deckung der Kosten des Aufenthalts der

Expedition auf der Insel. Doch dann wurde La Condamine von »einem heftigen Fieber« befallen. Es ergriff seinen Körper mit grausamer Geschwindigkeit. Später berichtete er, dass die Symptome »es scheinen ließen, als wäre [er] von derselben Krankheit angegriffen worden« wie der Schweizer Sergeant. Gelbäugig, fiebernd und voller Schmerzen war La Condamine nicht in der Verfassung für eine weitere Seereise. Angesichts der Aussicht, auf Martinique zurückgelassen zu werden, stimmte er zu, zur Ader gelassen und mit Brechmitteln traktiert zu werden. Nach dem Bluten und Abführen lud man das Akademiemitglied an Bord. Am Abend des 4. Juli segelte die *Portefaix* aus Fort-Royal ab.

Die Überfahrt von Martinique hätte einfach sein sollen. Bei gutem Wind konnten die französischen Schiffe einem nordwestlichen Kurs durch die Karibik zur Kolonie von Saint-Domingue folgen, die den westlichen Teil der Insel Hispaniola besetzte. Hier sollte die Expedition von Bord der *Portefaix* gehen und sich Schlafplätze und Frachtraum auf einem Schiff sichern, das sie zum spanischen Hafen Cartagena de Indias auf dem südamerikanischen Festland bringen sollte. Doch vier Tage nach der Abreise aus Fort-Royal segelte die *Portefaix* in eine dicke Nebelbank.

2

Während die *Portefaix* im Nebel vor Hispaniola verschwand, wurde ein schnittiges Paar spanischer Kriegsschiffe vor Cartagena de Indias, dem Tor nach Südamerika, mit einem Salut aus neun Kanonen begrüßt. Die Schiffe *Nuevo Conquistador* und *Incendio* waren am 26. Mai aus Cádiz abgesegelt, etwa 14 Tage, nachdem die *Portefaix* Rochefort verlassen hatte. Verglichen mit der mäandernden Reise des alternden französischen Kriegsschiffes hatten die spanischen Kriegsschiffe wie Vollblüter den Atlantik überquert. An Bord waren die »zwei intelligenten Spanier«, die abgeordnet waren, um die Geodätische Expedition an den Äquator zu begleiten.

Jorge Juan y Santacilia und Antonio Ulloa y de la Torre-Guiral waren Absolventen der Akademie der Marinegarden, der Elitetruppe junger Männer aus dem spanischen Adel, die ausgewählt worden waren, um in Mathematik, Astronomie, Navigation und verwandten Fächern von Trigonometrie und Hydrografie bis Kartografie und Feuerwaffen ausgebildet zu werden. Beide Männer hatten im aktiven Dienst gestanden. Jorge Juan war mit der spanischen Mittelmeerflotte gegen umherstreichende Korsaren gezogen und hatte mit den Geschwadern gekämpft, die den Osmanen die Stadt Oran abgenommen hatten. Ulloa war auf einer zweijährigen Reise mit einer Flotte von Galeonen über den

Atlantik gefahren, die an den wichtigsten spanischen Häfen in der ganzen Karibik gehalten hatte. Die Auswahl für die geodätische Expedition bedeutete eine sofortige Beförderung. Ihre Kommandeure bei den Marinegarden waren angewiesen worden, »zwei Personen [zu wählen], deren Wesensart nicht nur eine perfekte Harmonie und Übereinstimmung mit den französischen Gelehrten versprechen, sondern die auch in der Lage sind, ebenso mit ihnen, die Experimente und Operationen durchzuführen, die im Laufe der Unternehmung notwendig sein könnten«. Um die zwei Marinegarden mit der entsprechenden Autorität während ihrer Mission auszustatten, waren beide in den Rang des Leutnants befördert worden. Jorge Juan war zweiundzwanzig und Ulloa neunzehn.

Während die zwei Leutnants beobachteten, wie der Qualm der Mündungen über die Bucht von Cartagena driftete, hatten sie Grund, sich zu wundern. Eine Expedition in die Anden gehörte nicht zu den normalen Aufgaben für Mitglieder der Marinegarden. Sie waren für die Ozeane ausgebildet worden, nicht für die Berge. Damit dieser seltsame Auftrag sich für Spanien – und für sie – lohnen würde, müssten sie gut zusammenarbeiten. Vermutlich war es zu ihrem Vorteil, dass sie so unterschiedlicher Herkunft waren. Jorge Juan war an der Küste der Alicante geboren worden. Als er drei war, starb sein Vater, sodass zwei Onkel sich um seine jesuitische Ausbildung kümmerten und ihn – als er zwölf war – über das Meer nach Malta schickten, wo er in den Orden vom Heiligen Johannes von Jerusalem aufgenommen wurde. Mit vierzehn gewährte man ihm den

Titel des Kommandanten von Aliaga in Aragón, und er verließ die Insel als Ritter des Malteserordens, ein Amt, das lebenslange Keuschheit verlangte. Jorge Juan war ein kräftig gebauter Mann mittlerer Größe, der denen, die ihn gut kannten, als von »einer angenehmen und milden Miene« in Erinnerung blieb. Er »aß sparsam«, seine Gewohnheiten »waren die eines christlichen Philosophen« und er »beurteilte Männer nicht nach dem Ort, von dem sie kamen«. Er hatte hohe Erwartungen, vor allem von sich selbst. Sein Spitzname an der Akademie der Garden war Euklid gewesen.

Jorge Juan und Ulloa hatten sich für die Reise getrennt, eine Praxis, die sie wiederholen würden, wann immer das möglich war. Wenn einer von beiden verlorenginge, würde der andere ihre Mission fortsetzen. Als der ältere und länger ausgebildete der beiden segelte Jorge Juan auf dem größeren der beiden Schiffe, der *Nuevo Conquistador*. Das Kriegsschiff mit 64 Kanonen war damit beauftragt, den neuen Vizekönig von Peru, José Antonio de Mendoza Caamaño y Sotomayor, Marquis von Villagarciá de Arousa, nach Cartagena de Indias zu bringen. Die Beziehung, die Jorge Juan während der Reise mit Villagarciá aufbaute, sollte sich als äußerst wichtig erweisen.

Während Jorge Juan mit dem Vizekönig speiste, wurde Ulloa auf dem engen Deck des 50-Kanonen-Schiffes *Incendio* durchgerüttelt. Der eifrige Neunzehnjährige beschäftigte sich mit Aufzeichnungen über die Variationen der magnetischen Deklination: den Winkel zwischen dem wahren Norden und dem magnetischen Norden. Ulloas aristokratischer Vater Bernardo de Ulloa war ein publizierender Ökonom, und der junge Antonio war in der geschäftigen internationalen Stadt Sevilla aufgewachsen – dem Hafen am Guadalquivir, der 200 Jahre zuvor die Überlebenden von Magellans erster Weltumrundung willkommen geheißen hatte. Im Alter von dreizehn Jahren war er an die Akademie der Marinegarden in Cádiz entsandt worden, verzögerte aber seinen Eintritt um zwei Jahre, während er seine selbstfinanzierte karibische Rundreise unternahm. Nach seiner Rückkehr 1732 war er für den November des folgenden Jahres zu den Marinegarden zugelassen worden, gerade noch rechtzeitig, um mit einer Flotte zu segeln, die Neapel verstärken sollte. Als er Ende 1734 wieder nach Spanien kam, waren die Vorbereitungen für die Geodätische Expedition an den Äquator schon in vollem Gange. Obwohl er weniger formelle Ausbildung erhalten hatte als sein älterer Landsmann, hatte sein transatlantischer Ausflug in die Karibik Ulloa gut auf das nun geplante wissenschaftliche Epos vorbereitet.

Die Befehle, die der Marineminister Patiño an die beiden Leutnants übergab, gingen über die Zusammenarbeit mit den Franzosen zum Messen eines Breitengrades hinaus. Die Spanier verfolgten einige eigene Projekte. Jorge Juan und Ulloa waren angewiesen worden, Vermessungen kolonialer Häfen und Territorien vorzunehmen. Es war ein Auftrag, der die Bestimmung von Orten mittels astronomischer Beobachtungen, die Herstellung von Karten, Naturgeschichte, urbane und kulturelle Geografie sowie die Beurteilung der Verteidigung umfasste. Insbesondere sollten sie berichten, ob es Korruption innerhalb der spanischen Kolonialverwaltung gab. Ein Großteil dieses Materials sollte ohne Wissen der französischen Akademiemitglieder oder der Kolonialbeamten in einem »Geheimdossier« gesammelt werden. Jorge »Euklid« Juan würde die Führung übernehmen und sich auf die komplexeren Beobachtungen und die Mathematik konzentrieren, während Ulloa sich mit der Kartenherstellung und eher beschreibenden Aufgaben befassen würde.

Bei der Landung in Cartagena de Indias erfuhren Jorge Juan und Ulloa vom Gouverneur, dass »die französischen Gelehrten noch nicht eingetroffen waren und es bisher keinerlei Benachrichtigungen von ihnen gab«. Diese Verzögerung war besorgniserregend. Irgendwo zwischen Frankreich und der Karibik war das Schiff, das die Franzosen bringen sollte, verschwunden. »Nach dieser Information«, erinnerte sich Ulloa, »und da wir aufgrund unserer Instruktionen verpflichtet waren, auf sie zu warten, kamen wir überein, das Beste aus unserer Zeit zu machen.«

Besonders für Ulloa war dies eine ergiebige Gelegenheit, seine investigativen Fähigkeiten zu testen. Er hatte Cartagena de Indias bei einem Jugendabenteuer mit den Galeonen besucht und war vermutlich vertraut mit dem berühmten Militärtechniker der Stadt Juan Herrera y Sotomayor – vielleicht war er ihm sogar begegnet. Zum Bedauern der beiden Leutnants war der Brigadegeneral Herrera drei Jahre zuvor verstorben, doch sein Vermächtnis war in der ganzen Stadt und der Bucht in Form von Verteidigungsforts, Bastionen und Batterien zu sehen, die er beauftragt hatte. Herrera war 1681 nach Amerika gekommen und hatte sich im Laufe von fünfzig Jahren von einem einfachen Leutnant in der Garnison von Buenos Aires zum Ingenieur hochgearbeitet, der die Verteidigungsanlagen von Panama, Portobelo und Cartagena de Indias reparierte und verbesserte. Zu seinen Innovationen in Cartagena gehörten Schleusentore im holländischen Stil, um die Navigation auf dem Fluss Magdalena zu erleichtern, und die Schaffung der ersten Ingenieurschule der »Neuen Welt«, der Academia de Matemáticas y Práctica de Fortificación.

Die beiden Leutnants machten sich ans Werk. Während sie auf Neuigkeiten von den Franzosen warteten, unternahmen sie eine umfassende Untersuchung von Spaniens Hauptumschlagplatz in Amerika. Cartagena de Indias war 1533 von dem spanischen Konquistador Pedro de Heredia gegründet worden, der erkannt hatte, welch einen strategisch günstigen Ankerplatz die Bucht bildete. Die indigene Bevölkerung, deren Dörfer am Ufer lagen, wurde getötet oder ins Landesinnere vertrieben. Als der beste natürliche Hafen an der Nordküste Südamerikas wurde Cartagena sofort zum Ziel für die Staaten, die miteinander um die Kontrolle über ihre jeweiligen »Neuen Welten« konkurrierten. Elf Jahre nach seiner Gründung plünderten die Franzosen Cartagena und erpressten ein Lösegeld. 1585 überfielen Sir Francis Drake und seine aufsässige Bande ketzerischer englischer Piraten die Stadt, brannten sie nieder und forderten ebenfalls ein Lösegeld. In den 1730er-Jahren war Cartagena durch Forts und Kanonenstellungen gesichert, doch da die Briten weiterhin hinter dem Horizont lauerten, gab es keinen Grund, nachlässig zu werden.

Für ihre spontane Vermessung gab es eine Hürde. Vor ihrer Abreise aus Spanien hatten Jorge Juan und

Ulloa die neuesten Instrumente aus Paris und London bestellt. Diese waren allerdings noch nicht eingetroffen, als die *Nuevo Conquistador* und die *Incendio* absegelten. Ohne Instrumente würde es keine Vermessungen oder Beobachtungen geben. Glücklicherweise erfuhren sie durch den Gouverneur, dass die Instrumente des Generals Herrera sich noch in der Stadt befanden, zusammen mit einigen seiner Pläne und Karten. Es war ein Glücksfall. Ulloa begann, die »notwendigen Zusätze und Abänderungen« an Herreras früheren Arbeiten vorzunehmen. Es war eine Herausforderung. Cartagena und seine Bucht bedeckten ein Gebiet von mehr als 100 Quadratmeilen. Tag für Tag maßen und beobachteten Jorge Juan und Ulloa. Leere Flächen auf Herreras Karten wurden ausgefüllt und Ortsangaben präzisiert. Die fertige saubere Kopie in Feder und Tinte trug die Namen von Ulloa und Herrera, eingerahmt in einen exotischen Zierrahmen, der zwei eingeborene Krieger mit Bogen, Köcher und Speer zeigt, die lässig an den Buchstaben des Titels lehnen, der die revidierten Angaben für Länge und Breite der Stadt enthielt. Die Karte besaß etwa die Größe eines kleinen Tisches. Als Hilfe für den Benutzer und als Richtlinie beim Zusammenstellen der Karte hatte Ulloa ein dünnes Raster aus Quadraten mit 2.000 *Pieds de Rhin* – Rheinischen Fuß – zwischen den Linien gezogen. Der Gesamtmaßstab lag bei etwa 1:25.000, war also detailliert genug, um zum Beispiel Gebäude zu zeigen. An Land hatte er markante Hügel, Vegetation, Flüsse, Straßen und in Rot die Umrisse der spanischen Befestigungen und Kanonenstellungen eingezeichnet. Die Stadt selbst war in pink dargestellt, umgeben von

Mauern und Schanzen. Um ihre Doppelrolle als Land- und Seekarte zu betonen, hatte Ulloa die Bereiche flachen Wassers sorgfältig durch gestrichelte Linien gekennzeichnet, während kleine Zahlen, die sich über die Bucht zogen, die Tiefe an den Stellen in Faden angaben, an denen eine Tiefenmessung erfolgt war. Die vollständige Karte war sowohl eine Huldigung des großen Herrera als auch eine Bestätigung des neunzehn Jahre alten Ulloa. Sie war allerdings nur für spanische Augen gedacht. In den falschen Händen wäre der neue *Plano de la Cyudad y Bahya de Cartagena de las Yndias* eine sehr genaue Angriffskarte.

Drei Tage lang fuhr die *Portefaix* vorsichtig an der verhangenen Küste von Saint-Domingue entlang. Dann lichtete sich der Nebel, und Leutnant Meschin konnte sein Schiff zum Ankerplatz am Fort Saint Louis an der südlichen Seite der Insel bringen. Als wichtigste französische Kolonie in der Karibik würde Saint-Domingue die restlichen Dinge für die Expedition bereitstellen. Es war die letzte Möglichkeit, noch einmal auf französischem Gebiet Vorräte aufzunehmen, und es war der Ort für einen endgültigen Abschied von der Heimat. Der Gouverneur-General von Saint-Domingue, Marquis de Fayet, war angewiesen worden, alles in seiner Macht Stehende zu tun, um die Weiterreise der Forscher und ihres Gefolges zu erleichtern. Die Wissenschaftler bemühten sich nach Kräften, ihm das Leben so schwer wie möglich zu machen.

Anstatt beim Schiff und der Expedition zu bleiben, entschieden Godin und La Condamine, über die Insel zu wandern und am Hafen von Petit-Goâve, der kolonialen Hauptstadt von Saint-Domingue, wieder mit der *Portefaix* zusammenzutreffen. Es war ein abenteuerliches Unterfangen mit einem wissenschaftlichen Hintergrund, da die beiden Gelehrten planten, die Wanderung als Gelegenheit für astronomische Beobachtungen zu nutzen. Die direkte Entfernung von Küste zu Küste betrug nur 20 Meilen, dennoch dauerte es acht Tage, bevor Godin und La Condamine in Petit-Goâve auftauchten. Ein erfahrenerer Anführer als Godin hätte vermutlich entschieden, seine Expedition zusammenzuhalten.

In Petit-Goâve musste sich die Gruppe von der *Portefaix* verabschieden. Idealerweise wäre das Schiff weiter nach Cartagena de Indias gefahren, doch die *Portefaix* sollte am 11. August nach Louisbourg segeln. Trotz des Drängens von Maurepas in Paris war Fayet nicht in der Lage gewesen, ein alternatives Schiff zu finden, das groß genug für die Expedition und ihr Gepäck gewesen wäre. Es gab zahlreiche Schiffe in Petit-Goâve, doch sie waren alle zu klein. Kisten, Koffer und loses Gepäck wurden mühselig von der *Portefaix* an den Kai getragen.

Für drei Monate steckte die Expedition mit einem unbegrenzten Spesenkonto auf Saint-Domingue fest. Fayet würde sich später per Brief bei Maurepas in Paris beschweren, dass die Anwesenheit der Expedition die Kolonie etwa 150.000 Livres gekostet hätte. Es gab schlimmere Orte, um zu stranden. Der Leiter der Expedition widmete sich der Feldforschung in einem Bordell, das von Bastienne Joséphe, einer freigelassenen Sklavin, betrieben wurde. Eine ihrer Beschäftigten – die nur unter dem Namen Guzan bekannt ist – entwickelte eine besondere Vorliebe für Godin, der darauf bestand, dass der Zeichner der Expedition, Morainville, sich an der Porträtmalerei versuchte und Bilder von Guzan und Bastienne malte. Bevor er die Insel verließ, warf Godin 3.000 Livres des Expeditionsgeldes für einen Diamanten für Guzan heraus, eine Extravaganz, die den melancholischen Doktor Jussieu zu der Beobachtung veranlasste, der Leiter der Mission habe »für eine Zeit die Astronomie beiseitegelegt, um sich um dringendere Angelegenheiten zu kümmern«.

Wenn er nicht gerade bei Chez Joséphe einen teuren Boxenstopp einlegte, experimentierte Louis Godin mit seinem Pendel. Dabei halfen ihm La Condamine und Bouguer. Es wurden Berichte zur Veröffentlichung nach Paris gesandt, die der Akademie versicherten, dass ihre Wissenschaftler sich mit anständigen Sachen betätigten. Jussieu, beunruhigt durch die Eskapaden seines Anführers und unsicher über seine Rolle in der Expedition, beschäftigte sich auf der Insel mit dem Sammeln von Samen und dem Aufzeichnen von Arten. Genau wie auf Martinique stellte Verguin eine Landkarte zusammen. Mehrere Mitglieder der Gruppe wurden vom Fieber ereilt. Bouguers Diener starb. Er war der erste Märtyrer des Breitengrades. La Condamine vermerkte, dass der Verlust »reichlich durch die Sklaven wettgemacht wurden, die uns auf Kosten des Königs zur Verfügung gestellt wurden«. Zur Bevölkerung von Petit-Goâve gehörten 2.000 Sklaven. Godin, Bouguer und La Condamine wählten drei Männer aus, die sie nach Südamerika begleiten sollten, und kauften sie. Bouguer stellte einen neuen Diener namens Grangier an.

Während Feuchtigkeit, Ablenkungen und Insekten das Tempo auf Saint-Domingue drosselten, verliefen die Ereignisse in Paris umso schneller, wo ein charismatischer Gelehrter – und Freund von La Condamine – namens Pierre-Louis Moreau de Maupertuis eine Expedition konzipierte, die die Geodätische Expedition an den Äquator in den Schatten zu stellen drohte. Maupertuis war einer der Spitzenwissenschaftler der Akademie. Wie Godin, René Antoine Ferchault de Réaumur und Jacques Cassini gehörte er zu den dienstälteren *pensionnaire ordinaires*, ein Newtonscher Mathematiker, dessen Interesse an der Form der Erde mehr als nur akademischer Natur war. Zum Großteil inspiriert von der Abreise der Geodätischen Expedition an den Äquator, hatte Maupertuis es geschafft, seine Newtonschen Verbündeten innerhalb der Akademie davon zu überzeugen, eine zweite französische geodätische Expedition zu unterstützen. Angeführt von Maupertuis selbst, wäre es ihr Ziel, die Länge eines Breitengrades so nahe wie möglich am Nordpol zu messen. Der Ort, den Maupertuis im Sinn hatte, war ein langes Flusstal nördlich des Bottnischen Meerbusens, durch die Wälder Lapplands bis zum Polarkreis. Mit einem Breitengradwert am Polarkreis und einem weiteren am Äquator wäre die Erde nahe ihren physischen Extremwerten vermessen worden und, so argumentierte Maupertuis, »Frankreich hätte sicher die größte Sache überhaupt für die Wissenschaft getan.« Der Polarkreis war von Frankreich aus so viel bequemer zu erreichen als der Äquator, dass Maupertuis vollkommen sicher war, mit einem Wert für die Form der Erde im Louvre zurück zu sein, bevor Godins

Expedition ihre Messungen in Südamerika abgeschlossen hatte. Maurepas, der Marineminister, unterstützte die Polarkreis-Expedition, und Anfang September erfuhr die Akademie, dass Ludwig XV. seine königliche Zustimmung gegeben hatte. Am 8. September, während Godins Expedition in Saint-Domingue ihre Zeit verplemperte, griff Maupertuis zur Feder und begann, an La Condamine zu schreiben: »Ihr werdet vielleicht überrascht sein zu erfahren, dass es eine Reise in den Norden geben wird.« Es würde mehr als ein Jahr dauern, bis der Brief die Expedition erreichte. In der Zwischenzeit wusste niemand auf Saint-Domingue, dass die Akademie und die französische Regierung eine zweite Expedition gestartet hatten.

Am 30. September segelte eine zweimastige Brigantine in Petit-Goâve ein. Die Weiterfahrt nach Südamerika wurde für die französischen Wissenschaftler endlich möglich.

Die *Vautour* war von Rochefort aus in See gestochen. Sie war viel kleiner als die *Portefaix*, besaß ein Dutzend Kanonen und eine begrenzte Kapazität für Passagiere und Fracht. Doch ihr Kommandant, Leutnant Louis du Trousset, Graf von Héricourt, hatte zugestimmt, die Expedition nach Cartagena de Indias zu bringen. Weitere vier Wochen verstrichen, während die Expedition ihre Kisten und Koffer sowie die zusammengetragenen Vorräte, die in Südamerika nötig wären, zusammensuchte und neu verpackte. Zu den wichtigsten Gütern, die man auf Saint-Domingue beschafft hatte, gehörten die »Feldzelte«, die während der geodätischen Vermessungen Unterschlupf gewähren sollten. Der Intendant von Rochefort hatte die Expedition mit drei *canonniéres* ausgestattet, simplen Militärzelten mit runden Enden, für die man einfach eine entsprechend geformte Zeltleinwand über einen Längsbalken warf. Er hatte ihnen aber auch eine viel größere Offiziers-*marquise* mitgegeben, ein rechteckiges Zelt mit steilen Seitenwänden und einem zweiten Überdach, das zusätzlichen Schutz vor dem Wetter bieten sollte. Godin beanspruchte die *marquise* für sich selbst, sodass La Condamine und Bouguer die Aussicht blieb, sich in den klammen *canonniéres* des »Fußvolks« zu drängen. Da er eine Unannehmlichkeit witterte, die sich auf Kosten der Regierung ausräumen ließ, brachte La Condamine Godins *marquise* zu einer Werkstatt in Petit-Goâve und nutzte sie als Vorlage für die Konstruktion von zwei großen, doppelwandigen Zelten, eines für sich und eines für Bouguer. Weitere kleine Zelte wurden gekauft. Derweil bemühte sich Héricourt, Schmuggelware in den unteren Laderäumen des Schiffes zu verstecken.

Das Schmuggeln war mehr als nur ein privates Unternehmen eines zwielichtigen Seemanns. Héricourts illegale Waren wurden unter Mitwissenschaft des Gouverneur-Generals von Saint-Domingue, Fayet, verladen, der damit auf eine Anweisung Maurepas' reagierte, »zu versuchen, ein bisschen Handel mit den Spaniern zu treiben oder die Grundlagen zu legen …« Maurepas hatte Fayet gesagt, dass ein »*homme de tête*« – ein kluger Mensch, ein Anführer – für die Operation verantwortlich gemacht werden sollte. Es war eine hochriskante List. Im Jahr zuvor hatte Maurepas Spaniens Marineminister José Patiño gegenüber garantiert, dass Frankreich nicht versuchen würde, die spanischen Handelsrouten zu unterlaufen, indem es Waren nach Amerika schmuggelt. Würde der wahre Inhalt des Laderaums der *Vautour* entdeckt werden, könnte die Expedition scheitern.

Am 21. Oktober befahl Héricourt seine Mannschaft an die Leinen und setzte den Kurs der *Vautour* auf Cartagena de Indias, 300 Meilen am Ende der Karibischen See, fort.

Die meisten der Mitglieder der Expedition hatten sich an den Luxus der *terra firma* gewöhnt, und so wurden es zwei lange Wochen auf See. La Condamine jedoch – ein Mann, der auch eine widrige Zeit nicht ungenutzt verschwendete – fand unerwartet Erlösung aus der Langeweile. Als zweiter Offizier auf der *Vautour* diente ein aufstrebender Dichter, den er aus Paris kannte. Achtzehn Monate zuvor hatte La Condamine im Haus von Voltaire mit Jean-Baptiste Sinetti diniert. Das zufällige Auftauchen des Dichters passte zu der Romantik ihrer amerikanischen Odyssee. Überschwänglich schrieb er an Voltaire:

> Ratet, wer zweiter Offizier auf des Königs Schiff ist, gewappnet in St. Domingue, uns an die spanische Küste zu bringen ... Es ist Monsieur Sinetti, mit seinen fetten Wangen, kein anderer. Wenn Ihr es schlimm genug fandet, dass er auf die Inseln ging, dann hättet Ihr nie vermutet, dass er dazu bestimmt sei, der Jason der modernen Argonauten zu sein.

La Condamine beschrieb die Überfahrt nach Cartagena de Indias als eine eintönige Schiffsreise, belebt durch die Stücke und Gedichte ihres hervorragenden Pariser

Freundes: »Das Zitieren von Ausschnitten aus *La Henriade*, *Zaïre* und *Adélaïde* war«, schrieb La Condamine, »die einzige Möglichkeit, unsere Langeweile zu mildern.«

Am Morgen des 16. November erreichte Cartagena de Indias die Nachricht, dass »ein französisches bewaffnetes Schiff« während der Nacht am anderen Ende der Bucht, unter den Kanonen von Boca Chica, geankert hätte. Jorge Juan und Ulloa wurden zur *Vautour* gerudert, um »die lang erwarteten Herren« zu treffen.

Für beide Gruppen war es eine überraschende Begegnung. Als Jorge Juan und Ulloa den französischen Wissenschaftlern vorgestellt wurden, entdeckten sie, dass die fünf Männer, deren Namen ihnen mitgeteilt worden waren, sich auf zehn verdoppelt hatten, plus Diener und Sklaven. Und drei von den fünf waren nicht auf dem Schiff. Nur die Namen Godin und La Condamine standen auf der ursprünglichen Liste. Da die Männer aus Frankreich in der Überzahl waren, mussten die zwei spanischen Leutnants sich vorsichtig verhalten. La Condamine war von seinen zwei neuen Kollegen wenig beeindruckt: »So beginnen wir in Spanien«, schrieb er an Voltaire, »mit Männern, die ihre Liebe zur Physik wie billigen Schmuck mit sich tragen.« Jussieu war freundlicher. Dem feinfühligen Doktor erschienen Ulloa und Jorge Juan als »freundliche Herren mit außerordentlich feinen Charakterzügen, sehr umgänglich, wohlgeboren, sehr bewandert in Mathematik und sie sprechen Französisch, um sich leicht verständlich zu machen.«

Nachdem sie so lange auf die Ankunft der Franzosen gewartet hatten, waren Jorge Juan und Ulloa begierig darauf, so bald wie möglich nach Quito und an den Äquator aufzubrechen. Allerdings war die Expedition auf eine Größe angeschwollen, die von einem einzigen Anführer nicht mehr zu bewältigen war. Die zehn Franzosen und zwei spanischen Leutnants wurden von nicht weniger als vierzehn *domestiques* begleitet. Acht Tage lang zog dieser zusammengewürfelte Haufen in Cartagena de Indias umher.

Es gab noch einige Probleme zu klären, die die Expedition daran hinderten, sich in die Wildnis Südamerikas aufzumachen. Das erste war ein chronischer Mangel an finanziellen Mitteln. Der lange Aufenthalt in Saint-Domingue und Godins Verschwendungssucht hatten die Finanzen der Expedition auf 9.000 Livres zusammenschrumpfen lassen. Godin traf sich mit dem örtlichen Vertreter des französischen Bankhauses Casaubon, Béhic und Co., der eine der erfolgreichsten Operationen zum Schmuggel von Silber in Cádiz betrieb und mit dem Maurepas einen Kreditrahmen in Höhe von 4.000 Pesos vereinbart hatte. Für den Augenblick hatte Godin ausreichend Geld beschafft, um die Expedition fortzuführen. Jorge Juan und Ulloa wurden durch eine Nachzahlung ruhiggestellt. Das andere Problem war geografischer Art: »Da es unsere Absicht war, mit aller möglichen Eile an den Äquator zu gehen«, schrieb Ulloa, »blieb nichts weiter zu tun, als die günstigste und schnellste Route nach Quito festzulegen.« Die Stadt, die die Expedition zu erreichen versuchte, lag weit im Süden, in den Anden, eine beschwerliche und manchmal gefährliche Reise von etwa 400 Leguas – 1.600 Meilen – über Land, die vermutlich wenigstens vier Monate dauern würde. Die

Alternative war ein komplizierter Umweg über See und Land, von Cartagena de Indias entlang der karibischen Küste bis zum Ankerplatz Portobelo – wo die Landenge von Panama am schmalsten war – und dann eine kurze Reise über Land zur Stadt Panama am Pazifik, wo sie ein vorbeifahrendes Schiff nehmen müssten, das sie dann an der Küste nach Süden bis Guayaquil bringen könnte. Dort könnten sie von Bord gehen und dann mit Flussschiffen und Maultieren durch Regenwald und Berge nach Quito reisen, mehr als 100 Meilen landeinwärts. Während sie ihre Möglichkeiten diskutierten, setzte die nasse Jahreszeit ein. Die Wege durch die Anden würden schlammig sein und die Flüsse wären angestiegen vom ablaufenden Wasser.

La Condamine gehörte zu denen, die sich gegen die Überlandroute aussprachen. Angewachsen auf eine schwer zu bändigende Menge von Männern, von denen die meisten nach Monaten auf Schiffen und in Häfen körperlich untüchtig waren, müsste die Expedition von mindestens ebenso vielen Führern, Trägern und Maultiertreibern begleitet werden. 50 Männer, die mit 100 beladenen Maultieren durch die Anden zogen, würden nur sehr langsam und chaotisch vorankommen. La Condamine wies außerdem darauf hin, dass das Gepäck, das für den Transport im Laderaum eines Schiffes in Kisten und Koffern verpackt worden war, dann ausgepackt und als Maultierlast neu verteilt werden müsse. Die großen, empfindlichen Instrumente, die in zusammengebauter Form verschickt worden waren, würde man auseinandernehmen müssen. Auf die lange Überlandroute drängten nicht näher bezeichnete »interessierte Berater«, die La Condamine in seinen Erinnerungen nicht näher identifizieren wollte. La Condamine hatte einen weiteren Grund, die Pazifikroute zu nehmen. Zusammen mit Bouguer hoffte er, dass die Expedition die Schwierigkeiten ausnutzte, die sich aufgrund der Regenzeit in den Anden ergaben, um auf ihrer Seereise in Guayaquil zu pausieren und dort Feldforschungen und Beobachtungen vorzunehmen, wo der Äquator die Pazifikküste kreuzte. Eine äquatoriale Erkundung würde es ihnen außerdem erlauben, die Möglichkeit einer alternativen, küstengebundenen Lokalität für die 200 Meilen lange Kette aus geodätischen Dreiecken zu untersuchen. La Condamine und Bouguer gewannen die Diskussion. Es wurde entschieden auf der *Vautour* zu bleiben und zur Landenge von Panama zu segeln.

Man traf letzte Vorbereitungen für die Abreise. Die *Vautour* nahm Vorräte und Wasser an Bord. Zum Schutz während der kurzen Reise nach Portobelo würde die 20 Mann starke Abteilung Schweizer Soldaten aus der Garnison von Petit-Goâve beim Schiff bleiben.

Am 24. November kam die Geodätische Expedition an den Äquator für ihre letzte Überfahrt mit dem Schiff in den Gewässern des Atlantik zusammen. Die Geschichte der Wissenschaft sollte schon bald eine neue Seite aufschlagen. Die erste internationale wissenschaftliche Expedition war nun vollständig versammelt. Hätte man die 12 Männer aus zwei Ländern, sich an diesem Tag auf dem Deck der salzverkrusteten Brigantine in der großen Bucht von Cartagena de Indias standen, einer psychologischen Untersuchung unterzogen, dann wäre man zu der Erkenntnis gelangt, dass dies eine völlig dysfunktionale Gruppe war. Das ungleiche Dutzend der Aufklärung war nun auf dem Weg in ein außergewöhnliches Abenteuer.

3

Die Ankerwinde der *Vautour* ächzte in der morgendlichen Brise, als der Anker die Wasseroberfläche durchbrach und gegen den hölzernen Bug schlug. Der Steuermann drehte das Schiff zwischen den Untiefen in Richtung der schmalen Durchfahrt bei Boca Chica und den still daliegenden Rohren der Kanonenstellungen. Schoten wurden angezogen und Segel getrimmt. Das Deck begann, sich mit dem Wogen der offenen See zu heben und zu senken. Pierre Bouguer versuchte, nicht an seinen Magen zu denken.

Die Passage von Cartagena de Indias nach Westen sollte eigentlich eine einfache Fahrt entlang der Küste nach Portobelo sein, wo die Expedition für den Übergang über die Landenge von Panama zur Pazifikküste von Bord gehen wollte. Doch das Wetter meinte es nicht gut mit ihnen. Das Karibische Meer wurde von Stürmen gepeitscht, die aus dem Nordosten heranbrausten. Fünf Tage lang kämpfte sich die *Vautour* durch hohe Wellen.

Am 29. November um fünf Uhr am Abend erspähte man den willkommenen Umriss der als »Ship Point« bekannten Landzunge am Horizont. Da der Wind nun aber aus Süden wehte, war die Mannschaft der *Vautour* gezwungen, mit dem Schiff hin und her zu kreuzen, um die schmale Durchfahrt an der Küste zu erreichen. Da erschlafften die Segel und das Kielwasser wurde spiegelglatt. Es kam ablandiger Wind auf. Man ließ das Boot des Schiffes zu Wasser, und die Mannschaft legte sich in die Riemen, um die *Vautour* zu den hoch aufragenden Türmen der Festung Todo Fierro – der Eisernen Festung – zu ziehen, die die Einfahrt in den Hafen bewachte. Nach dem Ankerlassen stapelte man das Gepäck und die Instrumente an Deck und die Expedition machte sich bereit, ans Ufer gebracht zu werden. Nach den Verzögerungen von Saint-Domingue und Cartagena de Indias sollte nun nicht noch mehr Zeit und Geld in einem weiteren Hafen vergeudet werden. Abgesehen davon war Portobelo ein Drecksloch.

Schon 1502 hatte Christoph Kolumbus diesen tiefen, geschützten Meeresarm als günstigen Ankerplatz gewählt. Er nannte ihn auf Katalanisch *porto belo*: Schöner Hafen. Es war ein Höllenloch der finstersten Sorte. Mörderische Hitze, heftige Regengüsse und ein dickes Dach aus Bäumen schufen zusammen ein schwüles Mikroklima, das vor beißenden und stechenden Insekten wimmelte. Ganze Schiffsmannschaften waren Krankheiten erlegen. Die französischen Seemänner der *Vautour* kannten es als *Tombeau des Espagnols*. In Portobelo schickte man schwangere Frauen vorsichtshalber in die relative Sicherheit von Panama an der Westküste der Landenge. Für die Sklaven, die mit dem Be- und Entladen der Schiffe und Kähne sowie dem Ziehen überladener Holzschlitten über die schlammigen Wege der Stadt betraut waren, war die Feuchtigkeit schrecklich. Die Angewohnheit, seinen Flüssigkeitshaushalt in Form von Brandy aufzufüllen, erhöhte die Todesrate noch weiter.

Neun Jahre zuvor musste ein Versuch einer britischen Flotte, den spanischen Schatz während der regelmäßig stattfindenden Handelsmesse von Portobelo abzufangen, abgebrochen werden, nachdem die Briten die Hälfte ihrer Männer an Krankheiten verloren hatten. Für den Arzt der Expedition, Jussieu, war Portobelo »der unziemlichste und ungesündeste Ort im Universum«. Portobelo war aber auch die Umschlagstelle für Menschen und Frachten, die das schmale Stück Land überqueren wollten, das den Atlantik vom Pazifik trennte. Hier zu halten, war unvermeidlich.

Der Abstand von Portobelo nach Panama betrug in der Luftlinie nur etwa 40 Meilen, allerdings war der Landweg zwischen den beiden Orten – wie La Condamine erfahren hatte – »einer der schlimmsten der Welt«. Weniger schwierig wäre die alternative Route mit dem Flussschiff den Fluss Chagres hinauf, die den Fußweg über die letzte Wasserscheide zum Pazifik auf die Dauer eines Tages verkürzen würde. Die Kisten mit den wissenschaftlichen Instrumenten, die 21 Koffer mit Büchern, die 9 Fässer mit französischen Spirituosen, die 225 Pfund Schießpulver, die 28 Zelte, die elegante Kleidung und das Perückenpuder, die Vorräte an »Andalusischem Tabak ... und anderen kleinen Dingen«, die der Gouverneur von Portobelo verzeichnete, als er nach Schmuggelwaren suchte, müssten für den Transport mit Flachwasser-*chata* und dann mit Trägern vorbereitet werden. Godin sandte ein dringendes Ersuchen um Hilfe an den Provinzverwalter, den Präsidenten der *audiencia* von Panama, Dionisio Martinez de la Vega, zusammen mit den Befehlen von König Philip V. von

Spanien. Da Jorge Juan und Ulloa die spanischen Interessen an dieser Expedition bestätigen konnten, ließ die prompte Antwort des Präsidenten – laut Ulloa – »nicht im mindesten zu wünschen übrig«. Er würde Boote entsenden.

In der Zwischenzeit steckte die Expedition in Portobelo fest. Tag für Tag verstrichen Geld und Zeit. Jussieu, der auf der rauen Reise von Cartagena krank gewesen war, schaffte es, sich selbst zu heilen, »Beweis«, so beobachtete La Condamine, »seiner Kunst, da er sich an einem Ort wiederherstellte, an dem spanische Flotten häufig ein Drittel und manchmal die Hälfte ihrer Mannschaft verlieren«. Dafür wurde der Zeichner Morainville krank. Sowohl La Condamine als auch Ulloa wurden von Skorpionen gestochen.

Unter diesen schwierigen Umständen versuchten die führenden Mitglieder der Expedition, ihre Rollen als Gastwissenschaftler zu erfüllen. Godin und Bouguer bauten an einer Wand ihrer Unterkunft das Pendel auf, um die Schwerkraft der Erde zu messen (La Condamine beschwerte sich, dass sein Fehlbleiben von diesen Beobachtungen der Tatsache zuzuschreiben sei, dass seine Unterkunft viel schlechter sei als die der beiden anderen Wissenschaftler). Verguin und Ulloa kannten Portobelo von ihren früheren Reisen und schafften es, ihre Zeit wohl zu nutzen: Verguin erhielt die Erlaubnis des Hafendirektors, eine Karte der Hafenstadt und ihrer Verteidigungen zusammenzustellen, während Ulloa den zwangsweisen Halt nutzte, um sein Notizbuch mit Informationen zu füllen, die von Interesse für die spanische Krone sein könnten. Zusammen mit Jorge Juan beobachtete und vermerkte er die Größe des Hafens, die Gezeiten, Winde, Ankerplätze (»lehmiger Schlamm, gemischt mit Kalkstein und Sand«) sowie seine Verteidigungen. Sie nahmen Beobachtungen des Polarsterns und des Winkels zwischen dem Meridian und der Sonne vor – ihren Azimut – und ermittelten die magnetische Deklination des Kompasses mit 8°4' östlich. Sie maßen die Temperatur mit dem Réaumur-Thermometer und beschrieben, wie sich lokale Stürme vorhersagen ließen, indem man die Dichte und Bewegung der Wolken auf der Bergspitze am Eingang des Hafens beobachtete. Sie befragten »einige intelligente Personen« nach den Geschichten, die von Portobelos entsetzlichem Klima erzählten, in dem die importierten Hennen aufhörten zu legen und die Rinder aus Panama so viel Gewicht verloren, dass sie ungenießbar würden. Sie sammelten Notizen über die Wildtiere, die durch die Hafenstadt streiften: »Tiger«, die des Nachts aus den Bergwäldern herunterkämen, um sich Vieh und kleine Jungen zu greifen, riesige Kröten, die nach dem Regen auftauchten und den Schlamm so vollständig bedeckten, dass es unmöglich war, nicht auf sie zu treten, und tödliche Schlangen. Portobelos seltsamste Kreatur war der »flinke Peter«, ein ironischer Spitzname für ein Tier von »extremer Trägheit«. Ulloa beschrieb es als einen »leidlichen Affen ... von jämmerlicher Erscheinung«, dessen gelegentliche Bewegungen begleitet wurden von »solch einem klagenden und gleichzeitig widerwärtigen Schrei, dass man gleichzeitig Bedauern und Abscheu verspüre«. Der Leutnant war einem Braunkehl-Faultier begegnet.

Drei Wochen, nachdem die Expedition in Portobelo eingetroffen war, ruderten 20 Sklaven ein *chata* zur Anlegestelle. Ein zweites *chata* folgte. Die Europäer konnten nicht schnell genug fortkommen. »Unmittelbar nach ihrer Ankunft«, verzeichnete Ulloa, »packten wir die Instrumente und das Gepäck, die zu den französischen Herren und zu uns gehörten, an Bord und reisten am 22. Dezember 1735 aus Portobelo ab.«

Die Fahrt entlang der Küste war rau. Die Passagiere belegten in den Booten eine behelfsmäßige Kabine am Heck, »eine Art von Plane, die von einem hölzernen Ständer gestützt wurde, der bis zur Spitze reichte«, erinnerte sich Ulloa. Das Gepäck wurde durch Häute vor spritzendem Meerwasser und Regen geschützt. Ein auflandiger Wind zwang sie, die beiden schwer beladenen *chatas* aus dem Hafen von Portobelo hinaus zu rudern. Die Rücken der Ruderer beugten sich im Takt mit den Rufen des Steuermannes. Um neun Uhr morgens hatten sie die Landzunge umrundet und standen unter Segeln, kämpften aber gegen einen »frischen Sturmwind« an. Langsam schob sich das schwerfällige Fahrzeug nach Westen durch die schaumgekrönten Wellen, und am Nachmittag um vier ruderten sie unter den Kanonen der Festung San Lorenzo sicher in die Mündung des Chagres ein. Gegenüber des Forts auf der anderen Flussseite lenkten die Steuermänner die beiden *chatas* auf den Sand vor dem Zollhaus, wo sie die Nacht verbrachten. Am nächsten Morgen begannen sie, flussaufwärts zu rudern.

Seit sie die Gestade Europas verlassen hatten, waren die Schiffe immer kleiner geworden. Sie waren vom

Ozean über das Meer, durch eine Mündung und nun in einen Fluss gereist. Der Chagres schlängelte sich landeinwärts, ein dunkler Fluss, begrenzt von einem dunklen Wald. Alligatoren lauerten dort, wo das Wasser sumpfte und ans Ufer reichte. La Condamine und Verguin arbeiteten an einer Karte des Flusses. Ulloa kritzelte in seinem Notizbuch, während er versuchte, zu verstehen, was er sah und hörte: »Die fruchtbarste Einbildungskraft eines Malers kann niemals der Herrlichkeit der Landschaften gerecht werden, die hier vom Pinsel der Natur gezeichnet werden ... Affen, die in Scharen von Baum zu Baum hüpfen ... der wilde und königliche Pfau, die Turteltaube und der Reiher ... die Ananas, denn Schönheit, Größe, Geschmack und Duft übertreffen die aller anderen Länder.« Mit jeder Meile wurden der Fluss schmaler und die Strömung stärker. Die Ruderer, die in heißem, feuchtem Sonnenlicht an den schweren, hölzernen Rudern arbeiteten, wurden schwächer. Es war ungeheuer mühsam. Am 24. Dezember gingen sie dazu über, die zwei Boote mit langen Stangen vorwärtszuschieben. Doch es gab einige Hindernisse. Umgestürzte Bäume von unvorstellbarem Umfang ragten über den befahrbaren Kanal und drohten, die Boote zum Kentern zu bringen. Ein Zittern in der drückenden Hitze warnte vor Stromschnellen, wo die beiden *chata* entladen wurden, damit die Sklaven die nun leichteren Holzboote eine Treppe aus Wasserkaskaden hinaufziehen konnten. Drei weitere Tage kämpften sie sich durch die mäandernden Schleifen des Chagres weiter. Um elf Uhr morgens am 27. Dezember erreichten sie einen schlammigen Flusshafen namens Cruces.

Das Zollhaus von Cruces diente gleichzeitig als Wohnung des *alcalde*, des Bürgermeisters und Verwalters des Städtchens. Die Expedition würde schon bald lernen, dass *alcaldes* unverzichtbare Verbündete sein konnten. Der *alcalde* von Cruces bewirtete die Reisenden in seinem Haus. Nach einem Ruhetag versammelten sich die zwei Dutzend Mitglieder der Expedition neben den Bergen an Gepäck und Instrumenten für die kurze Überlandreise nach Panama. Am 29. Dezember setzte sich um halb zwölf eine lange Reihe beladener Maultiere von Cruces aus in Bewegung. Sie trotteten auf dem gut ausgetretenen Weg über den Kamm des Hochlandes, das den Atlantik vom Pazifik trennte. La Condamine erinnerte bei dieser Gelegenheit an das Zeitalter der Entdeckungen: »Vom Gipfel dieser Berge«, so schrieb er, »sahen wir zum ersten Mal das Südliche Meer und die Bucht von Panama, eine der berühmtesten in der Neuen Welt«. Um kurz vor sieben am Abend erreichten sie den Schutz von Panama, wo der Präsident, Martinez de la Vega, die Wissenschaftler, »besonders die Ausländer [die französischen Wissenschaftler] auf die freundlichste und gewinnendste Weise« empfing.

Nach Portobelo war Panama ausgesprochen erfrischend. Die an drei Seiten vom Pazifik umgebene Stadt war auf einer Halbinsel erbaut worden, in einem großzügigen, kolonialen Raster, mit einer großen, offenen Plaza und breiten, gepflasterten Straßen, gesäumt von einstöckigen Holzhäusern, die mit Schindeln gedeckt waren. Die Kathedrale war aus Stein und eine Verteidigungsmauer zog sich über den Zugang zur Halbinsel, was das Gefühl von Sicherheit noch verstärkte. Martinez de la Vega war einer der mächtigsten Männer in Spaniens Kolonien der Neuen Welt, ein Brigadegeneral, der eine zehnjährige Amtszeit als Gouverneur von Kuba absolviert hatte, bevor er mit Ende sechzig in Panama als Präsident der *audiencia* eingesetzt wurde. Es mangelte ihm nicht an gutem Willen, den Wissenschaftlern weiterzuhelfen, aber dennoch war die Expedition – wieder einmal – gestrandet, um auf den Weitertransport zu warten. Im Hafen waren keine Schiffe verfügbar.

Sie warteten wochenlang. Aus Januar wurde Februar. Godin beschaffte einen weiteren Kredit in Pesos. Jorge Juan und Ulloa orderten einige Zelte »und andere Notwendigkeiten« für die bevorstehende geodätische Vermessung. Als ein Handelsschiff namens *San Christoval* auftauchte, wurden Arrangements getroffen, um für eine Passage nach Süden entlang der Küste bis Guayaquil zu bezahlen. Sowohl für die französischen als auch für die spanischen Mitglieder der Expedition war der Übergang vom Segeln auf den »Schiffen des Königs« unter dem Kommando erfahrener Marineoffiziere zum Segeln auf einem beliebigen Handelsschiff eine unangenehme Umstellung. Der Kapitän der *San Christoval*, Juan-Manuel Morel, startete unzuverlässig. Abreisedaten wurden festgelegt und verpasst. Die Gruppe war zu groß, um als geschlossene Einheit zu handeln. Die Spannungen brachen jedes Mal an die Oberfläche durch, wenn eine wichtige Entscheidung getroffen werden musste. Eine der Meinungsverschiedenheiten betraf die Forderung von La Condamine und Bouguer, dass die Expedition auf ihrer Reise nach Guayaquil pausieren und eine Erkundung des Landes nahe an dem Punkt vornehmen sollte, wo der Äquator die Küste kreuzte. Die beiden Gelehrten waren aufgrund von Informationen, die sie in Panama gewonnen hatten, überzeugt, dass das Hinterland von Kap San Francisco ein passendes Terrain für die Grundlinie und die 200-Meilen-Kette aus Dreiecken bieten könnte, die für das Ermitteln der Länge eines Breitengrades benutzt werden würden. Sie hatten ihren Blick auf einen Ankerplatz namens Manta geworfen, direkt südlich des Äquators. Godin lehnte diese Möglichkeit ab. Der Chirurg, Seniergues, war der Streitereien so leid, dass er seinem Frust in einem Brief an die Brüder von Joseph de Jussieu in Paris, Antoine und Bernard de Jussieu, Luft machte. In einem überhitzten Raum in Panama sitzend, schrieb er am 18. Februar:

> Godin hält dagegen und gedenkt, nach Guayaquil und dann direkt nach Quito zu gehen ... La Condamine hat bereits vor allen geäußert, dass er allein dort Halt machen würde, wenn kein anderer dies täte, und dass *le Sieur* Bouguer in diesem Fall sicher bei ihm bleiben würde. *Le Sieur* Godin hat sich seit geraumer Zeit nicht wohl benommen – sie balgen sich wie Hund und Katze ... es ist unmöglich, dass sie diese Reise gemeinsam zu Ende bringen können.

Derweil schickte Joseph de Jussieu an Antoine und Bernard die Liste der Übertretungen, die von Godin begangen worden waren, von denen die Vergeudung der Gelder des Königs für Diamanten und feine Kleidung für eine Prostituierte am skandalösesten war.

Godin wurde gesagt, dass die *San Christoval* am 19. Februar abfahren würde, doch am 20. lag das Schiff immer noch vor Anker. Die Anspannung wurde greifbar. Dies war der letzte Abschnitt einer Abfolge von Seereisen, die sich nun schon seit mehr als neun Monaten hinzogen. Sobald sie Panama und die Landenge, die sie mit dem Atlantik verband, verlassen hätten, würden die Verbindungen nach Europa außerordentlich schwierig werden. Ihr Wohlbefinden hinge dann vollkommen von ihren eigenen Überlebenskünsten und der Gastfreundschaft der spanischen Kolonialbeamten ab.

Am 21. Februar 1736 schließlich gingen die 25 Mitglieder der Expedition (ein Sklave oder Diener war seit Cartagena de Indias verschwunden) an Bord der *San Christoval*. Am nächsten Morgen stachen sie bei schwachen und wechselhaften Winden in See. Es war eine langsame, unangenehme Abreise, da das Schiff südsüdwestlich um eine Gruppe aus flachen Inseln herum steuern musste, die nur darauf zu warten schienen, Schiffe in die Falle zu locken, die versuchten, den Golf von Panama zu verlassen. Erst am 26. schafften sie es, an der Isla Iguana vorbeizufahren. Schließlich entschwand die zerklüftete Landzunge Punta Mala ihren Blicken. Nachdem sie die Gefahren des Golfs von Panama hinter sich gelassen hatten, waren die Wissenschaftler davon überzeugt, dass die Navigationskünste des Kapitäns der *San Christoval* eine Gefahr für alle an Bord waren. Die beiden spanischen Marineleutnants begannen, Wache zu halten, ihre eigenen Sternenbeobachtungen durchzuführen, die Geschwindigkeit des Schiffes aufzuzeichnen, Kursänderungen zu vermerken und ihre eigenen Diener an das Ruder des Schiffes zu stellen, wenn Morels Steuermann wieder einmal eingeschlafen war.

Auf dieser Reise von Panama aus nach Süden gelang es Godin, ein wenig Respekt von seinen Mitreisenden zurückzugewinnen. Seine Führungsqualitäten standen nie zur Debatte: Er war nahezu nutzlos. Doch er hatte viel Zeit und Energie in die wissenschaftlichen Instrumente investiert, die von Frankreich herangeschafft worden waren. Unter diesen befand sich ein Hadley-Oktant, ein revolutionäres neues Gerät zum Ermitteln des Breitengrads. Handlich und in Form eines 45-Grad-Winkels oder Achtelkreises (daher der Name »Oktant«), verwendete es Spiegel und Gradeinteilungen, um die Höhe der Sonne und anderer Himmelskörper über dem Horizont zu messen. Es konnte bei Tag und bei Nacht benutzt werden. Die beiden spanischen Marineleutnants hatten so etwas noch nie gesehen: »Dieser geniale Herr«, schrieb Ulloa, »unternahm, nachdem er für die Fahrt nach Amerika eingesetzt worden war, eine Reise nach London, nur um verschiedene Instrumente zu erwerben.« Der Oktant war von dem Instrumentenbauer John Hadley konstruiert worden und erwies sich

> als von größtem Nutzen für uns beim Suchen des Breitengrads während unserer Überfahrt; ein Punkt, der aufgrund verschiedener verblüffender Umstände schwieriger und notwendiger war, da der Kurs manchmal nach Nord, manchmal nach Süd führte und die Strömungen in dieselbe Richtung gingen. Unterstützt von diesem Instrument wurden wir in die Lage versetzt, die mittlere Höhe der Sonne zu bestimmen, während wegen der Dichte der Dämpfe, die die Atmo-

sphäre füllten, der Schatten nicht mit den üblichen Instrumenten definiert werden konnte.

Nach fünfzehn Tagen auf See umrundeten sie das Kap San Francisco und überquerten den Äquator. Alle Augen folgten dem zerklüfteten grünen Saum von Südamerika und suchten nach der Landzunge, die als Cabo Pasado bekannt war: das »letzte Kap«. Dahinter wich die Küste in einer breiten Bucht zurück, und in der Biegung der nächsten Landzunge erreichten sie den kleinen, geschützten Ankerplatz von Manta. Bouguer und La Condamine waren immer noch bedacht darauf, die Reise nach Guayaquil zu unterbrechen, um die Küste so nahe am Äquator zu erkunden. Ihrer Sache zupass kam die Unfähigkeit des Kapitäns der *San Christoval*, der in Panama nicht genügend Proviant an Bord genommen hatte, um Guayaquil zu erreichen. Das Schiff musste einen sicheren Hafen ansteuern, um frisches Wasser und Nahrung aufzunehmen.

Am Nachmittag des 9. März fuhr die *San Christoval* in den Schutz der Manta-Bucht ein und warf den Anker in 11 Faden tiefem Wasser. Am nächsten Tag ging die Expedition an Land und wanderte durch die Ruinen des Dorfes Manta – das nach wiederholten Piratenangriffen aufgegeben worden war – hügelaufwärts in das Dorf Montechristi, eine Ansammlung auf Stelzen stehender Bambushütten etwa zehn Meilen von der Küste entfernt. Es dauerte nicht lange, bis die Wissenschaftler erkannten, dass die Hänge über ihnen für eine geodätische Vermessung ungeeignet waren. Wie Ulloa verzeichnen würde, »fanden sie schon bald, dass alle geometrischen Operationen dort ungünstig waren, da das ganze Land außerordentlich bergig und fast vollkommen mit ungeheuren Bäumen bedeckt war«. Die Leute vor Ort bestätigten, dass die Gegend steil und bewaldet war. Nach einer Nacht an Land verfolgte die Expedition ihre Schritte zurück an die Küste und ging wieder an Bord der *San Christoval*, wo Morel das Verladen von Wasser und Nahrung überwachte. Während das Schiff vor Anker lag, brachte man die Instrumente an Deck und ermittelte als Lage von Manta 56'5½" Süd. Sie waren weniger als ein Grad vom Äquator entfernt.

Für Bouguer und La Condamine war die Versuchung unwiderstehlich. Von der Manta-Bucht aus würde die *San Christoval* eine oder zwei Wochen benötigen, um Guayaquil zu erreichen, wo man wenigstens zwei Monate warten müsste, bis die Regenfälle nachließen und der Weg über die Anden wieder für Maultiere passierbar wäre. Der Streit, der seit Panama schwelte, kam nun zum Ausbruch. Godin war unbeirrt darin, dass die ganze Expedition bei der *San Christoval* bleiben und nach Guayaquil weiterreisen sollte. Bouguer und La Condamine wollten in Manta von Bord gehen, um wissenschaftliche Beobachtungen am Äquator vorzunehmen und die geodätische Erkundung auszuweiten. »Es ist bereits bekannt«, schrieb Bouguer, »dass wir glaubten, wir könnten unsere Zeit in diesem Teil der Küste nutzen, an dem die heftigen Regenfälle bereits aufgehört hatten.« Die Lage spitzte sich auf eine Meuterei zu.

Bis zum 12. März fanden sich Jorge Juan und Ulloa als Vermittler wieder, die Nachrichten zwischen Bouguer und La Condamine oben in Montechristi und Godin an

Bord der *San Christoval* hin und her trugen. Godin kritzelte einen gereizten, zweiseitigen Brief an die Gruppe an Land zusammen, in dem er seine Kollegen beschuldigte, ohne seine Zustimmung in Manta zu bleiben und »abgelehnt zu haben, Befehlen zu gehorchen«. Er schloss mit der Ankündigung, dass er sich »verpflichtet fühle, so bald wie möglich nach Guayaquil zu reisen«.

Am 13. März segelte die *San Christoval* aus der Manta-Bucht ab und ließ Bouguer und La Condamine mit ihren Instrumenten, zwei Sklaven und einem Diener an der Küste zurück.

4

Es war ein chaotisches Debakel. Die fünf Ausgestoßenen waren ohne Führer in einem unerschlossenen Land zurückgeblieben. Während die Stimmung am Ufer von unternehmungslustiger Aufregung geprägt war, war die Atmosphäre an Bord von Godins Demütigung vergiftet. Seine flatterhafte Führung hatte eine wissenschaftliche Revolte provoziert. Bevor die geodätische Vermessung überhaupt begonnen wurde, war die Expedition bereits auseinandergefallen.

Von der Manta-Bucht aus umrundete die *San Christoval* Kap San Lorenzo und setzte Kurs auf Guayaquil. Es gab kaum etwas an sinnvoller Wissenschaft, das Godin auf der Fahrt verfolgen konnte, aber am 26. März wurde eine Mondfinsternis erwartet. Wenn die *San Christoval* Guayaquil in zehn Tagen erreichen könnte und der Himmel in der Nacht des 26. klar wäre, könnte Godin den Längengrad dieser wichtigen spanischen Hafenstadt ermitteln. Eines der Instrumente, die er von seiner Reise nach London mitgebracht hatte, war eine Präzisionspendeluhr, die von dem bekannten Uhrmacher George Graham gebaut worden war. Dieses große, empfindliche Gerät konnte, kalibriert auf die lokale Zeit, verwendet werden, um die Dauer einer Finsternis in Sekunden zu messen. Durch einen Vergleich mit der

Zeit der Finsternis, die im Pariser Observatorium aufgezeichnet wurde, wäre es möglich, den exakten Längengrad von Guayaquil festzustellen. Jede Stunde des Unterschieds entspräche 15 Grad geografischer Breite. Während der Abwesenheit von Bouguer und La Condamine wurden die zwei spanischen Leutnants zu Godins bereitwilligen Helfern. Auch sie waren daran interessiert, den Längengrad von Spaniens wichtigstem Hafen im Norden Perus zu ermitteln.

Anfangs machte die *San Christoval* gute Fahrt nach Süden, passierte die zwei Gipfel der Isla de la Plata und änderte dann den Kurs auf Südsüdost. Kap Blanco wurde am 17. März passiert, als das Schiff in den Golf von Guayaquil einfuhr. Zu Mittag des folgenden Tages ankerte Morel eine halbe Legua vor der Mündung des Flusses Tumbes, wo die *San Christoval* bis zum 20. liegen blieb, wegen – wie Ulloa es ausdrückte – einiger »spezieller Angelegenheiten des Kapitäns«. Als Morel schließlich den Anker lichten ließ, erwies sich die Strömung als so stark, dass das Schiff wieder hinaus auf See gezogen wurde. Die einzige Möglichkeit, in Richtung Guayaquil voranzukommen, bestand darin, auf der Flut zu segeln, während der Ebbe zu ankern und das Ganze dann zu wiederholen. Erst am 23. März schaffte es das Schiff bis auf Höhe der Isla Puna und Morel konnte nach einem Lotsen schicken. Am folgenden Tag leitete er das Schiff in einen kleinen Hafen nahe der Nordspitze der Insel. Es blieben nur noch zwei Tage bis zur Mondfinsternis. Guayaquil lag 40 Meilen nördlich in einem von Inseln übersäten Mündungstrichter eines Flusses. Anstatt zu riskieren, die Finsternis zu verpassen, suchten Godin,

Jorge Juan und Ulloa in dem Dorf neben dem Hafen von Puna nach einer Struktur, die ihnen als behelfsmäßiges Observatorium dienen könnte. Allerdings bestanden die Wände der Häuser aus Schilfrohr, das nicht fest genug war, um die empfindlichen Instrumente zu stützen.

Da ihnen die Zeit davonlief, entschied man, die *San Christoval* im Hafen von Puna zu lassen und mit einem Ruderboot nach Guayaquil zu eilen. Nachdem sie die Instrumente verladen hatten, verließen Godin und die spanischen Offiziere Puna am 24. kurz vor Mitternacht. Gegen das bei Ebbe ablaufende Wasser, die Strömung und die Dunkelheit ankämpfend, gaben die Ruderer von Puna ihr Bestes. Dennoch erreichte die erschöpfte Mannschaft erst am Abend des 25. den Kai von Guayaquil, wo man die Instrumente an Land hob. Unter Aufbietung ihrer letzten Kraft schafften es die Männer, das Pendel rechtzeitig für die Mondfinsternis aufzubauen, doch war, wie Ulloa verdrießlich schrieb, »ihr Eifer gänzlich vergebens, da die Luft so mit Dünsten angefüllt war, dass nichts zu sehen war«.

Am Abend des folgenden Tages hatte die *San Christoval* sie eingeholt und lag vor der Stadt vor Anker. Flussboote entluden das Gepäck der Expedition und die restlichen Instrumente und Godin wandte seine Gedanken der nächsten Schwierigkeit zu. Ab Guayaquil würde die Expedition in dem Puzzle aus Distrikten – oder *corregimientos* – operieren, mit deren Hilfe der Vizekönig in Lima das ganze Vizekönigreich Peru kontrollierte. Jedes *corregimiento* stand unter der Zuständigkeit eines von der Krone eingesetzten *corregidor*, der als Magistrat, Richter und Gouverneur seines Distrikts fungierte. Sie waren mächtig, bestechlich und ihre Kooperation war unabdingbar, wenn die Expedition Quito erreichen wollte. Mit Jorge Juan und Ulloa im Schlepptau ersuchte Godin um eine Audienz beim *corregidor* von Guayaquil. Sie wurden, wie Ulloa schrieb, mit »großer Zuvorkommenheit« empfangen. Anweisungen ergingen an alle *corregidores*, deren Zuständigkeitsbereiche die Expedition auf dem Weg nach Quito zu durchqueren hoffte. Die Route von Guayaquil nach Quito gehörte zu den Hauptschlagadern des Vizekönigreichs, sie war aber auch berüchtigt für ihre Behinderungen. In der feuchten Jahreszeit verwandelten heftige Regenfälle und Schneeschmelzen Furten in Todesfallen, zerstörten Brücken und rissen Wegabschnitte weg. Wieder einmal wurde die Logistik aufgrund der Menge und des Gewichtes des Gepäcks der Expedition verkompliziert. Um die Anzahl der schwierigen Flussüberquerungen mit den Maultieren zu verringern, sollte die Expedition landeinwärts bis zu einem Ort namens Caracol auf Flussschiffen reisen, und dort für die Bergüberquerung nach Guaranda, eine kleine Stadt in der Provinz Chimbo, die den Weg nordwärts nach Quito eröffnete, auf Maultiere umsteigen. Außerhalb der Regenzeit würde die Reise von der Küste nach Quito vielleicht einen Monat dauern. Sie jedoch könnten Guayaquil erst verlassen, wenn die Flüsse befahrbar wären und der *corregidor* von Guaranda Maultiere nach Caracol geschickt hätte.

Neben der Logistik war Godin von Geldsorgen geplagt. Die Bezahlung der *San Christoval* für den Transport der Expedition und ihres Gepäcks von Panama nach Guayaquil hatte die Geldtruhe geleert. Und nun musste Godin Mittel beschaffen, um die Expedition zu unterhalten, während sie in Guayaquil darauf wartete, dass das Wasser sank. Außerdem brauchte er Geld für die Kosten des Transports von der Küste nach Quito, etwa 500 Meilen per Fluss und Pfad. Vom Kämmerer in Guayaquil erhielt er 2.100 Pesos. Fast drei Viertel dieses Geldes musste für das Chartern der *San Christoval* an Morel übergeben werden.

Guayaquil war als Aufenthaltsort nicht so schlimm wie Portobelo, aber es war auch nicht Paris oder Sevilla. Für Jorge Juan und Ulloa war dies der Flusshafen, der von dem großen Konquistador Kapitän Francisco de Orellana gegründet worden war, der später der erste Europäer war, der nachweislich den Amazonas hinuntergefahren war, einen Fluss, der auf spanischen Karten eine Zeit lang den Namen Rio de Orellana trug. Guayaquil teilte das flüssige Gebaren des Amazonas. Der ganze Ort schien sich zum Westufer des Flusses zu neigen wie ein zerfallendes Schiffswrack. Seine Häuser, Klöster und Kirchen und selbst seine drei Festungen waren aus Holz gebaut, eine Vielzahl von Archen, die auf die alljährliche Flut warteten. Während der feuchten Jahreszeit von Januar bis Juni wurden glühend heiße Tage gefolgt von alles durchdringendem Regen, der das Schwemmland der Stadt in einen schlammigen Brei verwandelte. Ulloa warnte, dass die Straßen »während des Winters nicht zu Fuß oder auf dem Pferderücken begangen werden konnten« und dass die ersten Regenfälle sie in »einen allgemeinen Morast« verwandelten, der auf »sehr großen Planken« begangen werden müsse, die

»bald schon rutschig würden und zu häufigen Stürzen Anlass gäben«. Schlimmer als ein unfreiwilliges Schlammbad war das Gift von Guayaquils Tierwelt. Schlangen, Skorpione und riesige Tausendfüßer, beobachtete Ulloa, »finden Methoden, um in die Häuser zu gelangen, zum Schaden von vielen von ihnen«. Es wäre, fügte er hinzu,»notwendig, sorgfältig die Betten zu kontrollieren, da von einigen dieser Tiere bekannt sei, dass sie ihren Weg in diese hineinfinden«. Des Nachts kamen Ratten in die Häuser und liefen die Wände hoch und an den Decken entlang. Alle schliefen unter Moskitonetzen. Es war unmöglich, für länger als drei oder vier Minuten eine Kerze brennen zu lassen, außer in einer Laterne, bevor sie von den »zahllosen Insekten, die in ihre Flamme fliegen« ausgelöscht wurde.

Wolken und Regen machten die Astronomie fast unmöglich. »Der Wunsch, erfolgreich zu sein, machte uns begierig darauf, die Trabanten des Jupiter vorbeiziehen zu sehen, um die Enttäuschung der Mondfinsternis wettzumachen«, schrieb Ulloa, »aber wir hatten dabei ebenso wenig Glück; die Dichte der Dünste, die die Atmosphäre füllten, ließ unseren Versuch scheitern.« Immer wenn der Regen in der Nacht nachließ, setzten sich die beiden spanischen Leutnants den Insekten aus, um zu versuchen, durch Lücken in der Wolkendecke Beobachtungen zu erhaschen. Die Stiche, so erinnerte sich Ulloa, »gingen mit großen Torturen einher.« Bei mehr als einer Gelegenheit waren sie gezwungen, ihre Bemühungen abzubrechen, da sie »nicht in der Lage waren, etwas zu sehen oder zu atmen.« Schließlich bestimmten sie den Breitengrad von Guayaquil mit

2°11'21" südlich des Äquators, schafften es aber nicht, den Längengrad »anhand irgendwelcher akkuraten Beobachtungen« zu ermitteln.

Ulloa konnte aber noch einige gute Geografie in Guayaquil betreiben. Mit derselben Disziplin, die er in Cartagena de Indias sowie in Portobelo und Panama an den Tag gelegt hatte, widmete der junge Leutnant seine Tage der Erkundung der Stadt und stellte ein ausführliches Dossier über die menschliche und physikalische Geografie der Stadt und ihrer Umgebung zusammen. Seine Einblicke reichten von der Mode bis zur Biogeografie der Mangrovensümpfe und der Architektur der riesigen Balsaholzflöße, die als *balzas* bezeichnet wurden: Bis zu neun Baumstümpfe nebeneinander vertäut, mit einer Kabine aus Schilf und einem Mast, der aus zwei Stangen Mangrovenholz gebildet ist. Auch Seniergues konnte etwas aus dem langen, heißen Aufenthalt in Guayaquil machen, als er den grauen Star eines der wohlhabenden Bewohner der Stadt behandelte. La Condamine berichtete bewundernd, dass der Chirurg »eine beträchtliche Summe verdient« hätte.

Zwei Monate, nachdem sie die *San Christoval* verlassen hatte, war die Expedition immer noch in Guayaquil und die letzten Pesos zerrannen wie der Schlamm der Anden.

Anfang Mai erreichte Guayaquil die Nachricht, dass die vom *corregidor* von Guaranda bereitgestellten Maultiere auf dem Weg nach Caracol seien. Es kam zu einem großen Durcheinander, als die Mitglieder der Expedition begannen, ihre Unterkünfte zu räumen und ihre Kisten und Taschen am schlammigen Ufer neben einer großen *chata* zusammenzutragen, die sie stromaufwärts bringen würde. Eingehüllt in Moskitotücher, verließen Godin und seine geschrumpfte Expedition Guayaquil am 3. Mai und begannen, den trägen Mäandern des Flusses landeinwärts zu den Anden zu folgen. Die sich kratzenden Passagiere der *chatas* hatten keine Ahnung, dass Pierre Bouguer sich an diesem Tag durch nassen Regenwald gekämpft hatte, um zu versuchen, sie noch zu erreichen, bevor sie Guayaquil verließen.

Bouguer und La Condamine waren nach der Manta-Meuterei nur schlecht für eine Expedition an der Küste von Peru gerüstet. Am Tag nach dem Streit mit Godin segelte die *San Christoval* mit fast der gesamten Ausrüstung der Mission nach Süden. Am folgenden Tag, dem 14. Mai, stiegen Bouguer und La Condamine mit ihren zwei Sklaven und einem Diener wieder hinauf in das Dorf Montechristi, wo man ihnen in einer großen, auf Pfählen stehenden Bambushütte, die Bouguer als »Casa Real« oder »Haus des Königs« beschrieb, Unterkunft anbot. Um deren Boden zu erreichen, mussten die Wissenschaftler eine Leiter hinaufsteigen, die aus zwei großen Bambusstämmen gehauen war, »in denen man Kerben angeordnet hatte, um die Füße aufzunehmen«. Die wenigen Gegenstände, die sie mit ans Ufer gebracht hatten, lagen auf dem Bambusboden: »Ich hatte nur meine Instrumente mit mir genommen, einen Jagdanzug und eine Hängematte«, erinnerte sich La Condamine.

Sie mussten sich ihre Situation bewusst machen. Dies war eine goldene Gelegenheit, neue Wissenschaft zu betreiben. Niemals zuvor waren zwei Forscher mit Instrumenten am Äquator gewesen. Bouguer hatte es geschafft, das Pendel und ein Réaumur-Thermometer an Land zu bringen. La Condamine hatte seinen Kompass und seine beiden Quadranten. Der Größere von beiden war mit seinem Radius von 3 Fuß ein sperriges Ding, das einmal dem großen Chevalier de Louville gehört hatte, dem ersten Instrumentenbauer, der eine Messschraube an das Teleskop eines Quadranten angebracht hatte. La Condamines kleinerer, besser tragbarer Quadrant wies einen Radius von einem Fuß auf. Da Bouguer seinen eigenen Quadranten nicht vom Schiff hatte holen können, lieh La Condamine ihm sein großes Louville-Instrument. Ebenso wichtig wie die Instrumente war der französische Pass, der die örtlichen Beamten anwies, den durchreisenden Wissenschaftlern »jegliche Hilfe, Unterstützung und Gunst« zu erweisen. La Condamine hatte das Dokument ins Spanische übersetzt und vom Schiff außerdem eine Kopie der Befehle mitgebracht, die der spanische König ausgegeben hatte. Am 15. erhielten sie in ihrer Bambushütte Besuch von einer Gruppe ortsansässiger Personen unter Führung ihrer *alcaldes*, die ihre Amtsstäbe dabeihatten. Den verwunderten Gelehrten wurden Früchte überbracht sowie die gute Nachricht, dass der Leutnant in Portoviejo – einer Stadt in der Gegend – angeordnet hatte, dass den französischen Wissenschaftlern »dieselbe Aufmerksamkeit wie ihm selbst« gebühre.

Bouguer und La Condamine ließen sich das nicht zweimal sagen. Etwa ein Drittel Legua vom Dorf entfernt, hoch über dem Kap San Lorenzo, wählten sie einen Ort für ein Observatorium aus, das von ihren »guten Freunden, den Indianern, mit viel Gewandtheit«

überdacht wurde. Das März-Äquinoktium, wenn die sich wendende Erde die Sonne direkt über dem Äquator stehen hätte, sollte am 21. eintreten, und Bouguer wollte eine neue Methode einsetzen, um seinen »exakten Moment« aufzuzeichnen. Leider war die Sonne am Morgen des 22. bedeckt, sodass die Beobachtung erfolglos blieb. Ein Versuch, den Transit der Jupiter-Monde zu sehen, wurde ebenfalls durch Wolken vereitelt, allerdings konnten sie im Gegensatz zu Godin die Mondfinsternis am 26. erfolgreich verfolgen und den Längengrad von Kap San Lorenzo ermitteln, eine Beobachtung, die sie zu der – wie sich herausstellen sollte, fälschlichen – Behauptung führte, sie hätten den westlichsten Punkt des südamerikanischen Kontinents entdeckt.

Nachdem sie eine Reihe von Nächten in ihrem behelfsmäßigen Observatorium verbracht hatten, reisten die beiden Wissenschaftler landeinwärts, um den Mann zu treffen, der ihren Aufenthalt in Montechristi ermöglicht hatte. Joseph de Olabe y Gomarra hieß die Besucher in seinem Haus in Portoviejo willkommen, bot ihnen an, ihnen Geld für ihre Weiterreise zu leihen, und versorgte sie mit dringend benötigten lokalen Neuigkeiten. Es könnte Olabe gewesen sein, der den Forschern die Schusswaffe, wahrscheinlich eine Muskete, zur Verfügung stellte, die La Condamine einige Wochen später im Regenwald einsetzte. Im Gegenzug verabreichte La Condamine ein wenig von seinem »Jesuitenpulver« an einen Mann, der im vergangenen Jahr immer wieder an Fieber gelitten hatte. Die beiden Franzosen waren erstaunt, dass ihr Patient noch nie von diesem speziellen *febrifuge* oder Fiebermittel gehört hatte, das aus seinem eigenen Heimatland stammte. Der Name Jesuitenpulver hatte seinen Ursprung in einer alten Geschichte von einem Missionar, der von Dorfbewohnern in den Anden von der zerstoßenen Rinde des Cinchona- oder Chinarindenbaumes erfahren hatte. Das Pulver war nach Europa exportiert worden, wo es in den sumpfigen Niederungen Spaniens und Italiens oft eingesetzt wurde, deren »schlechte Luft« als Ursache der tödlichen Fiebererkrankungen galt, die als *mal'aria* bezeichnet wurden. La Condamine hatte von diesem Pulver etwas aus Frankreich mitgebracht, da er sich des Risikos bewusst war, bei der Reise durch die Karibik und Südamerika am Fieber zu erkranken. Die Begegnung in Portoviejo war der Auftakt zu Forschungen am Chinarindenbaum, die La Condamine – und andere – für viele Jahre beschäftigen würde. Chinarindenbäume waren an den Berghängen des Distriktes Loja, etwa 300 Meilen südlich von Quito zu finden.

Befreit von den Spannungen, die das Zusammenleben mit Godin verursacht hatte, gab auch Bouguer seiner Wissbegier nach mehr als den unmittelbaren Anforderungen der Expedition nach. Er hatte sein unvollendetes Traktat über den Schiffsbau im Gepäck und war fasziniert von den Hölzern der einheimischen Wälder, vom harten, schwarzen Ebenholz über das duftende Guajak – einem beliebten Mittel gegen die Syphilis – bis zu dem riesigen weißen Baum, dessen Holz »vier- oder fünfmal leichter war als die leichteste Fichte«. Er hatte die Quelle von Ulloas Balsa gefunden. Nichts, schrieb Bouguer, »findet man, das besser geeignet ist, um Flöße herzustellen«. Ein weiterer Baum, »bekannt unter dem Namen Maria«, erregte ebenfalls seine Aufmerksamkeit. Auffällig für seinen hohen, geraden Stamm und seine weiße Rinde, war sein Holz »sehr flexibel«, ohne »übermäßig schwer« zu sein. Maria-Bäume (Calophyllum) wurden an der Küste von denjenigen geschätzt, die sie als »die einzigen Bäume in Peru, die man zu Masten von Schiffen verwandeln konnte«, kannten. Wegen seiner Vielseitigkeit gehörte der Bambus zu Bouguers Favoriten: Eine Pflanze, deren Stängel »so dick wie das Bein eines Mannes« wuchsen, aber dennoch geschnitten und für die Verwendung als Balken, Träger und Fußbodenbretter behauen und in Häusern verwendet werden konnten, die von »Bast oder Rinde« zusammengehalten wurden, »sodass kein Stückchen Eisen in den Aufbau oder die Konstruktion des Bauwerks gelangt«. Für einen Mann von der Granitküste Frankreichs war die Flexibilität der peruanischen Strukturen verstörend: »Geht oder bewegt euch so vorsichtig, wie ihr könnt, in diesen Häusern«, warnte Bouguer. »Das ganze Gebäude schwankt.«

Davon überzeugt, dass der Rest der Expedition noch viele weitere Wochen im Süden in Guayaquil feststecken würde, machten sich Bouguer und La Condamine nordwärts zum Äquator auf. Von Portoviejo aus betrug die Entfernung in der Luftlinie etwa 90 Meilen, zu Pferd, zu Fuß und mit dem Einbaum war es doppelt so weit. Die Leute vor Ort versorgten die Forscher mit Pferden und brachten ihnen bei, wie sie »vom Zu- und Rücklauf der Gezeiten profitieren« konnten, indem sie auf dem harten, nassen Sand der Strände ritten, anstatt sich landeinwärts durch Wälder und Schluchten zu kämpfen. Sie kamen durch die spanische Siedlung Charapoto und

Bouguers Blick wurde an der Bucht von Caráquez von dem wunderbaren natürlichen Hafen und dem Holzlager gefangen genommen. Manchmal ritten sie, dann wieder paddelte man sie in Einbäumen oder Pirogen an der Küste entlang. Bouguer erinnerte sich, dass sie in belebteren Gegenden Milch, Eier und Geflügel kaufen konnten, sich ansonsten aber »von Reis und welchen Proviant auch immer wir mit uns führten, ernährten, den Bananen und Maiskuchen, die keinen anderen Mangel hatten, als dass sie überaus trocken waren«. Sie kamen an dem mächtigen Vorsprung von Cabo Pasado und dann an der kleinen Landzunge von Punta Ballena, der Walspitze, vorbei. Das Land wurde flacher und ein mäandernder Fluss – der Rio Jama – wand sich durch die Lagunen ins Meer. Sie waren nur neun Minuten südlicher Breite vom Äquator entfernt, eine Entfernung, für die sie zu Pferd nur noch wenige Tage gebraucht hätten. Allerdings ging Bouguer nicht weiter. Er hatte nach »einer geräumigen Lage gesucht, um die astronomischen Brechungen nahe dem Horizont zu beobachten« und behauptete, dass er »endlich eine an der Mündung des Flusses Jama gefunden« habe. Hier blieb er fünfzehn Tage und beobachtete die Drehung der Erde, wenn die Abendsonne hinter der Walspitze im Pazifik versank. Zweifellos brauchte er eine Pause von La Condamines rastlosem Enthusiasmus, und außerdem war er krank. Später würden es ihm die Daten erlauben, die Brechung auf Meereshöhe und in der Höhenlage miteinander zu vergleichen.

Während Bouguer auf den pazifischen Horizont starrte, drängte La Condamine weiter, entschlossen, den

Ort zu erreichen, an dem der Äquator die Küste kreuzte. Etwa fünfzehn Minuten jenseits des Flusses Jama sagte ihm sein Quadrant, dass er eine Breite von Null Grad erreicht hatte, den imaginären Ring, der die Erde umgab und alle Punkte auf dem äquatorialen Breitengrad verband. Er stand auf einem niedrigen, abgerundeten Hügel, der in das Meer abfiel und eine Art Vorgebirge bildete. In seinem Tagebuch identifizierte er die stumpfe Landzunge als »einen Punkt, der Palmar genannt wird«. Der Name kam aus dem Spanischen und bedeutete »Palmenhain«, doch durch die brackigen Sümpfe rund um den Hügel war die Stelle alles andere als idyllisch. Die Insekten waren grausam und in den wenigen Nächten, die La Condamine auf dem Hügel kampierte, wurden seine astronomischen Beobachtungen durch die ständigen Wolken erschwert. Er wählte an diesem Ort »den am weitesten herausstehenden Felsen« zum Pazifik hin und schlug eine lateinische Inschrift hinein, die bestätigte, dass 1736 astronomische Beobachtungen der »PARIS SCIENTIAR ACADEMICA« am Äquator bei »PROMONTORIUM PALMAR« stattgefunden hätten. Während er nach den Insekten schlug, schrieb er auf, dass die Inschrift »zum Nutzen der Seemänner« sei und er »vielleicht den Rat hätte hinzufügen sollen, dass man hier nicht halten solle, weil man Tag und Nacht der Verfolgung durch Moskitos und verschiedene Arten von Mücken ausgesetzt sei«.

Wieder vereint am Rio Jama mussten die beiden Wissenschaftler eine schwierige Entscheidung treffen. Eineinhalb Monate waren vergangen, seit die *San Christoval* sie an der Manta-Bucht zurückgelassen hatte. Sie hatten gute Forschung betrieben. Sie hatten den Äquator erreicht und ihn auf einer skizzierten Karte der Pazifikküste vermerkt. Ihre astronomischen Beobachtungen und geografischen Feldforschungen erfüllten das Versprechen, die navigatorischen Kenntnisse entlang der Westküste Perus zu verbessern. Und sie hatten bestätigt, dass die Küstentopografie südlich des Äquators viel zu zerklüftet war, um eine Grundlinie festzulegen und dann eine geodätische Vermessung über eine Entfernung von 200 Meilen vorzunehmen. Doch nun war ihnen die Zeit ausgegangen. Die Regenzeit war vorüber und – wie Bouguer beobachtete – die Straßen »begannen nun gangbar zu werden«. Wenn sie zu Godin aufholen und etwas zu der geodätischen Vermessung beitragen wollten, müssten sie nach Quito gelangen. Sie waren von dieser Stadt jedoch durch wenigstens 200 Meilen harten Weges durch Regenwald und Berge getrennt. Die Entscheidung, die sie trafen, war bewunderungswürdig abenteuerlich:

> Da wir zu dieser Zeit an der Mündung des Flusses Jama waren, der fast auf demselben Breitenkreis wie Quito liegt, kamen M. Condamine und ich überein, uns zu trennen und unterschiedliche Wege zu nehmen. M. Condamine folgte der Küste nach Norden auf der Suche nach dem Rio Esmeraldas, wobei er weiter an der Karte des Landes arbeitete, das er durchquerte … Ich selbst verfolgte meine Schritte zurück, schlug eine südliche Richtung nach Guayaquil ein und betrat die Wälder …

Und so wurden am 23. April 1736 aus der Geodätischen Expedition zum Äquator drei getrennte Expeditionen, die in drei unterschiedliche Richtungen verliefen und keinen Kontakt mehr zueinander hatten.

5

Am Fluss oberhalb von Guayaquil wurde Ulloa bei lebendigem Leib aufgefressen. »Die Qualen durch die Moskitos«, so schrieb er, »waren unvorstellbar.« Außerhalb der Regenzeit, wenn es weniger Wasser gab und die Strömung nachließ, konnte Caracol mit einem Kanu in drei Tagen erreicht werden. Eingezwängt auf dem schwerfälligen, überladenen *chata* und gegen einen angestiegenen Strom ankämpfend, quälte sich Godins zusammengeschmolzenes Team acht Tage lang flussaufwärts. Es gab mehrere »unglückliche Unfälle«. Ulloa bezeichnete sie nicht näher, aber Kentern war nicht ungewöhnlich. Die Moskitos waren so bösartig, dass sie durch die Kleidung bissen. Des Nachts war Schlafen fast unmöglich. Vergebens suchten die Männer – juckend, kratzend und fluchend – zu entkommen. In einem miserablen Lager versuchten sie, in einem verlassenen Haus zu übernachten, doch das Gebäude schien jedes Insekt aus der Gegend anzulocken. Einige der Männer entflohen auf die umliegenden Felder, wo ihnen sowohl Moskitos als auch Schlangen begegneten. Andere versuchten, die Zweige von Bäumen zu verbrennen, doch der Rauch drohte sie zu ersticken, ohne dass die Schwärme abgewehrt wurden. Der Sonnenaufgang enthüllte angeschwollene Gesichter und Körper, die mit

»schmerzenden Geschwüren« bedeckt waren. Als sie am 11. Mai die kleine Stadt Caracol am Fluss erreichten, sehnten sich Wissenschaftler wie Sklaven gleichermaßen nach Erlösung von den Qualen.

Caracol belegte einen schlammigen Platz am Ostufer und diente als Umschlagstelle zwischen *chata* und Maultieren auf der uralten Route, die Quito mit der Küste verband. Einige Tage lang, während sie auf die Maultiere warteten, streckten die Männer die Beine aus, kratzten ihre Entzündungen und bereiteten sich auf den bevorstehenden Weg vor. Als die 70 Maultiere aus Guarana schließlich nach Caracol hereintrotteten, zeigte sich ein neues Problem. Es gab nicht genügend Tiere, um sowohl die Teilnehmer der Expedition als auch ihr Gepäck aus Fässern, Taschen und Kisten zu tragen. Das *chata* war beengt gewesen, bildete aber für die meiste Zeit eine relativ sichere Plattform für die empfindlichen Instrumente der Expedition. Alles, was von einem Maultier getragen werden sollte, musste am Rücken des Tieres angebunden werden. Das Risiko von Beschädigungen war beträchtlich, sollte das Maultier ausrutschen oder mit seiner Ladung versehentlich einen Baum oder Felsen streifen. Im Durcheinander aus Maultiertreibern und Schlamm wurde entschieden, fast ein Fünftel des Gepäcks und der Ausrüstung zurückzulassen. Es würde nachgeholt werden, wenn Transport und Bedingungen es erlaubten.

Angeführt von Ortskundigen schlängelte sich die Karawane aus Maultieren und Menschen von Caracol aus nach Osten. Die Savanne ging in Wälder aus Bananen und Kakao über und schon bald kämpften sich die

Maultiere durch einen wasserdurchtränkten Morast. Dann erreichten sie einen wilden Bach namens Ojibar, der aus den Anden herabstürzte. Nach zwölf Monaten mit nur wenig körperlicher Aktivität waren die Teilnehmer der Expedition nicht gerüstet für eine mühsame Wanderung. Die Muskeln waren geschwunden und die Füße waren weich geworden. Für die zwei spanischen Marineoffiziere war der Abschied von den Wassern des Meeres eine unangenehme Angelegenheit. Sie kannten das Meer und die streng geregelten Gewohnheiten auf einem Schiff. Nur Stunden nach ihrem Abmarsch aus Caracol entdeckten sie, wie beunruhigend und chaotisch das Reisen an Land sein konnte. »Die ganze Straße von Caracol an den Ojibar«, beobachtete Ulloa, »ist so tief und sumpfig, dass die Tiere mit jedem Schritt beinahe bis zum Bauch einsanken«. Zwei Tage lang schlitterte und schlingerte die Kolonne durch den Regenwald, wobei sie nicht weniger als dreizehn Mal den Fluss überquerten (Ulloa hatte mitgezählt). Die Brücken waren schmale Bretterkonstruktionen ohne Geländer und mit der Tendenz, unter dem Gewicht der beladenen Maultiere zu schwanken. Nachts hackten die ortsansässigen Führer Äste aus dem Wald und bauten Unterschlüpfe, unter denen die Reisenden schlafen konnten.

Am 16. Mai begann der Weg anzusteigen. Sie erreichten einen hoch aufragenden Wasserfall, den Ulloa »unfassbar schön« fand. Sie schoben sich an beängstigenden Abgründen entlang. Männer und Maultiere glitten aus und stießen sich an Baumstümpfen und Felsen. Ladungen verrutschten und Seile mussten nachgezogen werden. Stündlich nahm die Zahl der Beulen und Quetschungen zu. Es kam zu Verzögerungen und die Europäer verspürten stetig Angst, versehentlich von dem Maultierzug getrennt zu werden und allein in der Wildnis zurückzubleiben.

Einen Tag später, am 17. Mai, erwachten sie ausgekühlt an einem Ort namens Tarigagua. Vor ihnen erhob sich der Anstieg in die Bergregion, die von spanischen Reisenden als San Antonio bezeichnet wurde. Später erinnerte sich Ulloa daran, dass dieser Abschnitt der Reise den Europäern mehr Verdruss und Erschöpfung bescherte als alles, was sie zuvor erlebt hatten. Die Kombination aus Regen, Schlamm und einem Weg, der an steilen Berghängen beständig auf- und abging, verunsicherte den normalerweise furchtlosen spanischen Marineleutnant. Der Pfad war kaum breit genug für die Maultiere. Darüber hinaus strotzte er vor tiefen Löchern, die einen Reiter bis zur Brust im Schlamm versinken lassen konnten. Es fiel derartig viel Regen auf der Strecke, dass die Führer kleine Grabewerkzeuge mit sich führten, mit denen sie jeden Tag Abflussrinnen über den Weg zogen. Riesige umgestürzte Bäume zwangen sie dazu, die Maultiere zu entladen und dann um die Hindernisse herum zu locken. Laut Ulloa gab es viele »Schäden an den Sachen«. Godin sah voller Sorge zu, wenn die Instrumentenkisten von Hand zu Hand weitergereicht wurden. Beladene Maultiere wurden schwindelerregende Hänge hinuntergetrieben. Am Rand eines Abgrunds blieb jedes Tier stehen und betrachtete die Tiefe, dann kauerte es sich zusammen und ließ sich wie ein Schlitten rutschen: »Alles, was der Reiter machen muss«, vermerkte Ulloa, ist »sich fest im Sattel zu halten, ohne sein Tier aufzuhalten, da die kleinste Bewegung ausreicht, um das Maultier aus dem Gleichgewicht zu bringen, in welchem Fall beide unweigerlich untergehen«. Diese von der Schwerkraft unterstützten Abstiege auf dem Maultierrücken wurden mit »der Schnelligkeit eines Meteors« erreicht.

Fünf Tage, nachdem sie Caracol verlassen hatten, standen die Reisenden auf der Gebirgsschranke, die sie so lange eingeschüchtert hatte. Die Stelle war dort in der Gegend als »Pacara« bekannt, das »Tor« oder der »schmale Pass«, ein Einschnitt in den Anden, der die Küste mit Quito verband. Geschickt leiteten die Führer die Kolonne den steilen, rutschigen Pfad herunter in die Provinz Chimbo und in ein neues Land. Für den jungen Leutnant Ulloa wurde ihre Erlösung von Visionen des fernen Spanien begleitet:

> Nachdem wir die Berge jenseits des Pacara passiert hatten, war das ganze Land, so weit das Auge reichte, für eine Strecke von zwei Leguas, eine gerade und offene Ebene, ohne Bäume oder Berge, bedeckt mit Feldern voller Weizen, Gerste, Mais und anderen Körnern, deren Grün, das so verschieden war von dem der Berge, uns natürlich große Freude bereitete; unser Blick war für fast ein Jahr nur mit den Produkten der heißen und feuchten Länder vertraut gewesen, sehr fremdartig gegenüber diesen, die nahezu denen von Europa ähneln und in unserem Geist die angenehme Vorstellung unserer heimischen Erde hervorrufen.

Als die Expedition in die Ebene hinabstieg, wurde sie wie ein heimkehrender Sonnengott empfangen. Der *corregidor* von Guaranda ritt ihnen gemeinsam mit dem *alcalde* und einem Gefolge aus Beamten und Dienern entgegen. Chimbos Dominikaner-Priester stellte sich ihnen vor, zusammen mit mehreren Vertretern seines Ordens. Verguin, der methodische Ingenieur aus Toulon, beschrieb die Szene in einem Brief nach Hause:

> So machten wir unseren Weg, wo überall entlang der Straße die geringeren Leute die Böschungen auf beiden Seiten säumten, und vier junge Indianer, gekleidet in Blau, mit weißen Gürteln und weißen Tüchern um ihre Köpfe, die ein langes *batôn* in der Hand hielten, mit einer Art Banner oben daran, umkreisten uns und stießen Freudenschreie aus nach ihrer Art.

Als die Kavalkade die Stadt betrat, waren die schlammbespritzten Reisenden erstaunt, das Läuten von Glocken über den Dächern zu hören. Jedes Haus, an dem sie vorbeikamen, schien vom Getöse der Trompeten, Trommeln und Flöten widerzuhallen.

> Wir wurden zur Königlichen Residenz geführt, wo der *corregidor* residiert, da er unsere Unterkunft dort vorbereitet hatte, und wo Bündel von Laub um die Säulen angebracht worden war, die die Länge einer Galerie säumten. Wir bekamen geeiste Getränke und während des Mahls gab es ein Orchester, das aus Harfen und Violinen bestand.

Der *corregidor* erklärte, dass es die Sitte einer jeden Stadt sei, ihre Gäste willkommen zu heißen.

Nach einer zweitägigen Rast in Guaranda machte sich die Expedition auf, das letzte Hindernis auf ihrer langen

Reise von Europa an den Äquator zu überwinden. Die Straße nach Osten stieg von den fruchtbaren Feldern, Flüssen und Wäldchen zu einem engen, steilen Tal mit Federgräsern an, das schließlich in 13.000 Fuß Höhe in einem öden Plateau gipfelte, das in dieser Gegend *páramo* genannt wurde: ein kahles, eisiges Hochland über den hügeligen Grasebenen und unterhalb der Schneegrenze. Mit diesen Eiswüsten würden alle Mitglieder der Expedition Bekanntschaft schließen. Die ungepflegt aussehenden Reisenden trotteten in der dünnen Luft im eisigen Schatten des mächtigen Chimborazo dahin, der sich fast 8.000 Fuß über die staubige Straße erhob. Am Morgen des 23. traten sie aus einer engen Hütte hervor, nur um zu entdecken, dass die Landschaft von Frost überzogen war. Eingewickelt in jedes verfügbare Stück Kleidung ritten sie an der Flanke des Chimborazo entlang, verloren sogar an Höhe, bis sie – um zwei Uhr nachmittags – »einen kleinen, erbärmlichen Ort« namens Mocha erreichten, an dem sie für die Nacht Unterschlupf fanden.

Als sie am 24. Mai steif aus Mocha herausritten, erhoben sich die silbrigen Gipfel von Chimborazo und Tungurahua in ungefähr gleicher Entfernung zu beiden Seiten des Pfades. Vor ihnen auf der linken Seite konnten sie den gezackten Gipfel des Carihuairazo sehen, dessen glattere, niedrigere Hänge andeuteten, dass er einst ein Vulkanriese gewesen war. Diese Gipfel, die für tausende von Jahren eine bestimmende Rolle in der Mythologie der Anden gespielt hatten, waren noch nie von einem Europäer bestiegen worden. Es hieß, der Carihuairazo sei von »Vater« Chimborazo zerstört worden, als sie um die Gunst von »Mutter« Tungurahua kämpften. Der Pfad wandte nach nordwärts Richtung Quito und sie trafen auf die Überreste der Großen Straße: die 3.700 Meilen lange, von den Inka gebaute Straße, die deren Andenreich von Norden nach Süden durchzog und verband. Sie erinnerte daran, dass der Ort, den sie auf einem Globus ausgewählt hatten, weil sie ihn für geeignet für ihre geodätische Vermessung hielten, eine viel ältere Geschichte erzählte. Zuvor, im Tal des Chimborazo, hatten die Reiter an den Fundamenten einer Struktur Halt gemacht, die einmal, wie sie von ihren Führern erfuhren, »ein alter Palast der Inkas« gewesen war. Am 28. Mai, als sie unter dem großen Kegel des Cotopaxi entlang ritten, kamen sie auf der Ebene von Callo an weiteren uralten Ruinen vorbei.

Auf beiden Seiten erstreckten sich die parallelen Mauern der zwei wolkenverhangenen Bergketten – Kordilleren – wie eine Allee nach Norden Richtung Quito und Äquator. Die Aufregung war greifbar. Diese großartige, natürliche Straße zwischen den Kordilleren war immer schon der wahrscheinlichste Ort zum Anlegen der langen Kette aus Messdreiecken gewesen. Die Gipfel, zwischen denen sie hindurchritten, würden schon bald als hochaufragende Vermessungsstationen dienen, die durch ein Gitter aus Sichtlinien verbunden waren.

Am Morgen des 29. Mai, mehr als drei Wochen, nachdem sie Guayaquil verlassen hatten, kam die lange Reihe der staubbedeckten Maultiere an dem kleinen, rundlichen Hügel vorbei, den die Spanier wegen seines brotförmigen Profils als El Panecillo bezeichneten. Und da vor ihnen lagen die hellen Mauern einer kleinen Stadt.

Sie hatten den sicheren Hafen erreicht, dem sie so lange zugestrebt waren. In den Annalen der europäischen Entdeckungen kam Quito eine besondere Faszination zu als der Stadt, die 1534 von Sebastián de Belalcázar gegründet worden war, nachdem er den letzten großen Inka-Anführer Rumiñahui in der Schlacht am Chimborazo besiegt hatte. Belalcázar und seine Männer waren sich sicher, dass Rumiñahui einen riesigen Schatz aus Gold, Silber und Platin in der Stadt versteckt hatte. Seither hielt man europäische Besucher stets für Schatzsucher.

Die erschöpfte Truppe ritt in einen Ort ein, der nur wenige Anzeichen von Wohlstand und Reichtum zeigte. Einige der Gebäude rund um den Hauptplatz schienen zusammenzufallen. An den vier Seiten des Platzes befanden sich die Kathedrale, der Bischofspalast, das Rathaus und der Palast der *audiencia*, der sich in einem schockierenden Zustand präsentierte. Selbst Ulloa, der sich bemühte, Spaniens Präsenz in Südamerika nach Möglichkeit zu würdigen, sah sich genötigt, Quitos wichtigsten Platz als »von dem Palast eher verschandelt als geschmückt« und seine Mauern als so instabil zu beschreiben, dass sie »beständig drohen, die noch stehenden Teile zu beschädigen«. Für einen administrativen Dreh- und Angelpunkt, den die *audiencia* für die Gebiete von der Pazifikküste bis zum oberen Amazonas darstellte, schien Quito einigermaßen ungepflegt.

Godin und seine zusammengeschmolzene internationale Expedition wurden vom Präsidenten der *audiencia*, Dionisio de Alsedo y Herrera, begrüßt, der ihnen einige heruntergekommene Räume im Palast zuwies. In Ulloas Version der Ereignisse wurden sie drei Tage lang »mit großem Prunk« unterhalten. Man stellte ihnen den Bischof und die Domherren, die Provinzinspektoren, den Leiter der städtischen Regierung vor »sowie alle anderen Personen von gewisser Vornehmheit, die miteinander in ihren Artigkeiten uns gegenüber zu wetteifern schienen«.

Godin würde schon bald die Grenzen von Alsedos Freigiebigkeit entdecken. Von unmittelbarerer Sorge waren jedoch die zwei Wissenschaftler, die er vor elf Wochen an der Pazifikküste zurückgelassen hatte. Über ihren Verbleib gab es keine Kunde.

6

Die Zukunft der Expedition lag in den Händen eines psychopathischen Buchhalters. Dionisio de Alsedo y Herrera regierte die *audiencia* von Quito mit einem scharfen Blick auf finanzielle Missetäter. Alsedo, der in Madrid adlig geboren und teuer ausgebildet worden war, hatte im Hof der Inspektoren in Lima gedient, wo er sich auf den Handel spezialisiert hatte. Er hegte eine besondere Abneigung gegen Schmuggler sowie gegen die Briten, die ihn gefangen genommen hatten, als die spanische Schatzflotte vor Cartagena de Indias abgefangen worden war. Das Flaggschiff, die *San José*, war explodiert und hatte 600 Seeleute und Passagiere auf den karibischen Meeresboden befördert. Ihr Frachtraum war voller Silber und Gold gewesen. Man hatte Alsedo nach Jamaika gebracht und dann bei einem Gefangenenaustausch freigelassen.

Für Alsedo war Quito nicht so gefährlich wie eine spanische Galeone. Doch es war kein einfacher Posten. Seit Jahren verwaltete er ein Gebiet, dessen Hauptstadt neben einem aktiven Vulkan gebaut worden war. Die Straßen der Stadt rissen bei Erdbeben auf und die Einwohner spalteten sich unüberwindlich in die zwei Kasten des kolonialen Zeitalters: die in Spanien geborenen *chapetónes* und die eingeborenen *criollos*. Mit dem Rückhalt der *chapetónes* von Quito ließ Alsedo gern alle wissen, dass er hart gegen das Verbrechen vorgehen würde. Seine Erlasse ließ er mit zwei städtischen Ausrufern, Trompeten und Trommeln verkünden, und seine Hinrichtungen und Ausweisungen waren Teil seiner staatsbürgerlichen Vorstellung. Einige Jahre vor dem Eintreffen der Expedition ging der Umlauf von gefälschten Münzen drastisch zurück, nachdem zwei Fälscher auf dem Hauptplatz gehängt und verbrannt worden waren. 1733 gab Alsedo mehr als 1.000 Pesos aus, um Quitos Gefängnis mit neuen eisernen Fesseln, Ketten, Handschellen und einer weißgetünchten Folterkammer zu verbessern. Der Präsident stellte sich selbst als den Retter eines königlichen Vermögens dar und überzeugte den König von Spanien davon, dass er eine Stadt geerbt habe, die vor »wiederholten Verbrechen aus Niedertracht, Morden und Räubereien« nur so strotze und dass seine Amtszeit Quito in »eine friedliche und ruhige Republik« verwandelt habe. Als die Expedition im Juni 1736 eintraf, hatte Alsedo nur noch wenige Monate seiner achtjährigen Abkommandierung vor sich, und das letzte, was er brauchte, waren Komplikationen.

Nach außen wirkte die Expedition wie ein Haufen unorganisierter Stümper. Zwei der drei französischen Akademiker waren verschwunden. Der Rest der Expedition hatte Quito in unterschiedlichen Stadien schlechter Gesundheit und Abgerissenheit erreicht, außerdem fehlte ein Großteil ihres Gepäcks und sie hatten keine ausreichenden Mittel, um ihren Unterhalt zu bestreiten. Alsedo hatte Beweise zugeschickt bekommen, die nahelegten, dass die Expedition in den Schmuggel europäischer Waren in das Vizekönigreich verwickelt war. Eine

Woche vor dem Eintreffen der Expedition erreichte Quito die Nachricht, dass die *Vautour* mit einer illegalen Ladung importierter Textilien erwischt worden sei. Ob die Expedition am Schmuggel beteiligt war, musste erst noch endgültig festgestellt werden. Im Rahmen der üblichen Vorgehensweisen war das Gepäck, mit dem Godin angekommen war, durchsucht worden, und auch alle Mitarbeiter hatte man sorgfältig überprüft. Doch ein Teil des Gepäcks war noch in Caracol.

Abgesehen vom Schmuggel erkannte Alsedo, dass die Wissenschaftler nützlich sein konnten. Eine Neuvermessung der Stadt und eine aktuelle Landkarte würden seiner Präsidentschaft zusätzlichen Glanz verleihen. Deshalb reagierte er zustimmend auf die Anweisung aus Madrid, der Expedition »jede Hilfe zu gewähren«. Als Godin von Guayaquil aus um Maultiere bat, war es Alsedo gewesen, der ihre Entsendung befahl. Als Godin in Quito eintraf, hatte Alsedo den dreitägigen Empfang angeordnet und die Besucher in seinem Palast untergebracht. Und er hatte Godin die noch fehlenden Pesos des in Cartagena de Indias ausgehandelten Kredits von 4.000 Pesos ausbezahlt. Doch für einen Mann, der bei finanziellen Unregelmäßigkeiten gewohnheitsmäßig zu Hinrichtungen griff, musste Alsedo große Zurückhaltung beweisen. Als wäre der Verdacht des Schmuggels nicht schlimm genug, hatte Godin mit dem Schreiben des Königs Philip V. herumgefuchtelt, das den Vizekönig von Peru und die Präsidenten aller *audiencias* anwies, »den Astronomen mit all den Annehmlichkeiten behilflich zu sein, um die sie bitten«. Der Franzose wollte, dass Alsedo das Schatzamt von Quito dazu brachte, der

Expedition Geld für Unterkunft, Transport und unvorhergesehene Ausgaben zu leihen, das irgendwann in der Zukunft von der Regierung in Frankreich zurückgezahlt werden sollte. Als Unterkunft verlangte Godin Häuser mit Gärten, die sich für die Aufstellung astronomischer Instrumente eigneten.

Die kürzlich eingetroffenen Mitglieder der Expedition mussten noch viel lernen. Die Gesundheit war eine ständige Sorge, und die Tagebücher von Jorge Juan und Ulloa sind angefüllt mit beunruhigenden Listen von Gefahren. Geschlechtskrankheiten waren in Quito so verbreitet, dass »nur wenige Personen frei von ihnen sind«. Noch gefährlicher waren die »heimtückischen Fleckfieber und Brustfellentzündungen« und eine als *peste* bezeichnete Krankheit, die Krämpfe, Beißen, Delirium und das Erbrechen von Blut verursachte. Von größter Besorgnis war »mal de valle oder vicho«, von dem dessen Opfer oft zwei oder drei Tage nach einem Fieber befallen wurden. Der Arzt der Expedition, Jussieu, war überzeugt davon, dass vicho ein »Gangrän im Rektum« sei und verschrieb eine Behandlung, die »unter nicht geringen Schmerzen als ein Pessarium [Zäpfchen] angewandt werden muss, bestehend aus Schießpulver, Guinea-Pfeffer und einer geschälten Zitrone. Dies wird in den Anus eingeführt und zwei oder drei Mal am Tag ausgetauscht, bis der Patient außer Gefahr zu sein scheint«.

Zu den anderen Gefahren, denen sich die Expedition stellen musste, gehörten explodierende Kosten und Korruption. Alles, von Trinkgläsern bis zu importierter Baumwolle, Wolle und Seide, wurde in Quito zu höheren Preisen gehandelt als in Frankreich. Eisen, das wichtig für die Reparatur und den Bau von Instrumenten war, kostete sechs Real pro Pfund. Messing war praktisch nicht erhältlich. Ärgerlich waren auch die Kosten und die Schwierigkeiten beim Mieten der Maultiere, die unerlässlich für den Transport der Leute, Instrumente, Zelte und Gepäckstücke während der geodätischen Vermessung waren. Die Vermittlung der Maultiere lag fest in den Händen der *corregidores*, die die Transportsysteme ihrer Distrikte mittels Ausbeutung betrieben. Jedes Jahr besuchte der *corregidor* die Städte und Haciendas in seinem *corregimento* und verlangte Abgaben von jedem zwischen 18 und 55 (mit gewissen Ausnahmen bei Krankheit oder Behinderung). Jorge Juan und Ulloa begannen mit einer systematischen Aufzeichnung der Korruption in Kirche und Staat.

Ein anderes Werkzeug der Ausbeutung war das System des *repartimiento*, bei dem die Gemeinden gezwungen wurden, wichtige Güter, wie Bekleidung und Nahrung von den *corregidores* zu beziehen, die auch den Preis festlegten. Maultiere, die den *corregidor* vielleicht 14 bis 16 Pesos gekostet hatten, wurden für 40 Pesos verkauft. Überdies mussten die Maultiertreiber um Erlaubnis ersuchen, wenn sie ihre Dienste anbieten wollten, und dem *corregidor* einen Anteil an ihren Einnahmen bezahlen. Transport würde ein wiederkehrendes Problem für die Expedition bleiben.

Am 4. Juni, sechs Tage, nachdem Godin aus Süden in Quito angekommen war, torkelte ein anderer französischer Astronom aus dem Norden in die Stadt. Es war La Condamine.

Als sich Bouguer und La Condamine an der Küste voneinander trennten, tauschten sie die Quadranten. La Condamine nahm den schweren, sperrigen, drei Fuß großen Quadranten und hinterließ Bouguer das handlichere, ein Fuß große Instrument. Keiner von beiden ahnte das Ausmaß an Schwierigkeiten, das ihnen auf ihrem Weg nach Quito bevorstand. Bouguer hatte den weniger gefährlichen, aber längeren Weg vor sich, den er zum Teil bereits bereist hatte. Allerdings ging es ihm nicht gut.

Begleitet von einem Sklaven zog Bouguer wieder an der Pazifikküste zurück, wandte sich dann landeinwärts nach Portoviejo und das bewaldete Hochland. Er hoffte, Guayaquil zu erreichen, bevor Godin nach Quito abreiste. Doch der von seiner Krankheit geschwächte Bouguer stieß bald schon auf Probleme. Die Pfade im Wald waren überflutet und lagen häufig knietief unter Wasser. Unsicher an die Sättel ihrer schlingernden Maultiere geklammert, kämpften sie sich durch ein Land voran, das immer noch von der Regenzeit gesättigt war. Bouguer – der eher daran gewöhnt war, Marinewissenschaften zu unterrichten, als akrobatische Kunststücke auf dem Rücken eines Tieres zu vollbringen – erinnerte sich an einen »kontinuierlichen Morast oder Sumpf«, in dem »gewaltsame Versuche der Maultiere, sich zu befreien« wiederholt drohten, ihre Reiter »gegen einen Baum zu schleudern«. Die zwei Männer quälten sich nach Guayaquil, nur um dann festzustellen, dass Godin einige Tage zuvor abgereist war. Ohne in der Stadt zu rasten, »verließ [Bouguer] sie am selben Tag« und bestieg ein Kanu für die Reise flussaufwärts in einem verzweifelten Versuch, zur Expedition aufzuholen. Als er am 19. Mai Caracol erreichte, sagte man ihm, dass Godin »etwa drei Tage vorher« aufgebrochen war. Und er hatte alle verfügbaren Maultiere mitgenommen. Zurückgeblieben in Caracol war ein Berg aus dem Gepäck der Expedition. Bouguer war fertig. Er war erschöpft und krank und es gab keine Transportmittel, die ihm helfen würden, Godin hinterherzujagen.

Auch La Condamine hatte es nicht leicht gehabt. Die Entscheidung, sich am Rio Jama zu trennen, trug seine Handschrift. Wären sie zusammen gereist, hätten sie ihre Kräfte einteilen und vielleicht sogar zu Godin und der Expedition aufholen können, bevor diese aus Guayaquil nach Quito abreiste. Doch La Condamine war ein unberechenbarer Spieler. Seine furchtlose Neugierde würde ihn immer an die Grenzen gehen lassen – direkt in das faszinierende Unbekannte. Immer wenn er dies tat, brachte er alles durcheinander. La Condamine war ein Agent des Chaos. Die Spannungen, die er erzeugte, hielten alle gefangen und stärkten zeitweilig den Drang, erfolgreich zu sein. Er war der Albtraum jedes Anführers. Er hatte den drei Fuß großen Quadranten genommen, weil er weiterhin die weißen Flecken auf der Landkarte des nördlichen Peru ausfüllen wollte. Er war außerdem neugierig auf den Rio Esmeraldas, den »Fluss der Smaragden«.

Wie vorherzusehen war, sorgte La Condamines Wunsch nach Abenteuern für Schwierigkeiten. Seine zwei Begleiter – sein Diener und ein Sklave – waren zweifellos eine Hilfe, doch sie wurden durch das Gepäck und den großen Quadranten behindert. La Condamine versuchte, Führer anzuheuern, aber niemand war bereit, Haus und Hof zu verlassen und den Franzosen in die Wälder zu begleiten. So begannen die drei Männer ihre Erkundungsreise nach Quito in einem seetauglichen Einbaum, der von örtlichen Bootsleuten gepaddelt und gesteuert wurde. Nachts lagerten sie am Strand, tagsüber ruderten sie und zogen so mit ihrem kleinen Wasserfahrzeug nach Norden. Gelegentlich unterbrachen sie ihre Fahrt, wenn La Condamine mit dem Quadranten an Land ging, um den Breitengrad von auffälligen Landmarken an der Küste zu bestimmen. Die wichtigste von ihnen war Kap San Francisco, das Vorgebirge, das sie vor so vielen Wochen vom Deck der *San Christoval* aus gesehen hatten. Jenseits des Kaps hielten sie an Land, um den Breitengrad des Mündungstrichters des Rio Atacames zu ermitteln. Etwa zehn Meilen weiter die Küste entlang bemerkten die Männer im Kanu, dass das Meerwasser sich von seinem durchsichtigen Blau in ein schlammiges Braun verfärbte, und da tauchte auch schon eine Lücke in der grünen Uferlinie auf, durch die der Rio Esmeraldas in den Pazifik strömte. La Condamine vermerkte, dass sie »für mehr als 50 Leguas in einer Piroge direkt an der Küste entlanggefahren waren«, was in etwa so viel ist, als würde man viermal mit dem Kanu zwischen Calais und Dover hin- und herfahren.

Mit der Einfahrt in den Ästuar begannen die Herausforderungen. Eine riesige Menge Wasser kam aus den Anden und verwandelte den Rio Esmeraldas in einen *»rivière très-rapide«*. Gegen die Strömung voranzukommen, war ein kräftezehrendes Unterfangen. Die Suche nach wertvollen Steinen wurde eingestellt. Auf seiner

Karte kennzeichnete La Condamine den ungefähren Ort als »den kleinen Hügel der Smaragde«. Sich schlängelnde Mäander brachten sie in das Herkunftsland der Nigua, mit Gebieten aus Wäldern und Lichtungen, die sich den Esmeraldas aufwärts bis zum Durchbruch des Flusses durch die Anden in der Nähe eines Vulkans zogen, den La Condamine später als »Vesuv von Quito« bezeichnen würde. Der Pichincha erhob sich wie ein Leuchtturm am Westrand der Stadt. Wenn sie den Pichincha erreichen konnten, würden sie Quito finden.

In der Nähe eines Tales, das frühe Siedler als Puerto Quito bezeichnet hatten, vertauschten La Condamine und seine zwei Begleiter den Einbaum mit Pferden und reisten auf Waldwegen weiter. Ihr Vorankommen lag nun in den Händen der örtlichen Nigua, ohne deren Hilfe sie weder ihr Gepäck und den Quadranten tragen noch die Wege finden könnten, die sie zum Pichincha führen würden. La Condamine hatte einen Kompass und wusste, dass Quito südöstlich ihres vermutlichen Standortes am Rio Esmeraldas lag, aber kein Mensch konnte einem Kompass auf einer geraden Linie über Flüsse und Schluchten folgen. Der Schlüssel zu ihrem Überleben lag in der Kenntnis der örtlichen Fußpfade, die die schlimmsten Hindernisse umgingen, sowie bei den ortskundigen Trägern, die ihnen halfen, das Gepäck und die Instrumente zu transportieren.

Anfangs hatten sie das Glück, Führer zu finden, die sie durch die Pfade im Regenwald geleiteten und die Instrumente und das Gepäck trugen. Macheten waren nötig, um den Weg freizuräumen. La Condamine, der darauf bedacht war, zu kartieren, zu beobachten und

Proben zu sammeln, war sowohl Navigator als auch Wissenschaftler. Interessante Samen landeten in seinen Taschen und seine Notizbücher füllten sich mit Zeichnungen der Regenwaldflora. »Ich bewegte mich häufiger zu Fuß mit Kompass und Thermometer in der Hand«, erinnerte er sich, »als auf dem Pferderücken«. Jeden Nachmittag prasselte der Regen auf das Blätterdach des Regenwaldes. Die zwei angeheuerten Führer »hatten viele Probleme« mit dem Quadranten. Schon bald warfen sie alles hin und verschwanden im Wald. Da das Trio kaum Erfahrungen mit dem Überleben im Regenwald hatte, kam es nur langsam voran. Vier Tage lang kämpften sie sich vorwärts und konnten sich dabei nur auf La Condamines Kompass und seine Erkenntnisse über das Terrain verlassen. Überladen und ständig heftig schwitzend, ernährten sie sich von erlegtem Wild. Als ihnen das Schießpulver ausging, aßen sie Bananen und wilde Früchte, die sie im Wald pflückten. La Condamine begann zu fiebern. Als sie in höheres Gelände gelangten, wurden die Flüsse zu Sturzrinnen. Sie folgten einem Pfad, »der von Steilhängen begrenzt wurde, die von Sturzfluten aus geschmolzenem Schnee ausgehöhlt waren, die mit großem Getöse herabfielen«. La Condamine staunte über seine erste dünne, schwankende Brücke aus Lianen, die »wie das Netz eines Fischers« über einer Klamm hing. In den kommenden Jahren würde er sich an die Brücken in den Anden gewöhnen, aber bei seiner ersten Begegnung schienen sie beunruhigend unsicher. Sie erreichten ein Dorf und dort versicherte man ihnen, dass der Pfad in der Tat nach Quito führte. Doch ihnen war das Geld ausgegangen. Sie hatten ein ernstes Problem. La Condamine war gezwungen, für das Versprechen, dass Maultiere für sie in ein Dorf namens Nono geschickt würden, den Quadranten in einem Weiler zurückzulassen. Als die drei abgezehrten Männer nach Nono hineinschwankten, wussten sie sich endlich in Sicherheit.

Nono lag einen Tagesritt nördlich von Quito in einem tiefen, üppigen Tal voller Kolibris und Wiesen. Das abgerissene, stinkende Mitglied der Französischen Akademie der Wissenschaften schaffte es, auf Kredit einige Kleidungsstücke von einem Franziskanermönch zu beschaffen. Zu neuen Kräften gekommen, richtete La Condamine seine Aufmerksamkeit auf den Leuchtturm, an den er seit so vielen Wochen dachte. Das lange, tiefe Tal von Nono zog seinen Blick südwärts auf einen aufsteigenden, grasbewachsenen Grat, der gen Himmel strebte. Er würde der erste in der Expedition sein, der den Pichincha bestieg.

Hoch auf dem Vulkan, in der kühlen, klaren Luft über dem Regenwald, gewann er seinen Sinn für das Wunderbare zurück:

> So weit mein Auge reichte, gab es kultivierte Ländereien, verschiedene Ebenen und Wiesen, grüne Hügel, Dörfer und Weiler, umgeben von Hecken und Gärten: Die Stadt Quito, weit entfernt, lag am Ende dieser wundervollen Aussicht. Ich fühlte mich, als wäre ich in die schönsten Provinzen Frankreichs versetzt worden …

Am 4. Juni betrat La Condamine Quito, wo er feststellte, dass Godin mit dem größten Teil der Expedition sechs Tage zuvor angekommen war. Bouguer war jedoch von niemandem mehr gesehen worden, seit er sich Ende April an der Pazifikküste von La Condamine getrennt hatte.

Der in Caracol festhängende Professor für Hydrografie war in einem schlechten Zustand. Während er sich erholte und auf Maultiere wartete, durchsuchte Bouguer das zurückgelassene Expeditionsgepäck nach seinen Besitztümern. Außerdem wählte er zwei von La Condamines Kisten aus, die er hoffte, mit nach Quito nehmen zu können. Eine Woche später ließ er den Fluss auf dem langen und mühsamen Weg in die Berge hinter sich. Da er in einer kleineren Gruppe reiste als die Expedition, die ihm vorangegangen war, kam Bouguer gut voran, er war aber beunruhigt durch die vielen Überquerungen des schäumenden Flusses Ojibar und die »Endlosigkeit der unterschiedlichen Abgründe«, die er beim Aufstieg bewältigen musste. In den ersten Tagen regnete es ohne Unterlass und sie konnten kein Feuer machen. Die Nahrung beschränkte sich auf »schlechten Käse und Plätzchen, die teilweise aus Mais gemacht sind«. Nach einer Rast in Guaranda begann der beschwerliche Aufstieg über den Chimborazo und den *Páramo*, der »nichts als Schnee oder Raureif erkennen ließ«. Dann stieg er in das Land ab, das Ulloa kaum vierzehn Tage vorher so bezaubert hatte:

> Wie war ich überrascht von der Neuheit der Aussicht! Ich stellte mir vor, wie ich, nachdem ich erfolgreich der Hitze der heißen Zone und den Schrecken der kalten ausgesetzt worden war, sozusagen ganz plötzlich in das

gemäßigte Klima Frankreichs gebracht worden wäre und in ein Land, so verschönert hier, in der angenehmsten Jahreszeit.

Bouguers geometrische Vorstellungskraft war entzündet worden:

> Die Häuser, nicht länger aus Bambus konstruiert wie die weiter unten, sondern aus festen Materialien gebaut, einige aus Stein, meist aber aus großen Ziegeln, die im Schatten getrocknet worden waren. Jedes Dorf ist mit einem Platz geziert, dessen eine Seiten teilweise von einer Kirche eingenommen wird; in keinem Land der Welt hat man es versäumt, diesen Platz, der ein Parallelogramm ist, in den Osten zu setzen, von dem Straßen in geraden Linien ausgehen, offen für das ferne Land. Selbst die Felder sind so in rechten Winkeln unterteilt, wodurch sie die Form eines Gartens erhalten.

Er traf in Quito sechs Tage nach La Condamine ein, am 10. Juni.

Nach einer außerordentlichen Reihe von Trennungen und Missgeschicken waren alle zwölf Mitglieder des eigentlichen wissenschaftlichen Teams in derselben Stadt versammelt. Godin hatte es geschafft, von Alsedo die Bereitschaft zu sichern, weitere Gelder aus Lima anzufordern. Alsedo hatte der Expedition darüber hinaus einige Häuser mehrere Blöcke nördlich des Hauptplatzes in der Gemeinde Santa Barbara zugewiesen. Beide Häuser verfügten über Gärten, die sich zur Aufstellung der astronomischen Instrumente eigneten. Nur La Condamine fehlte.

Bei seiner Ankunft in Quito nach seinen Abenteuern im Regenwald entdeckte La Condamine, dass der größte Teil seines Gepäcks, darunter auch sein Bett, sich noch in Caracol befanden. Alles, was er hatte, waren die zwei Kisten, die Bouguer freundlicherweise aus dem Lager der Expedition auf der anderen Seite der Anden mitgenommen hatte. Schlimmer noch, sein drei Fuß großer Quadrant steckte immer noch in einem Walddörfchen hinter dem Pichincha. Ohne Kleidung und ohne Instrumente war er im wörtlichen Sinne sowie wissenschaftlich nackt. Verguin lieh ihm 50 Pesos, um seinen Quadranten auslösen und nach Nono bringen zu lassen, bis er von dort abgeholt werden konnte. Nachdem er für sich beschlossen hatte, dass er »nicht in dem Zustand sei, mit Würde in der Öffentlichkeit aufzutreten«, hatte La Condamine die Gelegenheit ausgeschlagen, bei den anderen Mitgliedern der Expedition zu wohnen und sich stattdessen im Jesuitenseminar einquartiert, das in der Nähe des Hauptplatzes, gleich neben dem Palast des Präsidenten lag. Hier fand er die Privatsphäre, die Zeit und den Raum, um an den Aufzeichnungen über seine Erkundungen der peruanischen Küste und der Route nach Quito entlang dem Rio Esmeraldas zu arbeiten. Schon bald würde er entdecken, dass Ruhe in Quito eine Illusion war.

7

Die Reisen nach Quito hatten die Zielstrebigkeit der Expedition gestärkt. Nun endlich waren sie bereit, die virtuelle Kette der Dreiecke anzulegen, anhand derer sie die Länge eines Grades geografischer Breite am Äquator berechnen könnten. Sie müssten zunächst Karten des großen Tals anfertigen, in das die ersten Dreiecke hineinpassen würden. Mithilfe der Karten könnten sie hohe, weithin sichtbare Punkte identifizieren, die jeweils die Ecken der Dreiecke bilden würden. Und sie müssten eine Grundlinie identifizieren, indem sie die Länge einer Seite eines der ersten Dreiecke messen. Alle anschließenden Messungen beträfen die Winkel zwischen den Seiten der einzelnen Dreiecke. Die Länge der gesamten Kette könnte dann aus den Winkeln abgeleitet werden. Die Berechnungen waren einfach, doch die Messungen machten Probleme. Auf den hohen Punkten – häufig Berggipfel – müssten große, sichtbare »Signale« platziert werden. Nur wenn zwei Signale gleichzeitig von einem dritten Signal aus – der »Beobachtungsstation« – sichtbar wären, könnte der Winkel mit einem Quadranten gemessen werden. Neben den meisten Stationen müsste ein Lager errichtet werden, das den Vermessern Unterschlupf und Verpflegung bot, während sie auf klare Sicht warteten.

Alle waren sich einig, sie hatten endlich die geodätische Bühne für ihr großartiges Projekt gefunden. Der Äquator lag weniger als einen Tagesritt nördlich von Quito. Südlich von Quito erstreckte sich ein langer, offener Korridor, eingerahmt von Berggipfeln. Dieser Korridor reichte südwärts bis Riobamba, etwa einhundert Meilen von Quito entfernt, was mehr als einem Grad geografischer Breite entsprach. Um jedoch die Genauigkeit des Endwertes zu erhöhen, wollten Godin und Bouguer drei Grad geografischer Breite messen. Das bedeutete, dass die Kette aus Dreiecken über Riobamba hinaus in eine Region mit dicht stehenden Bergen ausgeweitet werden musste. Die zu vermessende Entfernung würde sich über 200 Meilen erstrecken, und zwar von einem Punkt nördlich von Quito bis zu einem südlichen Endpunkt irgendwo jenseits der Stadt Cuenca.

Das erste Abenteuer in diesem geodätischen Epos war die Suche nach einer Stelle auf dem Äquator, die sich für die überaus wichtige Grundlinie eignete: Das war die Linie auf dem Boden, an der das nördliche Ende der Kette aus Dreiecken verankert sein würde. Der Breitengrad Null streckte sich wie ein gespanntes Seil von La Condamines graviertem Stein auf dem Äquator bei »Promontorium Palmar« durch die Regenwälder und die Kordilleren und über die Vulkane und Täler 20 Meilen nördlich von Quito. Am Tag nach Bouguers Ankunft in Quito machten sich zwei Mitglieder der Expedition auf zur Erkundung der Grundlinie. Das Kommando hatte der erfahrenste Vermesser der Gruppe: der Kartograf-Ingenieur Jean-Joseph Verguin. Als sein Assistent agierte der junge, stets eifrige Jacques Couplet-Viguier, der begeistert war, mit einer Eröffnungsrolle in der Vermessung betraut zu sein. Sie waren angewiesen worden, eine flache Ebene mit einer Nord-Süd-Achse von wenigstens 4.000 *Toises* – etwa fünf Meilen – Länge zu finden. Es war eine anspruchsvolle Aufgabe in den Bergen der Anden.

Verguin, Couplet und ihre Führer ritten nach Norden in die tiefe Schlucht des Rio Guayllabamba und erstiegen dann den zerklüfteten Gipfel eines Vulkans mit dem Namen Mojanda. Hier, in einer Höhe von fast 10.000 Fuß, standen die Ruinen von Cochasquí, einem Komplex aus fünfzehn Pyramiden, die lange vor der Kolonialisierung der Anden durch die Inkas erbaut worden waren. Seit Menschengedenken war Cochasquí Teil der mündlichen Überlieferungen gewesen. Es war die Niederlage von Quilago, der Kriegerkönigin der Cochasquí gewesen, die es den einfallenden Inkas erlaubt hatte, die umgebenden Täler zu erobern. Cochasquís überwucherte Tempel standen auf dem Äquator und wurden möglicherweise für astronomische Beobachtungen verwendet.

Unter der Stelle mit den Tempeln erstreckte sich ein abfallendes Plateau, auf dem sich das Dorf Malchinguí befand. Es war der größte Bereich zusammenhängenden Landes, den Verguin und Couplet seit dem Verlassen Quitos gesehen hatten. Als sie über den heißen, nach Süden gewandten Abhang ritten, stellten die beiden Männer fest, dass das Plateau Richtung Quito etwa 1.300 Fuß an Höhe verlor. Im Norden und Westen war es von den steilen Hängen des Vulkans eingerahmt, im Süden und Osten von den abrupt abstürzenden Rändern von

Klippen. Allerdings erstreckte sich die Ebene bei Malchinguí nur über 3.000 *Toises*, weniger als vier Meilen. Das war zu kurz für eine Grundlinie.

Von Malchinguí aus ritten sie nach Osten am Äquator entlang, über die Sturzrinnen und Hohlwege an der Flanke des Vulkans links hinter ihnen. Dann wurde das Land flacher. Die Ebene von Cayambe war von einheimischen Völkern besiedelt gewesen, lange bevor die Inkas oder die Spanier in das Land der Vulkane eindrangen. Die Ebene sah sehr vielversprechend für die Geodäsie aus. Eine kleine Stadt lag schläfrig in der Mitte eines Flickenteppichs aus grünen Feldern. Schneeschmelze und Regen aus den umgebenden Bergen hatten zwei tiefe Flüsse und zahllose *quebradas* – ausgetrocknete Rinnen, die durch Sturzfluten verursacht wurden – in die Ebene gegraben. Die Fläche bei Cayambe war daher kaum größer als die bei Malchinguí. Die Männer kehrten um und ritten zurück nach Quito mit der Nachricht, dass es nirgendwo am Äquator einen geeigneten Ort für eine Grundlinie gab.

In Quito hatte Godin Probleme.

Die Rückkehr von Bouguer hatte frischen Wind in die Expedition gebracht. Angesichts ihrer gemeinsamen Grundlagen auf den Gebieten der Hydrografie und des Meeres hatten Bouguer und die beiden spanischen Marineoffiziere die gegenseitigen Interessen wieder zum Leben erweckt, die sie bei den Reisen an Bord der *Vautour* bzw. der *San Christoval* entwickelt hatten. Bei der Arbeit im Garten des Observatoriums in Santa Barbara ermittelte das mathematisch gesinnte Trio neue Werte für den Längen- bzw. Breitengrad von Quito.

La Condamine schrieb sich derweil in die Annalen der Akademie ein. Während er darauf wartete, dass sein Quadrant aus Nono geholt wurde, stürzte er sich in die Arbeit und stellte eine Karte der peruanischen Küste sowie eine weitere der Route entlang des Rio Esmeraldas und durch die Berge nach Quito zusammen. Den Karten fügte er einen ausführlichen Bericht über die vielen Beobachtungen hinzu, die er an der Küste mit Bouguer gemacht hatte. Dann fertigte er zwei Kopien aller Dokumente an, um diese nach Frankreich zu senden, eine an die Akademie und die andere an Maurepas.

Zu den Episoden, die La Condamine unbedingt zu Papier bringen wollte, gehörte seine Entdeckung eines *résine élastique*, eines hellen, harzigen Saftes, der von Bäumen im Regenwald gewonnen wurde. Der Saft wurde in Bananenblättern gesammelt und durfte dann trocknen, bis er eine geschmeidige Konsistenz angenommen hatte. Man konnte den Saft zu Fackeln formen, die selbst im Regen weiterbrannten. Formte man ihn zu unzerbrechlichen Schalen, ließen sie sich für den Transport von Wasser oder Säften einsetzen. La Condamine war fasziniert von diesem vielseitigen natürlichen Stoff. Zu seinen einzigartigen Eigenschaften gehörte auch, dass ein Ball aus dem Saft zurücksprang, wenn man ihn auf eine harte Oberfläche fallen ließ. Aufgeregt schrieb er für seinen Freund in der Akademie, Charles du Fay, eine ausführliche Beschreibung des Saftes und legte ihr ein Paket mit Proben bei. Viel später würde La Condamine als der erste Europäer gewürdigt werden, der den Gummi entdeckt hatte.

Eine Zeit lang verfolgte La Condamine vom Jesuitenseminar aus seine eigenen Angelegenheiten. Er stellte im Hof des Seminars einen neun Fuß hohen Mast auf und zeichnete einen Meridian auf den Boden, mit dessen Hilfe man an sonnigen Tagen die Mittagsstunde feststellen konnte. Der Gnomon in diesem Hof in Quito erhielt genau wie die Felsen bei Palmar eine Inschrift und reihte sich damit in die Monumente ein, die La Condamines sprunghaften Weg zur geodätischen Erfüllung dokumentierten. Unbelastet von den Beschränkungen der Gruppenetikette, empfing der Wissenschaftler eine Reihe Besucher, darunter Ramón Joaquín Maldonado y Sotomayor, ein junges, einflussreiches Mitglied der Oberschicht von Quito, der begierig darauf war, eine direkte Straßenverbindung zwischen Quito und der Küste über die Route des Rio Esmeraldas zu fördern. Für Maldonado war das plötzliche Auftauchen der französischen Astronomen eine Chance, die er auf keinen Fall verpassen durfte. Während Verguin und Couplet im Norden am Äquator nach einer Grundlinie suchten, nahm Maldonado La Condamine auf eine private Exkursion nach Nono mit. So konnte er seinen Quadranten holen und die Strecke der geplanten Straße in Augenschein nehmen, die zwischen den Vulkanen hindurch zum Rio Esmeraldas und der Küste verlaufen sollte. Bevor sie Nono verließen, nutzte La Condamine den Quadranten, um die Lage des Dorfes zu ermitteln. Dabei stellte er fest, dass sie sich nur eine Minute geografischer Breite nördlich des Äquators befanden. Wieder zurück in Quito bekam La Condamine zu spüren, dass er nicht gerade der Lieblingsfranzose des Präsidenten war.

Seit die Gruppe in Quito wieder vereint war, hatte Charles Marie de La Condamine sich als Störenfried erwiesen. Dass er die Unterkunft der Expedition in der Pfarrei Santa Barbara abgelehnt hatte und stattdessen in das Jesuitenseminar eingezogen war, hatte Alsedo irritiert. Dieser beschuldigte ihn, »sich dem Ausführen Eures Auftrags zu entziehen, die exakte Form der Erde zu messen«. Alsedo verärgerte La Condamines nichtautorisierte Reise den Rio Esmeraldas hinauf nach Quito und hatte das Fehlverhalten an Villagarcía, den Vizekönig von Peru, gemeldet. La Condamine unterwanderte noch dazu Godins Führung. In den wenigen kurzen Wochen der selbständigen Arbeit mit Bouguer an der Küste hatte das Duo mehr erreicht als der Leiter der Expedition. Nun hatte La Condamine in Maldonado einen einflussreichen Verbündeten gefunden. La Condamine war eine unkontrollierbare Macht. Er wusste aber, wen er zufriedenstellen musste. Das eigensinnige Akademiemitglied entschuldigte sich bei Alsedo für die Missachtung seiner Autorität als Präsident und zog in die Gebäude in Santa Barbara um.

Der Fehlschlag bei der Suche nach einer geeigneten Ebene für die Grundlinie war eine weitere Enttäuschung für Godin. Ohne Grundlinie konnte er Alsedo nicht demonstrieren, dass die Expedition seiner Unterstützung würdig war. Ende Juni war nicht mehr ausreichend Geld da, um die Arbeit der Expedition fortzusetzen. Wechsel, die Godin aus Frankreich erwartet hatte, waren nicht eingetroffen. Er konnte nun nur noch auf eine Antwort des Vizekönigs in Lima warten. Die knappe Antwort, die schließlich eintraf, war auf den 21. Juli datiert. Darin informierte Villagarcía Alsedo, dass alle Zahlungen, die an die Expedition getätigt werden sollten, direkt vom Kronanwalt in Quito zu kommen hätten. Alsedo hatte Godin jedoch bereits klargemacht, dass er keine Pesos von seiner *audiencia* zu erwarten hatte.

Die Expedition war pleite. Fünfzehn Monate nach der Abreise aus Frankreich hatten es die Forscher geschafft, die komplette Mannschaft mit allen notwendigen Instrumenten am Äquator zu versammeln. Alles, was ihnen fehlte, waren Pesos.

Charles Marie de La Condamine hatte auf diesen Augenblick gewartet. Gerade, als die Expedition zu scheitern drohte, verkündete er, dass er Kreditbriefe von der Bank Castanier in Paris habe. Ihr Wert entsprach ungefähr 20.000 Pesos, was bedeutend mehr war als der 4.000-Pesos-Kredit, den Godin in Cartagena de Indias beschafft hatte. Durch Castanier konnte La Condamine die Expedition mit ausreichend Geld für die Vermessungen versorgen. Es gab aber einen Haken. Um die Pesos sicherzustellen, müsste La Condamine persönlich nach Lima reisen, was hin und zurück von Quito aus wenigstens drei Monate dauern würde. Sie entwarfen einen Plan. Wenn die Expedition vorläufige Gelder beschaffen könnte, indem sie bestimmte Besitztümer an die Händler von Quito verkaufte, könnte das Ausmessen der Grundlinie vor dem Einsetzen der Regenzeit im November vorgenommen werden. La Condamine könnte dann in den nassen Monaten nach Lima reisen. Für La Condamine war das ideal: Er könnte sich zum Retter der Expedition aufschwingen, er würde eine Entdeckungsreise durch das Land der Inkas unternehmen und dann in Lima überwintern, wo er sich mit Villagarcía, dem Vizekönig von Peru, bekanntmachen könnte.

Der finanzielle Rettungsplan ging mit bemerkenswerter Geschmeidigkeit voran, fast als hätte La Condamine sich vorausschauend darauf vorbereitet. Ein Dokument mit den Konditionen für den Bankkredit wurde aufgesetzt und von La Condamine, Godin und Bouguer unterzeichnet. Und aus La Condamines Quartier tauchte eine erstaunliche Vielfalt an Dingen auf, »die über den Bedarf hinausgingen«: Nadeln, Kugeln, mehrere Spitzenhemden, eine teure Flinte und »mehrere Stücke Mobiliar«. Ein Zeuge behauptete, einen »Brillantring und ein Kreuz des heiligen Lazarus, reich geschmückt mit Diamanten«, direkt von La Condamine gekauft zu haben. Später erklärte La Condamine, dass »sowohl Herren als auch Diener« auf der Expedition »die Dinge verkauft hatten, auf die wir verzichten konnten, um unsere unmittelbaren Bedürfnisse zu decken«. La Condamines Freunde im Jesuitenseminar kümmerten sich um den Verkauf, der ausreichend Mittel einbrachte, um die Aktivitäten der Expedition über die nächsten Monate abzudecken.

Anfang September machten sie sich erneut auf die Suche nach einer Grundlinie. Godin, so schien es, setzte sich – trotz ihrer topografischen Probleme – für die Ebene bei Cayambe ein. Nicht zum ersten Mal hatte La Condamine andere Vorstellungen. Doch die Zeit lief.

Wenn sie sich auf eine Grundlinie einigen könnten, dann hätten sie zur Mondfinsternis am 19. September die Chance, den Längengrad der beiden Enden der Linie zu ermitteln. Godin, Bouguer und die beiden spanischen Leutnants mieteten Maultiere und ritten am 10. September in Quito los. Sie zogen erst nach Norden und schlugen dann einen Bogen nach Osten Richtung Cayambe. La Condamine wählte eine andere Route.

Zwei Tage, nachdem Godins Truppe Quito verlassen hatte, erreichten sie die Hacienda Guachalá an der Südspitze der Ebene von Cayambe, wo sie die Maultiere entluden und sich mit dem Miteigentümer des Anwesens, Antonio de Ormaza, bekanntmachten. Einige der Gebäude gingen zurück bis in die Zeit der ersten spanischen Siedler im 16. Jahrhundert. Für Godin und Bouguer war es die Gelegenheit, zum ersten Mal auf dem Äquator zu stehen, der direkt nördlich der Hacienda das Land von Ormaza durchquerte. Es zeigte sich, dass Verguin und Couplet recht gehabt hatten: Die Ebene von Cayamba war klein und die zwei Flüsse waren geodätische Hindernisse. Godin und Bouguer begannen, nach einem ebenen Terrain zu suchen, auf dem man eine gerade Linie von wenigstens 4.000 *Toises*, also fünf Meilen, abtragen konnte.

La Condamine war wenigstens noch einen Tagesritt südlich. Er war von Quito aus nach Osten gezogen, von der Stadt in das Tal abgestiegen und hatte eine landschaftlich sehr unruhige Gegend durchquert. Die Straße verlief über eine Reihe von abgeflachten Rippen, die sich von den östlichen Kordilleren herunter zogen. Möglicherweise wusste La Condamine genau, wohin er ging, entweder weil er die Ebene von Yaruquí von den Höhen des Pichincha aus gesehen hatte, oder weil ihm sein neuer Freund Ramón Joaquín Maldonado davon erzählt hatte, dessen Bruder José Antonio Maldonado der Gemeindepriester in El Quinche, einer alten Inka-Stadt nahe Yaruquí, war. An diesem Tag blickte La Condamine von der Straße nach El Quinche eine lange, schmale, leicht abfallende Ebene hinunter, die an den Seiten und am Ende von steilen Hängen begrenzt wurde. Sie lag ungefähr auf demselben Breitengrad wie Quito, allerdings weniger hoch, und verlief leicht nach Nordwesten. Mit Ausnahme einer gewundenen *quebrada* an der Ostseite der Ebene schien die Ebene von Yaruquí hindernisfrei zu sein. Und sie war deutlich länger als fünf Meilen.

Ohne einen Augenblick zu zögern, eilte La Condamine nach Cayambe weiter und wurde gewahr, dass Bouguer »gerade einen der Endpunkte der geplanten Basis festgestellt« hatte. Die beiden Männer verglichen, was sie jeweils vorzuweisen hatten. Bouguer war unglücklich. Er »fand den Boden sehr uneben« für die Grundlinie und ließ sich leicht davon überzeugen, dass Cayambe ungeeignet war. Selbst Godin wollte Yaruquí sehen; La Condamine schrieb, dass der Expeditionsleiter »auch von dieser Ebene gehört hatte«. Godin, Bouguer und La Condamine ritten nach Süden und nahmen sich zwei Tage Zeit, um die Ebene von Yaruquí gründlich zu untersuchen.

La Condamine hatte recht. Die Oberfläche der Ebene war nicht glatt und fiel nach Norden um 800 Fuß ab, aber die Neigung war akzeptabel, und wenn ein sauberer

Weg in die Vegetation und durch mehrere Mauern gekratzt werden konnte, dann wäre es möglich, eine Grundlinie von ungefähr sieben Meilen Länge anzulegen. Da vor der Mondfinsternis keine Zeit mehr zu verlieren war, markierten Bouguer, Jorge Juan und verschiedene nicht näher bezeichnete Helfer die Linie mit Pfosten und bestimmten ihre beiden Enden, Caraburo im Norden und Oyambaro im Süden. Am 19. waren sie bereit, die Mondfinsternis zu beobachten und den Längengrad ihrer Grundlinie festzulegen. Doch als der Himmel sich verdunkelte, lag einer ihrer Gefährten in Cayambe im Sterben.

8

Der Achtzehnjährige hatte sich unwohl gefühlt, bevor die Mission aus Quito abritt. Doch nichts würde ihn von den allerersten Messungen der geodätischen Mission fernhalten. Er war jung und stark und jeder erwartete, dass er schnell wieder gesund würde. Eine Woche nach Abreise aus der Stadt lag er noch immer im Bett, schweißgebadet, und die Menschen, die ihm hätten helfen können, waren anderswo: Jussieu, der Expeditionsarzt, war wieder in Quito und La Condamine – dessen Jesuitenpulver einen Mann in Portoviejo geheilt hatte – war Meilen entfernt in Yaruquí, in Erwartung der Mondfinsternis.

In der Hacienda nahe Cayambe musste Antonio de Ulloa mit ansehen, wie sein Freund in die Bewusstlosigkeit abdriftete:

> An diesem Ort verloren wir M. Couplet ... Er war in der Tat ein wenig unpässlich, als wir aus Quito aufbrachen, aber, da er von starker Verfassung war, erlaubte es ihm seine Begeisterung für die Expedition nicht, bei unserem ersten Experiment zu fehlen. Bei seiner Ankunft verschlimmerte sich jedoch sein Zustand derart, dass ihm nur zwei Tage blieben, sich für den Weg in die Ewigkeit vorzubereiten; zu unserer Befriedigung beobachteten wir, dass er seinen Teil mit beispielloser

Hingabe ausführte. Dieser plötzliche Tod eines Menschen in der Blüte seiner Jahre war umso beunruhigender, als keiner von uns das Wesen seiner Krankheit ergründen konnte.

Jacques Couplet-Viguier starb am 19. September 1736. Er war der staunende Neuling der Expedition: Der lernwillige Enthusiast, dessen Großvater an der Vermessung Frankreichs durch Cassini mitgearbeitet und dessen Onkel, ein Astronom, Südamerika erkundet hatte. Er war, schrieb La Condamine später, »der zuverlässigste« in der Mannschaft. Er hatte so viel zu beweisen.

Das plötzliche Fehlen des jungen Couplet hinterließ eine Lücke. Es war eine schwierige Zeit für Louis Godin, dessen enge Freundschaft mit Couplets Entdecker-Onkel dem Jugendlichen die Teilnahme an der Expedition ermöglicht hatte. Fünf Monate würden vergehen, bevor Godin eine Feder zur Hand nahm, um Maurepas die traurige Nachricht zu überbringen. Es war ein Tiefpunkt auf dem holprigen Weg der Expedition zur Geodäsie. Noch vor Beginn der Vermessungen hatte das französische Team ein Zehntel seiner Arbeitskraft verloren. Zwei Leben, einundeinhalb Jahre und Tausende von Livres und Pesos waren verflossen und sie hatten noch nicht einmal eine ausgemessene Grundlinie. In den Wochen nach Couplets Tod richteten die drei Wissenschaftler ihre Kräfte darauf, die erste Seite des ersten Dreiecks festzulegen.

Die beiden Enden der Grundlinie bei Yaruquí waren jeweils durch einen eingegrabenen Mühlstein unter einer hohen hölzernen Pyramide gekennzeichnet, die als Signal dienen würde. Zwischen den beiden Pyramiden errichteten sie eine Linie aus Pfosten und legten auf dem Boden eine tatsächliche Linie frei. Zur Unterstützung bei den schweren Arbeiten zwangsverpflichteten sie Arbeiter aus der Gegend. Sie durchbrachen Mauern, füllten Senklöcher mit Erde und Steinen auf, fällten Bäume und entfernten Gestrüpp. Am Ende des Monats zog sich eine schnurgerade Linie sieben Meilen über die Ebene.

Während die Vorbereitungsarbeiten vonstattengingen, meldete sich La Condamine für eine völlig andere Aufgabe, weit entfernt von Yaruquí. Begleitet von dem praktisch veranlagten Kartografen und Ingenieur Jean-Joseph Verguin bestieg er erneut die schroffen Höhen des Pichincha und errichtete auf dem Gipfel eine steinerne Markierung, an einem Ort also, wie La Condamine mit Vergnügen beobachtete, »der als unzugänglich angesehen wurde«. Die Gipfelmarkierung war weiß angestrichen und konnte von beiden Enden der Yaruquí-Grundlinie gesehen werden. Sie war das erste der Signale, die zur Herstellung der Kette aus Dreiecken verwendet wurden, die sich südwärts bis nach Cuenca erstrecken würde. Während sie dort oben waren, überwachten die beiden Männer den Aufbau einer kleinen Hütte, die im Laufe der kommenden Beobachtungen als Unterschlupf benutzt werden sollte.

La Condamine war am 28. September wieder in Yaruquí, bereit, an den ersten Messungen teilzunehmen. Godin und Bouguer kamen überein, die Grundlinie zweimal zu messen. Ihre Entscheidung zeigte die wissenschaftliche und körperliche Unerbittlichkeit ihrer Mission. Eine Gruppe würde die Messung der Linie von Norden beginnen, die andere Gruppe von Süden. Sie würden am Mittelpunkt aneinander vorbeikommen und dann bis zu den äußersten Enden weitermachen. Anschließend würden sie ihre jeweiligen Ergebnisse miteinander vergleichen. Das war eine effektive Methode, um die exakte Länge der Grundlinie noch einmal zu überprüfen. Und es bedeutete, dass die zwei Personen, die die Expedition kippen könnten, nicht zusammenarbeiten müssten. Jede Gruppe war mit drei 20 Fuß langen Stangen mit Kupferspitzen ausgestattet, die immer wieder Ende an Ende aneinandergelegt werden mussten. Stützböcke und Stricke sorgten dafür, die Stangen in einer Linie und gerade zu halten. Die Auswirkungen von Feuchtigkeit und Hitze auf die Länge der Stangen wurden durch regelmäßige Vergleiche mit der eisernen Ein-*Toise*-Stange überwacht, die sie als Standardeinheit aus Frankreich mitgebracht hatten. Auf der geneigten Oberfläche des Plateaus fühlte es sich an, als würde das Sonnenlicht zwischen den einander gegenüberliegenden Ketten der Kordilleren hin- und hergeworfen werden, sodass man sich wie in einem glühenden Ofen fühlte. Plötzliche Wirbelwinde erfüllten die Luft mit Sand, der das Atmen erschwerte. Ulloa erinnerte sich, dass bei einer dieser Gelegenheiten »ein Indianer, der in der Mitte einer dieser Böen gefangen war, auf der Stelle starb«. Jeden Mittag mussten sich die Teams in ihre Zelte zurückziehen, wo sie ausharrten, bis die Temperatur sank und sie die Messungen wieder aufnehmen konnten. Anfangs schafften sie nicht mehr als 250 Fuß am

Tag. Mitte Oktober trafen sich die beiden Gruppen am Mittelpunkt, und Anfang November hatten sie die Enden der Grundlinie erreicht.

Auf der Hacienda Oyambaro nahe dem höheren südlichen Ende der Grundlinie begannen die Teams, an den Zahlengruppen in ihren Notizbüchern zu arbeiten. Beim Vergleich ihrer Daten stellten sie fest, dass die zwei Ergebnisse sich um weniger als drei Zoll auf sieben Meilen unterschieden.

Die letzte Stufe des Prozesses bestand darin, die zahlenmäßigen Abweichungen aus den Messungen zu entfernen, die auf die Neigung des Terrains zurückzuführen waren. Durch die Bereinigung der Zahlen konnten sie schließlich einen Wert für die Gesamtlänge der Grundlinie ableiten, so als würde die Linie waagerecht von ihrem niedrigsten Punkt verlaufen. Die endgültige Zahl von 6.274 *Toises* oder 7,59 Meilen legte die erste Seite des ersten Dreiecks im Raum fest. Endlich hatten sie die Triangulation begonnen. Als nächstes würden sie über mehr als 200 Meilen die Kette der Dreiecke anordnen. Das müsste jedoch warten, bis La Condamine von seiner Reise nach Lima zurück war, auf der er mehr Geld beschaffen wollte. In der Zwischenzeit würde sich die Expedition in Quito niederlassen. Am 5. Dezember verließen sie die heiße Ebene von Yaruquí und ritten bergauf in die kühlere Luft der Stadt.

Das *tremblement de terre* vom 5. Dezember dauerte 45 Sekunden. 10 Leguas südlich von Quito stürzten Häuser ein und mehrere Menschen wurden getötet. Das

Erdbeben war eine verstörende Erinnerung an die instabile Geologie der Expedition selbst.

Während sie in Oyambaro arbeiteten, war ein Brief für La Condamine eingetroffen. Einer der Maultierzüge, die in dieser Jahreszeit den langen und beschwerlichen Weg über die Anden genommen hatten, brachte das erste Paket aus Frankreich für die Expedition mit. Es hatte mehr als ein Jahr gedauert, bis das Paket von Paris nach Peru gelangt war. Darin war ein Brief, den Maupertuis im September 1735 an seinen Freund La Condamine geschrieben hatte und in dem er ankündigte, eine geodätische Expedition an den Polarkreis zu leiten, wo diese die Länge eines Grades geografischer Breite messen würde, »damit nichts fehlte in der Feststellung der Form der Erde«.

Die Neuigkeiten aus Paris ließen das wackelige Gelehrtenteam in Quito erzittern. Maupertuis hatte den jungen, innovativen Mathematiker Alexis-Claude Clairaut rekrutiert. Bevor sie nach Norden segelten, wollten die beiden »die Ferien mit M. Cassini verbringen, um ein wenig praktische Astronomie auszuüben«. Maupertuis schrieb, dass sie im März 1736 an den Bottnischen Meerbusen abreisen würden.

Als er den Brief im November 1736 las, nahm La Condamine an, dass Maupertuis bereits wieder in Paris war und Beweise hatte, mit denen die Debatte über die Form der Erde (abgeplattet oder gestreckt) ein für alle Mal geklärt worden war. Die drei Forscher, isoliert in Peru, wussten, dass der erste, der einen endgültigen Wert vorzeigen konnte, behaupten würde, die Form der Erde ermittelt zu haben. Diejenige Expedition, die als zweite zurückkehrte, würde die Beweise untermauern. Die Neuigkeiten verunsicherten die Expedition. Godin, Bouguer und La Condamine mussten entscheiden, ob sie ihre äquatoriale Vermessung aufgeben und mit ihrem eigenen Bogen des Meridians nach Paris zurückkehren sollten.

Sie konnten die Expedition nicht abbrechen. Falls Maupertuis ohne eine definitive Zahl vom Polarkreis zurückgekehrt war, wüsste die Akademie immer noch nicht, welche Form die Erde hatte. Die *merde*, die sich über die Akademie und über Frankreich ergießen würde, hätte die Ausmaße der Anden. Falls Maupertuis es geschafft hatte, so weit im Norden ein Grad geografischer Breite zu messen, dann würden die Werte der äquatorialen Vermessung in Peru immer noch etwas zum Wissen über die Form der Erde beitragen. Darüber hinaus waren die nebenbei gesammelten wissenschaftlichen Erkenntnisse, die sich in den Notizbüchern der Expedition befanden, schon mehr, als Maupertuis im Norden erreichen konnte. In der dünnen, unberechenbaren Luft des äquatorialen Amerikas war dies ein Moment, der eine gemeinsame Zielsetzung verlangte.

Godin argumentierte nun, dass die Expedition stattdessen eine Zahl für einen Grad geografischer Länge ermitteln solle. Um dies zu schaffen, schlug er eine neue Vermessungslinie vor, die sich nach Westen von Quito bis zur Küste erstreckte. Wenn sie dies täte, so behauptete Godin, würde die Expedition einen neuen internationalen Standard für den Längengrad erschaffen, der zu Vergleichszwecken von Wissenschaftlern überall auf der Erde verwendet werden könnte. Es wäre ein geniales

Mittel, mit einem Messwert nach Paris zurückzukehren, den Maupertuis nicht liefern könnte.

Bouguer war dagegen und wies darauf hin, dass die Berge und Regenwälder zwischen Quito und der Küste ein alles andere als ideales Vermessungsgebiet seien und die Genauigkeit der Längengrad-Methode schlechter war. Die beiden gerieten sich in die Haare, und Bouguer stand kurz davor, das ganze Projekt hinzuwerfen, wenn Godin nicht seine Meinung änderte. Zum größten Teil war es ein mathematischer Streit über die relativen Vorzüge der zwei Methoden, die Form der Erde zu ermitteln. La Condamine schaute zu, da er nur wenig zu einer Diskussion beitragen konnte, die sich um mathematische Fragen drehte. Allerdings wusste er aus eigener Erfahrung, dass eine geodätische Vermessung durch die Regenwälder westlich von Quito nahezu unmöglich war. Godin lehnte es ab, nachzugeben, und es wurde ein vorläufiger Waffenstillstand ausgehandelt. Die Längengrad-Breitengrad-Diskussion wurde verschoben, bis die beiden Optionen erkundet und geplant worden waren. Im neuen Jahr würde Godin eine Reise westwärts entlang des Äquators unternehmen, um das Potenzial für eine Messung eines Grads geografischer Länge auszuloten. Bouguer würde nach Norden reisen und den Spielraum zum Messen eines Grads geografischer Breite beurteilen. La Condamine – der schon bald nach Süden Richtung Lima abreisen würde – sollte das Gelände südlich von Quito erkunden, und zwar im Hinblick auf seine Eignung für die Breitengrad-Messung. Wieder einmal bewiesen die Gelehrten, dass Konsens viel schmerzhafter zu erreichen war als Dissens.

Mit jeder Woche, die verging, wurde die Triangulation durch nebensächliche Ereignisse in Quito immer wieder aufgeschoben. Fast den ganzen Dezember hindurch war ihre Aufmerksamkeit von der kommenden Wintersonnenwende am 21. gefangen. Sie würden nur zweimal im Jahr die Möglichkeit haben, die Schiefe der Ekliptik zu beobachten: den Winkel der Neigung des Äquators relativ zur Ebene der Umlaufbahn der Erde um die Sonne. Zu Bouguers Ärger hatten sie die Sonnenwende am 21. Juni verpasst, weil sie gerade erst in Quito eingetroffen waren und »durch einige Hemmnisse behindert« worden waren, nicht zuletzt durch das Fehlen eines funktionierenden Observatoriums. Sechs Monate später waren sie bereit, den 21. Dezember zu nutzen, wenn die Sonne am Himmel am weitesten im Süden stand. Dies war eine Chance, die Maupertuis oder überhaupt niemand in Europa hätte. Bis zu dieser Expedition hatte noch nie jemand moderne astronomische Instrumente mit an den Äquator gebracht und, wie Bouguer mit Vergnügen anmerkte, »nur in der Nähe des Äquators kann die Schiefe der Ekliptik mit großer Genauigkeit beobachtet werden«. Sie hatten aus Europa ein Instrument mitgebracht, »das speziell für diesen Zweck vorgesehen war«.

Das zwölf Fuß große Zenitteleskop war von dem englischen Uhrmacher George Graham entworfen, hergestellt und zusammengebaut worden. Es war so groß und empfindlich, dass es sein eigenes Observatorium benötigte. Das Hauptgestell von Grahams Teleskop war eine zwölf Fuß lange Metallstange. An der Stange war ein langes Teleskop befestigt und am Fuß der Stange befand sich im rechten Winkel ein abgestufter Gradbogen. Eine Flügelschraube, die auf das Ende des Bogens drückte, erlaubte es dem Beobachter, die Stange und das Teleskop schräg zu stellen, bis sie auf den ausgewählten Stern ausgerichtet waren. Ein spitzes Lot, das oben von der Stange herabhing, vermerkte auf dem Gradbogen den Neigungswinkel der Stange und des Teleskops. Die gesamte Konstruktion musste so aufgehängt werden, dass sie nach oben in den Himmel zeigte und in zwei Ebenen bewegt werden konnte. Hierfür wurde das Teleskop an einer Achse an einem Balken, der sich wenigstens zehn Fuß über dem Boden befand, aufgehängt. Ein Loch im Dach erlaubte es, mit dem Teleskop den Nachthimmel zu beobachten. Um Sternenbeobachtungen vorzunehmen, musste der Benutzer sich rücklings auf den Boden legen und sein Gesicht an das einstellbare Okular pressen. Natürlich waren Beobachtungen nur bei wolkenlosem Nachthimmel möglich.

Nachdem das Zenitteleskop im Observatorium in Santa Barbara aufgestellt worden war, beobachteten Godin, Bouguer und La Condamine das Näherrücken der Sonnenwende. Am 19. und 20. war der Himmel bedeckt, doch am 21. konnten sie den Winkel beobachten. Sie blieben bis zum 27. beim Zenitteleskop und verfassten dann einen Bericht für die Akademie in Paris. Die drei Wissenschaftler hatten nun einen Plan für das nächste Jahr: Sie würden mit der Triangulation nach dem Beobachten der nächsten Sonnenwende im Juni beginnen. Zu diesem Zeitpunkt sollte auch La Condamine mit dem Geld wieder in Quito sein.

Während die Forscher sich in ihrem Observatorium eingeigelt hatten, war auf den Straßen um sie herum die

Spannung gestiegen. Das Ende des Jahres 1736 bedeutete das Ende von Alsedos Amtszeit als Präsident der *audiencia* und löste eine Verschiebung der Macht zwischen den beiden regierenden Gruppierungen Quitos aus. Für die Expedition war diese Entwicklung wenig hilfreich. Alsedos Eitelkeit, Brutalität und Korruption machte ihn nicht gerade zu einem angenehmen Zeitgenossen, aber er hatte die wissenschaftliche Arbeit der Expedition nicht behindert. Er war der Anführer der spanisch geborenen Kaste der *chapetónes* in Quito, zu deren führenden Personen Freunde der Expedition gehörten, wie etwa die Jesuiten der Stadt. Jorge Juan und Ulloa hatten Räume im Haus von Valparda y la Ormaza, dem Buchhalter des königlichen Schatzamtes, Kronanwalt und einem der einflussreichsten Mitglieder von Alsedos *chapetóne*-Gruppierung. Der nachfolgende Präsident ließ nichts Gutes erahnen. José de Araujo y Río war der im Lande geborene Spross von Händlern aus Lima, der seine juristische Ausbildung und seine Geldgier eingesetzt hatte, um sich für 26.000 Pesos die Präsidentschaft in Quito zu kaufen. Das war eine Menge Geld, doch die Präsidentschaft in Quito erlaubte es Araujo, ein Netzwerk aus Familienmitgliedern und Freunden miteinander zu verbinden, die die spanischen Einreisehäfen nach Südamerika kontrollierten. Er ritt am 26. Dezember an der Spitze eines Maultierzugs nach Quito ein, der 130 Kisten mit geschmuggelter Seide, Porzellan, Wein und Silber mit sich führte. Für die einheimische Bevölkerung Quitos war ein Wechsel des Präsidenten lange überfällig. Araujo war von der Anwesenheit der französischen Wissenschaftler unbeeindruckt – eine Abneigung, die von der Expedition erwidert wurde.

Als das Jahr 1737 anbrach, war die Expedition in einem bedenklichen Zustand, geschwächt durch eine konkurrierende Expedition an den Polarkreis und durch die Unfähigkeit zu entscheiden, ob sie den ganzen Weg nach Peru auf sich genommen hatten, um den Längengrad oder den Breitengrad zu messen. Die letzten Überreste von Godins Führungsanspruch wurden von den Winden der Anden hinweggefegt. Die künftige Finanzierung hing davon ab, dass La Condamine eine 4.000 Meilen lange Reise nach Lima und zurück überlebte, um ein Stück Papier in Pesos einzutauschen. Die Ankunft von Araujo in Quito war eine unglückliche Komplikation. Der Vizekönig in Lima wurde über den Verdacht informiert, der Verkauf von Expeditionseigentum hätte zur Mittelbeschaffung auch Schmuggelware umfasst. Während La Condamine sich darauf vorbereitete, nach Lima aufzubrechen, wurden Anklagepunkte gegen ihn vorbereitet. Und dann schaffte es einer der spanischen Leutnants der Expedition, den Sekretär des Präsidenten zu töten.

9

Die Tat hatte zwei Jahre zuvor ihren Ausgang genommen. Im Jahr 1735 war eine Lieferung wissenschaftlicher Instrumente von Paris nach Cádiz geschickt worden, um auf zwei spanischen Kriegsschiffe geladen zu werden, die in Cartagena de Indias mit der Expedition zusammentreffen sollten. Doch die vier Kisten trafen nicht rechtzeitig in Cádiz ein. Als die Instrumente endlich bei der Expedition in Quito ankamen, wurde eine ausstehende Gebühr von 20 Pesos für den Maultiertransport von Guayaquil gefordert. Quitos neuer Präsident ergriff die erste Gelegenheit, die Wissenschaftler zu verärgern. Er wies seinen Schatzmeister an, die Liefergebühr nicht zu bezahlen, und beschlagnahmte die Instrumente.

Die Reaktion kam schnell und von einem der Hitzköpfe der Expedition. Jorge Juan, Ulloa und Kronanwalt Valparda, die unter demselben Dach lebten, hatten jeder einen Grund, gegen Araujos Handeln vorzugehen. Valparda gehörte zu Quitos alteingesessener *chapetóne*-Fraktion und war kein Freund des neuen *criollo*-Präsidenten. Jorge Juan und Ulloa bekamen mit, wie ein korrupter Beamter eine königliche Anweisung missachtete. Durch die Beschlagnahmung der wissenschaftlichen Instrumente hatte der Präsident von Quitos *audiencia* Befehlen des Königs von Spanien zuwidergehandelt, der Expedition »zu helfen und sie zu unterstützen, ihnen alle Freundschaft und Zuvorkommenheit zu erweisen, und dafür zu sorgen, dass keine Personen für ihren Transport oder ihre Arbeit von ihnen mehr als den aktuellen Preis einfordern«. Die 20 Pesos waren sowohl Geldschneiderei als auch ein Verstoß gegen die Befehle des Königs.

Ulloas erster Gegenschlag erfolgte mit der Schreibfeder. Er schrieb an den Präsidenten, wobei er ihn mit Vuestra Merced, »Euer Gnaden«, anredete, einen Begriff, der eher für Gleichgestellte als für Vorgesetzte verwendet wurde. Natürlich war Araujo beleidigt und schickte den Brief an Ulloa zurück mit der Forderung, der junge spanische Leutnant solle ihn respektvoll als Señoría, »Euer Ehren«, anreden. Verärgert verschaffte sich Ulloa Zutritt zum Quartier des Präsidenten und ließ ihm gegenüber eine scharfe Tirade los, die noch auf dem Platz zu hören war. Der gedemütigte Araujo befahl Ulloas Festnahme. Am nächsten Tag fing eine Einheit bewaffneter Milizsoldaten Ulloa und Jorge Juan auf dem Platz ab. Ulloa wurde gegen eine Mauer geschleudert und Araujos Sekretär machte den Fehler, die zwei gefährlichsten Männer in Quito mit einer Pistole zu bedrohen. Mit dem Steinschlossgewehr in der einen und dem Schwert in der anderen Hand vertrieb Jorge Juan die Milizionäre, wobei er zwei verwundete. Einer von ihnen war der Sekretär des Präsidenten. Er erlag einem langsamen Tod.

Die Tötung des Sekretärs des Präsidenten durch ein Mitglied der Expedition war für die Zukunft der äquatorialen Wissenschaft nicht gerade hilfreich. Die zwei Leutnants suchten Zuflucht im Jesuitenseminar. Nachdem Jorge Juan sich eine Woche lang versteckt gehalten hatte, unternahm er um zwei Uhr nachts einen taktischen Rückzug durch ein kleines Fenster und ritt aus Quito in Richtung Süden davon.

Der Erfolg – oder das Scheitern – der Geodätischen Expedition an den Äquator hing nun an einer sprunghaften Person, die vom Äquator wegritt.

La Condamine hatte beschlossen, nicht die normale Route zu nehmen. Statt über den vielbegangenen Maultierweg über die Berge nach Guayaquil und dann im Schiff die Küste entlang bis zu Limas Hafen Callao zu reiten, entschied er, den gesamten Weg über Land zu nehmen. Er war der erste Franzose, der nachweislich die 2.000 Meilen entlang der Anden zu bewältigen versuchte. Ausgestattet war er mit einer Auswahl an Büchern sowie seinem Kompass, seinem Quadranten, einem Pendel und einem Barometer. Nicht verzeichnet in seinen Memoiren waren die Identitäten seiner Begleiter, zu denen sein Diener und ein Führer gehört haben müssen. Die Reise auf dem Landweg versprach, ausgesprochen interessant zu werden. Die ersten 200 Meilen ritt er entlang der vorgeschlagenen Route für die geodätische Vermessung. La Condamine würde sich selbst ein Bild von der Art des Terrains verschaffen können. Von besonderem Interesse waren die potenziell problematischen Berge südlich von Riobamba und die Gegend um Cuenca, in der die Expedition ihre südliche Grundlinie etablieren wollte. Dazu brauchten sie eine gerade Ebene wie die Ebene von Yaruquí, die sie für die nördliche Grundlinie verwendeten. La Condamine plante jedoch –

wie immer – zusätzliche Untersuchungen. Auf dem Weg würde er »die Breitengrade bemerkenswerter Orte beobachten«, Karten zeichnen und seiner Faszination für die verlorene Welt der Inkas nachgehen. Und er würde nach der Quelle des Jesuitenpulvers suchen.

Die Gesamtstrecke bis nach Lima wurde auf etwa 400 Leguas geschätzt. Anfangs konnte La Condamine mehr als 10 Leguas am Tag zurücklegen, doch südlich von Riobamba, wo die Berge enger zusammenrückten und die Straße selten eben war, hielt er dann schon 7 Leguas für »einen starken Tag«. Mehrere Tagesritte hinter Cuenca erreichte seine kleine Truppe die Stadt Loja. Etwa 2 Leguas südlich der Stadt, in bewaldeten Hügeln, die zur westlichen Kordillere aufstiegen, konnte La Condamine endlich einen Blick auf einen Chinarindenbaum werfen. Er führte einige Notizen mit sich, die der Arzt der Expedition, Joseph de Jussieu vorbereitet hatte. Drei Tage lang musste die dringende Reise nach Lima warten, während La Condamine die Gruppen aus Chinarindenbäumen untersuchte und sein Notizbuch mit Beschreibungen und Zeichnungen füllte.

Auf ihrem eiligen Weg zwischen den Bergen nach Süden konnte sie *tambos* – frühere Inka-Herbergen – und die eingestürzten Mauern von Festungen oder Tempeln besichtigen. Dieser Bereich der Anden kennzeichnete die nördlichste Ausdehnung des verschwundenen Inka-Reiches. Die Ruinen hier waren nicht so gewaltig wie die, die angeblich in Cusco, weit im Süden, existierten, dennoch gab es viel, was einen tüchtigen französischen Sammler interessierte. La Condamines Taschen platzten fast vor Artefakten: »… einige wertvolle Kunstwerke von den alten Peruanern und verschiedene Raritäten der Naturgeschichte ... mehrere kleine Idole aus Silber und eine zylindrische Vase aus demselben Material, etwa 8 oder 9 Zoll hoch und mehr als 3 breit, mit reliefartig gemeißelten Masken ...« Dieses exquisite Silberteil war »so dünn wie zwei Blätter Papier zusammengehalten, und die Seiten ... waren unmittelbar an der Basis befestigt, im rechten Winkel, ohne eine Spur von Lötmittel«. Für La Condamine waren dies die Verbindungen zu einer Welt, die durch die kolonisierenden Kavallerien einer globalen Supermacht aus der peruanischen Landschaft hinweggefegt wurde. Er sehnte sich danach, weiter zu reiten, von Lima zur alten Hauptstadt der Inkas, Cusco, hoch in den Bergen des Südostens, doch »180 Leguas schlechte Straßen« zwangen ihn dazu, »dieses Projekt aufzugeben«.

Sechs Wochen, nachdem er Quito verlassen hatte, ritt La Condamine in Lima ein. Bewaffnet mit seinem Pass und verschiedenen Empfehlungsschreiben, schaffte er es, sich seinen Weg in den Palast des Vizekönigs zu bahnen. Er blieb fast drei Monate. Die Mittel für die Expedition zu sichern, erwies sich als schwieriger als erwartet. Sein erster Kontakt sah sich außerstande, die Kreditbriefe einzutauschen, da fast das ganze Bargeld Limas per Galeone nach Panama gesandt worden war. La Condamine musste auf Schwarzgeld zurückgreifen. In Lima hielt sich zu dieser Zeit der Panama-Vertreter der South Sea Company auf. Thomas Blechynden war in die Stadt gekommen, um Schulden einzutreiben und tauschte sein Bargeld gern gegen die Kreditbriefe. La Condamine erhielt 12.000 Pesos und Blechynden reiste mit Krediten für 60.000 Livres ab, die er in Cádiz oder Paris einlösen konnte. Die Bedingungen, so notierte La Condamine, »waren nicht lästig«. Blechynden war ein erfahrener Sklavenhändler und Geschäftemacher. Zehn Jahre zuvor war er vor den Aufsichtsrat der Company zitiert worden, weil er Sklaven durch Portobelo geschmuggelt hatte. Viele der Vertreter der South Sea Company waren an Räubereien und Schmuggel beteiligt und Blechyden nutzte La Condamine möglicherweise zum Zwecke der Geldwäsche. Aus Sicht des Engländers war der Tausch eine vernünftige Vorsichtsmaßnahme: Er war weit von zu Hause entfernt, und Kreditbriefe waren ein geringeres Gesundheitsrisiko als ein riesiger Haufen Geld.

Neben dem Deal mit Blechynden versuchte La Condamine die Kasse der Expedition auch noch dadurch aufzufüllen, dass er vom Vizekönig einen zusätzlichen Kredit anforderte. Villagarcía hatte Godins Vorstoß bereits abgelehnt, doch La Condamine hatte einen Brief von der Herzogin von Saint-Pierre vorzuweisen, deren Familie diplomatische Verbindungen nach Spanien unterhielt. Der Vizekönig willigte ein, die Angelegenheit an die Finanzverwaltung weiterzuleiten. Obwohl La Condamine schließlich eine Zusage für einen Kredit von 4.000 Pesos erhielt, führte ihn das komplizierte Verfahren in eine weitere ablenkende Sackgasse, die schließlich die Expedition weit mehr als 4.000 Pesos an Zeit und Ärger kosten würde. La Condamine sah die Bewerbung um die Finanzen als einen persönlichen Test, da er sich für die Vorstellung erwärmte, dass die Finanzverwaltung nur für »außergewöhnliche Fälle« zusammentrat und dass die endlosen Stellungnahmen und juristischen Vorlagen dafür sorgten, dass er seine »erste Ausbildung in der Profession des Advokaten unternahm«. Ab diesem Punkt konnte La Condamine »Anwalt« zu seiner vielseitigen Vita hinzufügen, in der er bereits Soldat, Wissenschaftler, Forscher und Anthropologe war. Die Liste würde noch länger werden. Die Ablenkungen auch.

Während er in Lima war, packte La Condamine einen Koffer mit den Objekten, die er gesammelt hatte, seit er aus Quito weggeritten war: Darin verstaute er die Idole und Vasen, Muscheln und Balsame, »ein Wörterbuch und eine Grammatik der Inka-Sprache« und »einen Backenzahn, versteinert in Achat, zwei Pfund an Gewicht«. Es war ein Wagnis, doch die Wege von Lima aus waren weniger gefährlich als die von Quito. Am 1. Mai sollte eine spanische Fregatte von Callao absegeln, beladen mit den »Geldern der Galeonen von 1732«. Bei einer solch wertvollen Fracht wäre der Koffer bis Panama gut geschützt, wo ein britischer Kommissionär ihn über die Landenge und nach Cartagena de Indias bringen würde. Dort würde der Koffer – hoffentlich – sicher auf einem spanischen Schiff verstaut werden, das nach Europa fahren sollte. La Condamine adressierte den Koffer an den französischen Konsul in Cádiz.

Sein Aufenthalt in Lima wurde durch eine Reihe von Überraschungen verlängert. Der Präsident der *audiencia* von Quito bezichtigte ihn des Schmuggelns. Dieser hatte Beweise beigebracht, dass der französische Wissenschaftler das Jesuitenseminar in ein Geschäft für illegalen Handel verwandelt hätte. Käufer wollten ein Kommen und Gehen »zu ungebührlichen Zeiten« beobachtet haben. La Condamine wurde beschuldigt, sich heimlich nach Lima davongemacht zu haben, »beladen mit verbotenen Gütern«. Einer der Kriminalrichter Limas tauchte vor seiner Unterkunft auf, verlangte die Schlüssel und fertigte eine vollständige Bestandsaufnahme der Besitztümer des Akademiemitglieds an. Ein Bericht über die Durchsuchung wurde nach Quito geschickt.

Die zweite Überraschung war die unerwartete Ankunft von Jorge Juan in Lima mit der Nachricht, dass er Araujos Sekretär getötet hatte. Nur selten berichten die Memoiren der Expedition von Reue, und so beschrieb La Condamine dieses jüngste Debakel als »Jorge Juans persönliche Angelegenheit mit dem Präsidenten«. Der französische Wissenschaftler und der spanische Leutnant präsentierten eine geschlossene Front und appellierten an das Verständnis des Vizekönigs. Glücklicherweise standen Jorge Juan und Villagarcía auf gutem Fuß miteinander, seit sie gemeinsam auf der *Nuevo Conquistador* den Atlantik überquert hatten. Als Ulloa später seinen Bericht über die Aktivitäten der Expedition abfasste, überging er die Tat und vermerkte lediglich, dass Jorge Juan nach Lima gegangen sei, »um sich mit dem Vizekönig von Peru zu besprechen und einige Schwierigkeiten gütlich beizulegen, die mit dem neuen Präsidenten aufgetreten sind«. Nachdem ihnen die Rückendeckung des Vizekönigs für die Durchführung der Vermessung gewiss war, nahmen La Condamine und Jorge Juan ein Schiff von Callao nach Guayaquil und trafen am 20. Juni, einen Tag vor der Sonnenwende, wieder in Quito ein.

Das Geld hauchte der Expedition nach der Rückkehr von La Condamine und Jorge Juan neues Leben ein. Selbst Jussieu war guter Dinge. Während der Unterbrechung der Vermessung hatte er seinen Freund, den Chirurgen Seniergues, verloren, der auf dem Landweg nach Cartagena de Indias gereist war, wo er Geld mit Privatbehandlungen verdienen wollte. Der melancholische Jussieu lauschte aufmerksam La Condamines Berichten über die Chinarindenbäume in Loja und schrieb dann eine vierseitige Abhandlung über die Erkenntnisse seines Kollegen.

Während La Condamine und Jorge Juan sich in Lima aufhielten, war Godin die Führung der Expedition immer weiter entglitten. Unerklärlicherweise hatte Godins Entschlossenheit, ein Grad geografischer Länge zu messen, sich in Luft aufgelöst, und seine Anfangsmessung am Äquator westlich von Quito hatte nicht stattgefunden. Eine lange Zeit später erfuhren Bouguer und La Condamine, dass Godin im März einen Brief von Maurepas in Paris erhalten hatte, in dem die Expedition angewiesen wurde, ihren Enthusiasmus auf das Messen eines Grades geografischer Breite zu beschränken. Godin hatte den Brief Bouguer gegenüber nicht erwähnt. La Condamine war überrascht. Er fragte sich, ob die Kehrtwendung »den Befehlen, die er erhalten hatte« geschuldet war oder daran lag, dass er »seine Meinung bereits geändert« hatte und inzwischen dafür war, ein Grad geografischer Breite zu messen.

Bouguer und der Ingenieur und Kartograf der Expedition, Jean-Joseph Verguin, hatten versucht, alles in Schwung zu halten. Bouguer war auf den unbefestigten

Wegen nördlich von Quito hin und her geeilt und hatte eine detaillierte Karte des Geländes hergestellt, die den ersten Teil der geodätischen Vermessung bilden würde. Zu seinen Zielen gehörte die wichtige Aufgabe, die Eckpunkte der einzelnen Dreiecke zu bestimmen. Jeder Eckpunkt musste von den Ecken der benachbarten Dreiecke aus sichtbar sein. Als Bouguer im Mai nach Quito zurückkehrte, brach Verguin nach Süden auf, um eine entsprechende Karte von den Messpunkten zwischen Quito und Riobamba anzufertigen. Bei seiner Rückkehr im Juni war die Kartierung der nördlichen Hälfte der Vermessungsroute fertig. Diese zwei kartografischen Exkursionen waren wichtige Vorbereitungen für die kommende Vermessungssaison.

Zwei Jahre, nachdem sie Europa verlassen hatten, waren die Wissenschaftler bereit, die Vermessung zu beginnen, die die Form der Erde bestimmen würde. Endlich waren sie am Äquator mit den Geldern, Instrumenten, Karten und den erfahrenen Mitarbeitern, die nötig waren, um eine 200 Meilen lange Kette aus Dreiecken aufzustellen und zu vermessen, die mehr als drei Grad geografischer Breite überspannen würde.

Triangulierte Vermessungen waren in der Geodäsie ein alter Hut. Wenn die Länge einer Seite und zwei Winkel eines Dreiecks bekannt waren, konnten die Längen der verbleibenden zwei Seiten berechnet werden. Indem man nach und nach Dreiecke an das erste anfügte, ließen sich ganze Regionen – oder sogar Länder – durch Triangulation kartieren. Das erste gedruckte Traktat über triangulierte Vermessungen war 1533 von einer flämischen Druckerpresse gelaufen. Darin hatte Gemma Frisius, ein Mathematiker, Kartograf und Hersteller von Globen, beschrieben, wie man eine abgemessene Grundlinie für das erste Dreieck festlegt und wie die Auswahl sichtbarer Eckpunkte, wie etwa Kirchtürme, es dem Vermesser erlaubt, die Winkel zwischen den Eckpunkten aufeinander folgender Dreiecke zu messen. Die Cassinis überzogen Frankreich kreuz und quer mit einem Netz von Dreiecken, mit deren Hilfe die erste detaillierte und akkurate nationale Landkarte hergestellt wurde. Anstelle von Kirchtürmen beabsichtigte die Geodätische Expedition an den Äquator, Berge als Eckpunkte zu nutzen.

In der Ausführung verlangte eine triangulierte Vermessung wenig mehr als eine immer wiederkehrende Genauigkeit, doch übertragen auf die Anden waren die Herausforderungen ganz beträchtlich. Die Vermesser der Expedition, die außerhalb von Quito an der Yaruquí-Grundlinie begannen, würden sich in dem Korridor zwischen den östlichen und den westlichen Kordilleren nach Süden vorarbeiten. Signale, die an erhöhten Stellen platziert waren, sollten als Eckpunkte der Dreiecke dienen. An jedem Signal würden sie eine Station einrichten und den Winkel zwischen den beiden anderen Signalen des Dreiecks beobachten. Sie würden in extremer Hitze und Kälte in einem Terrain arbeiten, das oft ohne Straßen war und von Orten besiedelt, die sich möglicherweise als wenig hilfsbereit erweisen würden. Auf den höheren Beobachtungsposten könnte die Wolkendecke zu einem Problem werden. Sie alle wussten, dass es eine zweigeteilte Vermessung werden würde: von Quito zum Ende der halben Wegstrecke in der Nähe der Stadt Riobamba konnte die Kette aus Dreiecken in die lange, breite Ebene zwischen den zwei parallel verlaufenden Ketten der Kordilleren gelegt werden, wobei deren Bergspitzen als Eckpunkte der Dreiecke dienten. Südlich von Riobamba jedoch liefen die Kordilleren zusammen und der natürliche Korridor füllte sich mit einer verwirrenden Ansammlung aus gigantischen Gebirgsmassiven. Die zweite Hälfte der Vermessung würde also in außerordentlich schwierigem Gelände durchgeführt werden, mit weit entfernten Eckpunkten und äußerst schlechten Kommunikationsbedingungen. Die vorbereitenden Karten deuteten an, dass dreißig Dreiecke erforderlich wären, um den Meridianbogen zwischen Quito und Cuenca abzudecken.

Die drei französischen Gelehrten hatten sich auf die Methode geeinigt. Sie würden das System der doppelten Prüfung wieder aufgreifen, das sie für die Grundlinienvermessung bei Yaruquí angewandt hatten, und sich in zwei Vermessungstrupps aufteilen, die jeweils von den fähigsten Wissenschaftlern und Beobachtern geleitet werden sollten. Godin würde von Jorge Juan begleitet werden, Bouguer von La Condamine und Ulloa. Jeder Vermessungstrupp hätte ein eigenes Unterstützungsteam, das im Vorfeld die Signale einrichten und den Transport von Zelten, Nahrung und Instrumenten organisieren würde. Hugo und Godin des Odonais wurden beauftragt, Godin zu begleiten, während Verguin und Bouguers Diener, Grangier, mit Bouguers Gruppe arbeiten sollten. Die mühsame körperliche Schinderei würde wie immer von der anonymen Schar Diener, Sklaven und örtlicher Träger erledigt werden. Der immer noch andauernde Aufenthalt von Seniergues in Cartagena de Indias bedeutete, dass die Gesundheit der Expedition hauptsächlich auf den Schultern des leidenden Jussieu ruhte.

Anfang August wurden letzte Vorbereitungen getroffen. Man überprüfte noch einmal die Quadranten und suchte Kompasse, Teleskope, Karten und Notizbücher zusammen. Die Zelte wurden eingepackt. Es wurde Essen gekauft und Maultiertreiber wurden rekrutiert. Am 14. August verließ Bouguers Team Quito und machte sich auf den Weg zum Signal auf der Spitze des Pichincha. Eine Woche später ritt Godins Team aus Quito ab. Ziel waren die Signale an den beiden Enden der Yaruquí-Grundlinie und dann das Signal auf dem Pambamarca, einem Berg in der östlichen Kordillere. Die Vermessung hatte begonnen.

10

Antonio de Ulloa y de la Torre-Guiral lag bewusstlos auf dem Berghang. »Ich fiel herunter«, schrieb er später, »und blieb eine lange Zeit ohne Sinne oder Bewegung, und, wie mir gesagt wurde, mit allen Anzeichen des Todes«.

Der zwanzig Jahre alte Marineleutnant war von Quito aus mit Bouguer, La Condamine, ihren Dienern und fünf Trägern aufgebrochen, um zu der Hütte und dem Signal aufzusteigen, die im Jahr zuvor auf dem Gipfel des Pichincha errichtet worden waren.

Maultiere hatten die Vermesser und ihre Ausrüstung über das sanftere Gelände der unteren Hänge getragen, doch als sie an Höhe gewannen, zwangen die felsigen Flanken des Vulkans sie, ihren Aufstieg zu Fuß fortzusetzen. Für La Condamine war das kein Problem. Er war früher schon auf den Pichincha gestiegen und fürchtete sich nicht vor dessen Gefahren. Bouguer – der so sehr unter Seekrankheit gelitten hatte – erwies sich als guter Kletterer. Anders jedoch Ulloa. Er war Seefahrer, kein Bergsteiger. Die raue Gegend und die schwindelerregende Lage waren anders als alles, was er auf See jemals erlebt hatte. Und die kalte Luft war so dünn, dass er unaufhörlich um Atem rang.

Man entschied, die Gruppe aufzuteilen. Während die Diener und Träger bei den Instrumenten bleiben sollten, würden Bouguer, La Condamine und Ulloa weiter zum Gipfel gehen. Es gab keinen Weg, dem man hätte folgen können, und das Trio stolperte bergaufwärts über Geröll und zerklüftete Lava. Mit jedem Schritt wurde das Atmen schwieriger. Steile Abgründe drohten, in die Tiefe zu stürzen. Ulloa brach zusammen.

Für Bouguer und La Condamine war es undenkbar, ein weiteres Mitglied der Expedition am Rand des Todes stehen zu sehen. Ulloa war entscheidend für den Erfolg der Vermessung. Seine Fähigkeiten als Navigator und seine Kompetenz im Umgang mit Instrumenten machten ihn zu einem der wichtigsten Mitwirkenden bei der wissenschaftlichen Zielsetzung der Expedition. Er war – gemeinsam mit seinem etwas älteren Gefährten Jorge Juan – der diplomatische Vermittler, der es einem Haufen französischer Wissenschaftler überhaupt erst ermöglichte, in einer spanischen Kolonie tätig zu sein. Ulloa stellte das halbe Sicherheitsteam der Expedition. Er sprach die spanische Sprache. Er war ein Schwertkämpfer und ein Schütze.

Als Ulloa das Bewusstsein wiedergewann, war seinen Begleitern klar, dass er nicht weiter nach oben steigen konnte. Unter großen Schwierigkeiten stieg er über die Felsen hinab zu den Dienern und Trägern auf leichterem Boden. Er verbrachte die Nacht in einer Höhle, wo er rehydrierte und ruhte, sodass er sich am nächsten Morgen in der Lage fühlte, aufzustehen. Wieder kämpfte er sich über die Abhänge des Vulkans, schaffte es aber mit Hilfe, den Gipfel zu erreichen.

Der Gipfel des Pichincha war wie die Spitze einer Nadel. La Condamine wusste, was zu erwarten war, aber Bouguer war entsetzt: »Unser erster Plan für einen Unterschlupf und die Übernachtung in diesen unwirtlichen Gegenden war es, ein Feldzelt aufzuschlagen …, aber der Platz auf dem Gipfel des Pichincha war begrenzt; wir waren genötigt, uns mit einer Hütte zufriedenzugeben, so klein, dass wir kaum alle hineinkriechen konnten«. In dieser winzigen, kümmerlichen Hütte aus Holz und Häuten würden die Männer ausharren müssen, bis sich günstiges Wetter einstellte. In einer Lücke zwischen den Felsen wurde ein Zelt aufgestellt und in dieses drängten sich die fünf Diener. Die angeheuerten Träger entschieden sich dafür, lieber weiter unten am Berg in einer Höhle zu schlafen.

Hätte der Himmel aufgeklart, dann wären die Beobachtungen innerhalb eines Tages fertig gewesen. Doch das Mikroklima an den Hängen des Vulkans erzeugte unberechenbare Angriffe von Wind, Schnee und Nebel. Bouguer schrieb, sie seien

> ständig in den Wolken, die vor unserem Auge jedes Ding vollkommen verschleierten bis auf die Spitze aus Felsen, auf der wir uns befanden. Manchmal änderte sich der Himmel drei- oder viermal in einer halben Stunde; auf einen Sturm folgte schönes Wetter, und dann nur einen Augenblick später krachte Donner auf unsere Ohren, laut entsprechend seiner Nähe, und unser Felsen erzeugte dabei die gleiche Wirkung wie der Sand des Meeres, wenn die Wellen darauf schlagen.

Der junge Ulloa, der zahllose Stürme auf See überlebt hatte, war vom Wetter in den Bergen fasziniert:

> Wenn der Nebel sich verzog, bewegten sich die Wolken aufgrund ihrer Schwere näher an die Oberfläche der Erde und umgaben den Berg auf allen Seiten bis in große Ferne, wobei sie das Meer darstellten, mit unserem Felsen wie eine Insel in seiner Mitte. Wenn dies geschah, hörten wir die schrecklichen Geräusche der Stürme, die sich auf Quito und dem umliegenden Land entluden. Wir sahen die Blitze, die aus den Wolken hervortraten, und hörten den Donner, der tief unter uns grollte, und während die tiefer gelegenen Teile in Stürme aus Donner und Regen verwickelt waren, erfreuten wir uns einer reizvollen Heiterkeit; der Wind war abgeklungen, der Himmel klar und die belebenden Strahlen der Sonne milderten die Strenge der Kälte. Anders waren unsere Umstände jedoch, wenn die Wolken aufstiegen; ihre Dicke erschwerte die Atmung, Schnee und Hagel fielen ohne Unterlass, und der Wind kehrte mit all seiner Gewalt zurück, sodass es völlig unmöglich war, die Angst zu überwinden, zusammen mit unserer Hütte den Abgrund hinunter geweht zu werden, an dessen Rand sie erbaut war, oder durch die tägliche Anhäufung von Eis und Schnee unter ihr begraben zu werden.

In der Hütte lagen die Männer auf einem Fußboden aus gepresstem Stroh und bemühten sich, warm zu bleiben. Sie lebten von gekochtem Reis mit Stücken von Rind und Geflügel. Es war so kalt, dass das Essen gefror, wenn es nicht auf den heißen Kohlen stand. Um Trinkwasser zu erhalten, mussten sie Eis und Schnee schmelzen. Jeden Morgen verließen die Träger ihre Höhle und stiegen auf den Gipfel des Berges hinauf, wo sie den Schnee vor der Hütte wegschaufelten, die Lederriemen lösten, die die Tür aus einer doppelten Haut sicherten, und die drei Europäer aus ihrem rauchgeschwängerten Kabuff befreiten.

Wann immer das Wetter es zuließ, unternahmen Bouguer, La Condamine und Ulloa kurze Ausflüge von der Hütte aus, um den Stoffwechsel in ihren Gliedmaßen anzukurbeln. Zum Spaß rollten sie große Felsbrocken von den Felswänden und lauschten auf das Donnern der Einschläge weiter unten. »Meist blieben wir in unserer Hütte«, erinnerte sich Ulloa, »wegen der Intensität der Kälte, der Heftigkeit des Windes und weil wir ständig in einem so dicken Nebel steckten, dass ein sechs oder acht Schritte entferntes Objekt kaum zu erkennen war«. Während der Wind donnerte, brütete Bouguer über seinem Traktat zum Schiffbau. Sie trugen ihre Tagebücher nach und schrieben Briefe an Godin, Briefe, die wenigstens zwei Tage brauchen würden, um das Zelt auf der Spitze des Pambamarca zu erreichen. Sie nahmen Temperaturmessungen vor und schafften es schließlich »unter jeder vorstellbaren Schwierigkeit«, das empfindliche, verstellbare Pendel aufzustellen und einzurichten. Bouguer notierte, dass die Länge des Pendels, das in Ein-Sekunden-Intervallen schwang, um »36 Hundertstel einer Linie« kürzer war als an der Küste. Für La Condamine war das Ergebnis weniger bedeutsam als die erfreuliche Behauptung, dass die Pendelmessung »in der größten Höhe, in der sie jemals gemacht wurde« erfolgt war. Sie spähten regelmäßig in den wirbelnden, eisigen Nebel hinaus und hofften darauf, dass die Wolken sich verzogen. In diesem Fall würden sie sofort zum Quadranten springen. Mit jeder Nacht, die verging, wurden sie schwächer. In der Hütte herrschte Trübsinn, der durch Husten verstärkt wurde.

Wären die drei Männer weniger in ihren rassistischen Vorurteilen verhaftet gewesen, dann hätten sie von ihren angeworbenen Begleitern eine wertvolle Lektion lernen können. In den 1730er-Jahren waren die Auswirkungen der Höhe auf den menschlichen Körper in Europa noch weitgehend unerforscht. Ab 8.000 Fuß Höhe beginnen die meisten Menschen, unter dem Mangel an Sauerstoff zu leiden. Kopfschmerzen, Übelkeit, Schwindel, Atemnot und Erschöpfung werden mit jeder Minute in der »Todeszone« schlimmer. Wenn der Sauerstoff mit zunehmender Höhe weniger wird, schwillt das Hirn an. Verwirrung und Halluzinationen sind verbreitete Symptome. Wenn der Betroffene nicht sofort zu einer niedrigeren Höhe absteigt, können Hirn- oder Lungenödeme eintreten, auf die der Tod folgt. Die Hütte auf dem Gipfel des Pichincha befand sich auf einer Höhe von etwas mehr als 15.400 Fuß. Die örtlichen Bauern und Hirten waren es gewohnt, in isolierten Weilern und Unterkünften auf 9.000 Fuß Höhe zu übernachten, und waren an die Höhenlagen bereits angepasst. Und sie wussten viel besser als die Europäer, dass die schwächenden Aktivitäten des Tages in dieser Höhe dadurch ausgeglichen werden konnten, dass man abends zum Schlafen wieder nach unten abstieg. Und genau diese Praxis (»arbeite hoch oben, schlafe unten«) verfolgten die Träger, wenn sie in ihrer Höhle am Hang des Pichincha übernachteten und jeden Morgen auf den Gipfel stiegen, um den Europäern zu helfen. Durch das Schlafen auf dem Gipfel brachten Bouguer, La Condamine und Ulloa nach und nach sich selbst und ihre Diener um.

Im Laufe der Zeit schwollen ihre Füße so empfindlich an, dass die Hitze unerträglich wurde und Gehen »unter extremen Schmerzen erfolgte«. Ihre Hände waren mit Frostbeulen überzogen. Ihre Lippen rissen derart heftig auf, »dass jede Bewegung, beim Sprechen oder dergleichen, Blut hervortreten ließ«. Tag für Tag spähten sie vergebens in die Finsternis und beteten darum, dass die Wolken aufrissen. Wann immer sich die Nebel auf dem Pichincha lichteten, verdeckten Wolkenbänke eines oder beide der Signale, die sie mit dem Quadranten anpeilen mussten. Zu wenigstens einer Gelegenheit sahen sie durch ihre Teleskope deutlich den winzigen weißen Punkt des Signals auf dem Pambamarca, an dem Godin und Jorge Juan wachten.

Für die Diener in dem kleinen Zelt auf dem Gipfel war das Leben praktisch unerträglich. Sie begannen, Blut zu erbrechen und unspezifische »grausame Schmerzen« zu erleiden. Laut Ulloa waren ihre Hände und Füße »derart von Frostbeulen bedeckt, dass sie es lieber erlitten hätten, getötet zu werden, als sich zu bewegen«. Nach fünf Tagen auf dem Pichincha tauchten die Träger auf einmal nicht mehr auf, um ihren Ausgrabungsarbeiten nachzukommen. Vier von ihnen hatten beschlossen, den Berg hinabzusteigen. Einer blieb zurück, der auf den Gipfel stieg und die Tür der stinkenden Hütte freilegte. Der Retter wurde mit der Anweisung nach Quito geschickt, einen Brief an den *corregidor* der Stadt zu überbringen, in dem Ersatzträger angefordert wurden. Zwei Tage nach ihrer Ankunft auf dem Gipfel des Pichincha flohen auch diese. Es gab eine humanere Lösung: Ein Aufseher wurde für vier Träger verantwortlich gemacht, die alle vier Tage von ihren Pflichten auf dem Berg abgelöst wurden.

In der dritten Woche wurde die Lage verzweifelt. Obwohl sie sich bei den Gründen für ihre Misere irrten, wussten die drei Europäer, dass sie sich einem Zustand der körperlichen und geistigen Zerrüttung näherten, der es ihnen unmöglich machen würde, vom Berg herunterzukommen. »Monsieur Bouguers Gesundheit war beeinträchtigt«, notierte La Condamine, »und er brauchte Ruhe«. Nach 23 Tagen auf dem Gipfel wurden das Trio und dessen Diener vom Vulkan herunter in den sauerstoffreichen Zufluchtsort Quito gebracht.

In der Wissenschaft gibt es so etwas wie das Scheitern nicht. Die Pichincha-Episode war das Experiment, das die Lösung brachte. Zurück in Quito entwickelten sie einen neuen Plan. Sie würden das Pichincha-Signal auf eine geringere Höhe umsetzen, wo es weniger Wolkenbedeckung, weniger Kälte, Wind und Schnee und besseren Zugang zu der Ebene darunter geben würde.

Die andere Vermessergruppe hatte derweil einen leichteren Start gehabt. Man war weniger als eine Woche an den zugewiesenen Standorten an den beiden Enden der Yaruquí-Grundlinie gewesen und dann durch El Quinche zur Wand der östlichen Kordillere und zum Pambamarca geritten, an einer wellenartigen Reihe runder

Hügel vorbei, auf denen die Ruinen von alten Festungen standen. Pambamarca war 2.300 Fuß niedriger als der Pichincha und mit dem Maultier erreichbar. Und obwohl es kalt und windig war, schafften sie es bis zum 1. September, ihre Notizbücher mit den Winkelangaben zu füllen, die sie brauchten. Dann auf einmal liefen die Dinge schief.

Zurück in El Quinche versuchte Godin, erneut Träger für den Halt auf dem nächsten Berg anzuheuern, der auf der westlichen Kordillere lag, 16 Meilen nördlich von Quito. Doch trotz der Verlockung durch Pesos waren die Einheimischen »durch ihre jüngsten Leiden auf dem Pambamarca entmutigt«. Sie konnten sehen, was sie erwartete: Der Gipfel, den Verguin als »Tanlagua« kartiert hatte, sah so steil aus wie sein Nachbar, der Pichincha. Der heute als Loma de Marca bekannte Tanlagua war ein fahles, spitz aufsteigendes Wegzeichen an der Straße nach Norden. Er war nur wenig mehr als 10.000 Fuß hoch, doch Jahrtausende an Wind und Wetter hatten seinen alten Lavakegel zu einer abweisenden Spitze erodieren lassen. Diese war viel zu steil und instabil für den Aufstieg mit Maultieren. Alle fähigen Männer aus El Quinche verschwanden auf einmal und – wie Ulloa sich erinnerte – »die gemeinsamen Anstrengungen des *alcalde* und des Priesters, sie aufzufinden, erwiesen sich als fruchtlos«. Die Leute aus El Quinche hatten Grund, den Spaniern zu misstrauen: 200 Jahre zuvor, als der Konquistador Sebastián de Belalcásar festgestellt hatte, dass die Männer der Stadt weg waren, um gegen die Spanier zu kämpfen, hatte er angeordnet, alle Frauen und Kinder abzuschlachten, die zu finden waren.

Die Rebellion von El Quinche erinnerte daran, dass die Geodätische Expedition an den Äquator eine nicht überlebensfähige menschliche Einheit war, wenn ihnen die Mitwirkung der örtlichen Bevölkerung nicht gelang: die anonyme Arbeitskraft, die sich bereitfand, sperrige, schwere Lasten auf entfernte Berggipfel zu schleppen, wo ihre Leben für die europäische Wissenschaft aufs Spiel gesetzt wurden. In einem Regierungssystem, das diejenigen mit kolonialer Macht belohnte, waren die Machtlosen billige Werkzeuge. Jorge Juan berichtete voller Empörung, dass die »niedrigste Klasse der Einwohner« in El Quinche »ihre Behausungen verlassen und sich aus dem Staub gemacht hat«, statt den Tanlagua zu erklimmen. Godin und Jorge Juan wurden zwei Tage in El Quinche aufgehalten und konnten ihre Vermessung nicht fortsetzen, weil sie ihre Instrumente, Zelte, Gepäckstücke und Nahrungsmittel nicht ohne gemietete Hilfe forttragen konnten. Schließlich überredete der Priester seinen widerwilligen Küster sowie die in seiner Kirche angestellten Menschen, die beladenen Maultiere der Expedition zumindest bis zu einem Bauernhaus am Fuß des Tanlagua zu begleiten. Sie trafen am 5. September ein.

Mit der schweren *marquise*, dem Gepäck und den Instrumenten beladen, begannen die örtlichen Träger am 6. mit dem Aufstieg. Godin und Jorge Juan, die nicht von irgendwelchen Lasten behindert wurden, erreichten die freistehende Spitze des Tanlagua am Ende des Tages, erschöpft und ohne zu merken, dass die Träger nur bis zur Hälfte des Berges gekommen waren. Die beiden Europäer und ihre Diener verbrachten die Nacht unter den Sternen und mit einem »harten Frost, der einsetzte«. Bis zum Morgen hatten sie so viel Körperwärme verloren, dass sie erst dann ihre Glieder richtig wieder bewegen konnten, als sie in wärmere Luft abgestiegen waren. Der Tanlagua war frustrierend. Der Himmel war klar, doch Godin und Jorge Juan konnten durch ihre Teleskope dennoch die Signale nicht sehen, die sie zum Messen benötigten, weil sie »entweder von den Winden heruntergeweht oder von den indianischen Hirten weggetragen worden waren«. Sie kehrten ohne ihre beobachteten Winkel nach Quito zurück.

Mitte September waren Bouguer, La Condamine und Ulloa zurück auf dem Pichincha, wo sie ein Lager etwa 1.300 Fuß unterhalb des Gipfels bewohnten. Die Bedingungen waren weniger streng und der Zugang nach Quito nicht ganz so schwierig, aber Wolken und Stürme gab es weiterhin. Am 7. November hatten sie sich ohne die erforderlichen Beobachtungen wieder nach Quito zurückgezogen.

In den drei Monaten, in denen sie gegen Schneestürme, Wind, Kälte und Wolken ankämpften, hatten die zwei Teams nicht ein einziges der mehr als 30 Dreiecke geschlossen, die sie zwischen Quito und Cuenca messen mussten. Es war viel mehr Zeit für das Überleben als für das Vermessen aufgewandt worden.

Doch sie hielten durch. Im Dezember kehrten Bouguer, La Condamine und Ulloa zum dritten Mal auf den Pichincha zurück und schafften es, die notwendigen Beobachtungen von der niedriger gelegenen Station aus durchzuführen. Und am 20. kam Godins Team wieder auf den Bauernhof am Fuße des Tanlagua und machte sich erneut an den vierstündigen Aufstieg zu Fuß. Sieben Tage später hatten auch sie die Winkel gemessen, die sie brauchten. Sie lernten, mit den Bergen zu leben. Pichincha, Pambamarca und Tanlagua waren wichtige Stationen. Die Wissenschaftler hatten sich selbst bewiesen, dass Beobachtungen in großer Höhe machbar waren.

Das Erleiden von Schmerzen würde zwischen den beiden Gruppen niemals ausgeglichen sein. Auf dem Pichincha hatte Bouguers Team eine Niederlage hinnehmen müssen, während es Godins Gruppe in der niedrigeren Höhenlage leichter hatte. Und über Neujahr litten Bouguer, La Condamine und Ulloa erneut. Zwischen dem 20. Dezember 1737 und dem 24. Januar 1738 waren sie an den beiden Signalen stationiert, die die Enden der Yaruquí-Grundlinie markierten, doch ihre Beobachtungen wurden durch schlechtes Wetter sowie durch Signale behindert, die entweder hinweggeweht oder von den Einheimischen anderweitig genutzt worden waren. Immer wenn ein Signal verschwand, musste jemand zu dem hohen Punkt zurückkehren, wieder eine Pyramide aus Holz aufbauen und diese weiß anstreichen. Das Signal auf dem Pambamarca musste sieben Mal repariert oder ersetzt werden. Schließlich errichtete La Condamine einen gewaltigen Hügel aus den Steinen einer zerstörten Festung und krönte diesen mit einem robusten Holzkreuz. Am 26. Januar erstieg Bouguers Team den Pambamarca, um neue Beobachtungen vorzunehmen, wurde aber durch Eis, Schnee und Winde behindert, »die so heftig waren, dass es schwierig war zu stehen«. Die Böen, die über den Pambamarca hinwegfegten, machten es fast unmöglich, den Quadranten zu stabilisieren. Sie blieben bis zum 8. Februar auf dem Pambamarca.

Zwischen den Sturmwinden boten die Geisterfestungen auf dem Pambamarca Bouguer ein unvergessliches Spektakel. Der bretonische Hydrograf war von einem Phänomen fasziniert, das er später als erster analysiert haben soll. Es trat in den Morgenstunden auf, wenn eine »sehr strahlende aufgehende Sonne« sein Bild auf eine nahegelegene Wolkenbank projizierte. Von besonderem Zauber war der regenbogenfarbige Lichthof rund um seinen Kopf sowie die Tatsache, dass andere ihr eigenes Bild sehen konnten, nicht jedoch das der Gefährten, die neben ihnen standen.

Als nächstes auf Bouguers Liste stand der Tanlagua. Wo Godin und Jorge Juan eine Meuterei, eine arktische Nacht ohne Unterschlupf und dann einen zweiten Aufstieg erduldet hatten, konnten Bouguer und seine Truppe sich an schönem Wetter erfreuen. Sie mussten nur einen Tag lang auf dem Gipfel bleiben. Ulloa jedoch wurde erneut von Höhenangst geplagt. Er räumte ein, dass der Tanlagua »klein im Vergleich zu anderen in dieser Kordillere« war, doch die Steilheit seiner Flanken war für den gut trainierten Seefahrer eine persönliche Herausforderung. Weit unter seinen Füßen konnte er die blassen Punkte von Dächern und das grüne Schachbrett der Felder erkennen. Ein Fehltritt bedeutete einen langen Sturz, und es war »größte Sorgfalt erforderlich, um die Hände und Füße fest und sicher zu setzen«. Beim

Abstieg war die am wenigsten gefährliche Taktik das Herunterrutschen auf dem Hinterteil, allerdings, so notierte er, »muss das vorsichtig erfolgen, damit man nicht durch die Geschwindigkeit der Bewegung den Abhang hinunterstürzt«. Diese kurze Begegnung mit dem Tanlagua bedeutete für Bouguers Team eine Pause der Vermessungsarbeiten. Fünf Monate, nachdem sie am Beginn der geodätischen Vermessung von Quito aufgebrochen waren, hatten sie erfolgreich das erste der Dreiecke auf Verguins Karte abgeschlossen. Nun blieben noch wenigstens 30 weitere zu messen.

Während Bouguer, La Condamine und Ulloa sich einen Monat freinahmen, war Godins Team von dem ersten Dreieck südlich von Quito frustriert. Die am wenigsten schwierige der drei Stationen dieses Dreiecks befand sich auf einem sanften Anstieg neben dem Dorf Guápulo, nur vier Meilen von Quito entfernt. Sie konnten täglich von der Stadt zu der *marquise* pendeln, wo ihre Diener die Instrumente nachts bewachten. Die anderen beiden Punkte dieses Dreiecks waren schwieriger. Zweimal mussten Godin und Jorge Juan die Spitze des Corazón in der westlichen Kordillere und des Guamani in der östlichen Kordillere besteigen. Auf dem Guamani war das Problem der Standort des Signals, das von dem Signal auf dem Corazón aus nicht zu sehen war. Als sie zum nächsten Dreieck und dessen Signal auf den mittleren Hängen des Cotopaxi weiterzogen, stellten sie fest, dass das neue Signal auf dem Guamani den Blicken verborgen war. Um das Problem zu umgehen, entschieden sie, zwischen den beiden Bergen ein Hilfssignal zu errichten.

Inzwischen war es März 1738 und die beiden Teams hatten sich mittlerweile seit sieben Monaten mit der Vermessung befasst, waren aber immer noch in Sichtweite von Quito. In der momentanen Geschwindigkeit würde die Vermessung nicht Monate, sondern Jahre dauern. Die Dinge spitzten sich auf einem abgeschrägten Plateau zwischen zwei Taleinschnitten unterhalb der östlichen Kordillere zu. Die »Ebene von Changallí« – ein *changalli* war der typische Kittel, den die Frauen in den Anden trugen – war eine bequeme Stelle für eine Station, nahe der Stadt Pintag und umgeben von Ackerland. Das Signal war Bouguers Team zugeordnet worden, allerdings hatte es La Condamine bereits im Jahr zuvor errichtet. Er hatte es in Kalk getränkt, damit es sich von der Ebene abhob. Das Wetter war schön und die Vermesser konnten in einem nahegelegenen Bauernhaus schlafen. Allerdings war keine dieser Bequemlichkeiten eine angemessene Kompensation für die enttäuschenden Stunden, die sie an ihren Teleskopen zubrachten. Als Ort des wichtigen Signals war das Changallí-Plateau gewählt worden, das von den Signalen auf den Bergen Pambamarca, Pichincha, Corazón und Cotopaxi aus sichtbar sein sollte. Doch »einige der Signale fehlten«, berichtete Ulloa, »da sie vom Wind heruntergeblasen worden waren«. Die Vermessung konnte erst fortgesetzt werden, nachdem Helfer erneut auf die Berge gestiegen waren und die Signale ersetzt hatten.

In diesem März trafen sich die beiden Forscherteams zu einer Besprechung. Wegen der Probleme mit den Signalen hatten sie einige Wochen verloren. Die großen, weiß angestrichenen Pyramiden waren zu anfällig für

Beschädigungen durch den Wind oder durch Einheimische, die diese unerklärlichen Bauten als bequeme Quelle für Holz und Seile betrachteten. Wo immer es möglich war, wollten sie nun auf die Pyramiden verzichten und stattdessen die weißen Armeezelte aus Leinwand – die *canonnières* – als Signale verwenden. Die *canonnières* waren einfacher aufzubauen und zu bewegen als die Pyramiden. Da sie zugleich als Unterkunft für die Vermesser und ihre Assistenten dienten, mussten sie ohnehin an den einzelnen Signalen vorhanden sein. Es war eine geschickte Weiterentwicklung der wissenschaftlichen Praxis.

Während Ostern näher rückte, führte Bougeur seine Gruppe südlich des Ackerlandes von Changallí zum schneebedeckten Cotopaxi. Von all den Gipfeln, die an das große Tal im Süden von Quito angrenzten, war der Cotopaxi am spektakulärsten. An klaren Tagen erhob er sich wie ein leuchtendes und glänzendes Dreieck über seine Nachbarn, eine Pyramide aus Schnee und Eis, ein unantastbares Signal. Wenn die Sonne unterging, schien er zu glühen. Mit einer Höhe von wenigstens 19.000 Fuß war er ungeheuer groß. Kein Mensch hatte bisher seinen Fuß auf den Gipfel gesetzt. Das spezielle Problem, das der Cotopaxi der Expedition bereitete, hatte weniger mit seiner Höhe als vielmehr mit seinem Umfang zu tun. Da es unmöglich sein würde, ein Signal auf der Spitze des Berges aufzustellen, müssten die Beobachtungen von seinen mittleren Höhen aus erfolgen. Doch der riesige Durchmesser des Vulkans würde es sehr schwer machen, eine einzelne Stelle zu finden, die von allen benachbarten Signalen aus sichtbar wäre. Bouguer errichtete sein Signal an der nordwestlichen Flanke des Vulkans, wo er eine klare Sichtlinie zu den Signalen von Changallí und auf dem Corazón hatte.

Und wieder einmal wurde die europäische Geodäsie von den Stürmen der Anden aufgehalten. Ulloas Erinnerungen an ihre Strapazen auf dem Cotopaxi waren besonders lebhaft:

> Diesen Berg bestiegen wir am 21. März, und am 4. April waren wir gezwungen zurückzukehren, nachdem wir uns vergebens bemüht haben, unsere Beobachtungen abzuschließen. Denn, ganz abgesehen von unserem eigenen Leid, der Frost und Schnee, zusammen mit den Winden, die so heftig bliesen, dass sie anscheinend versuchten, den schrecklichen Vulkan bei seinen Wurzeln auszureißen, machten das Durchführen von Beobachtungen gänzlich unmöglich. Das Klima ist tatsächlich so streng, dass selbst die Tiere es meiden; auch konnten unsere Maultiere nicht an der Stelle bleiben, an der wir unseren Indianern befohlen hatten, sich um sie zu kümmern; sie waren daher gezwungen, auf die Suche nach milderer Luft zu gehen und manchmal sogar solch eine lange Strecke, dass wir oft nicht wenig Probleme hatten, sie zu finden.

Sie stiegen von den Hängen des Cotopaxi herab, ohne ihre Winkel ermittelt zu haben. Es war nun erforderlich, zu dem Berg zurückzukommen. Die ständige Notwendigkeit, Stationen erneut aufzusuchen und Beobachtungen zu wiederholen, zehrte an den Kräften und den Finanzen. Wieder einmal waren ihre Pesos nahezu aufgebraucht. Und wieder einmal verlor die Expedition an

Schwung. Zufällig fielen die Probleme am Cotopaxi mit dem Verschwinden der örtlichen Arbeitskräfte zusammen. Weil Ostern bevorstand, würde vierzehn Tage lang keine Familie im zentralen Tal zur Verfügung stehen, da Zeremonien und Festlichkeiten stattfanden. Widerwillig kehrten beide Gruppen nach Quito zurück. Es sollte drei Monate dauern, bis sie wieder anfangen würden, Winkel zu messen.

Eigentlich hätte es eine angenehme Unterbrechung sein können. Nach acht Monaten aufregender Abenteuer brauchten alle eine Pause. In Quito gab es Betten und Essen. Ostern war ein Fest der Prozessionen und Gottesdienste. Die Spannung zwischen Araujo und den spanischen Leutnants der Expedition hatte sich gelöst. Doch in den Schatten ihrer Ausgelassenheit lauerten die immer wiederkehrenden Probleme der Pesos und der Führerschaft.

Das Geld, das La Condamine aus Lima mitgebracht hatte, war ausgegeben. Die vom Vizekönig versprochenen 4.000 Pesos waren nicht vollständig geliefert worden. Maurepas hatte ihnen durch das Übersenden von 4.000 Pesos kurzfristig einen finanziellen Rettungsring zugeworfen, doch das reichte nicht, um die Vermessung abzuschließen. Deshalb wandte sich Godin an einen von La Condamines Freunden.

Als Ramón Maldonado im Juni 1736 La Condamine auf eine kurze Exkursion mitgenommen hatte, um die Route der geplanten Esmeraldas-Straße von Quito an die Küste anzuschauen, hatte der Franzose das Projekt enthusiastisch unterstützt. Er hatte sich gerade erst einige Wochen lang in Kanus und auf schlammigen

Waldwegen über genau diese Strecke gequält. Zwei Jahre später war Ramóns jüngerer Bruder Pedro Vicente Gouverneur der Provinz Esmeraldas geworden. Im April 1738 hielt er sich in Quito auf, um den Präsidenten der *audiencia* von seinen Straßenbauplänen zu unterrichten. Wenig überraschend traf er auch auf Mitglieder der Expedition. Sie waren kaum zu verfehlen. Mit einer Großzügigkeit, die typisch für die Familie Maldonado war, bot er Godin an, ihm ausreichend Pesos zu leihen, um den nächsten Abschnitt der Vermessung zu finanzieren. Für die französischen Wissenschaftler war dies ein weiterer außerordentlicher Glücksfall.

Die jüngste Finanzkrise war abgewendet worden. Doch acht Monate des Arbeitens in unterschiedlichen Teams hatten den Riss zwischen Godin und Bouguer vertieft. In einem Brief, den Bouguer und La Condamine im Mai 1738 an den englischen Astronomen Edmond Halley schrieben, beschweren sie sich darüber, dass Godin seine Erkenntnisse über die Schiefe der Ekliptik nicht mit ihnen geteilt hatte. Die Missstimmung erreichte eine neue Intensität. Jemand aus der Expedition beschrieb in einem Brief an Maupertuis die düstere Lage. Beim Empfang des Briefes viele Monate später machte Maupertuis gegenüber dem schwedischen Astronomen Anders Celsius seiner Frustration Luft, als er den zunehmenden Zwist zwischen den beiden Wissenschaftlern in Peru und den Schaden, den dies dem Ziel der Expedition zufügte, beschrieb. Maupertuis erzählte Celsius von »Meinungsverschiedenheiten« und »schrecklichen Szenen« und einem vollständigen Abbruch der Kommunikation, der bereits sechs Monate andauerte.

Er machte sich Sorgen, dass »einer von ihnen stirbt und die zwei anderen zurückkehren werden, einer von Osten und der andere von Westen, ohne dass sie etwas geschafft haben. Es ist fast zu befürchten, dass sie sich die Kehlen durchschneiden«.

Es gab tatsächlich eine Messerstecherei während der Unterbrechung zu Ostern. Bei einer Auseinandersetzung mit einem Einheimischen wurde Bouguers Sklave tödlich verletzt. Er hatte schlimmere Mühsalen ertragen als Bouguer, als er sperrige Lasten durch feuchte Küstenwälder geschleppt, endlose Nächte auf eisigen Vulkanen erduldet und zahllose Botengänge in Dörfer und Städte erledigt hatte. Sein Name taucht in den Memoiren nicht auf.

Im Juli stellte der Ingenieur Jean-Joseph Verguin eine aktualisierte Karte her, die den Fortschritt der Expedition zeigte. Ein Großteil der Karte war leer. In einem sauberen Raster aus Quadraten dagegen wurden die zwei Teile Perus dargestellt, mit denen die Expedition vertraut war: Auf der linken Seite der Karte war die Küste vom Mündungstrichter des Rio Esmeraldas bis Guayaquil zu sehen und auf der rechten Seite befand sich ein unvollständig gezeichneter Bergkamm. Bei null Grad verlief quer über die Karte eine dünne rote Linie, mit der Verguin den Äquator gekennzeichnet hatte. Wie von einem Nagel hing direkt von einem Punkt nördlich der roten Linie ein Muster aus Dreiecken mit der Bezeichnung »Sig.l de Tanlagua« herunter. Die Dreiecke, die bereits von Bouguer und La Condamine vermessen worden waren, wurden mit einer durchgehenden schwarzen Linie gezeigt, während die von Godin vermessenen

Dreiecke mit gestrichelten Linien gezeichnet waren. Verguin hatte winzige rote Symbole verwendet, um Städte, Dörfer und Bauernhöfe zu markieren. Die Berge waren als getönte, gestrichelte Buckel dargestellt. Blaue Flüsse durchschnitten das gestreifte Ackerland. Die Karte wurde laufend erweitert. Die Dreiecke reichten nur bis zum Cotopaxi und einem Signal mit der Kennzeichnung »Milin«, kurz neben der Linie, die Verguin verwendet hatte, um den Breitengrad von einem Grad Süd einzuzeichnen. Sie hatten weniger als ein Drittel des Weges bis zur Fertigstellung der Kette aus Dreiecken geschafft.

Die Wissenschaft wurde mit einem Donnerknall wieder aufgenommen. Am 10. Juli 1738 wurde von der Spitze des Panecillo am Stadtrand von Quito fünfmal eine Kanone abgefeuert. Die ersten drei Schüsse waren nordwärts gerichtet, über die Dächer der Stadt zu der Stelle, an der Godin und Jorge Juan am Ende der Ebene an der königlichen Straße nach Guayllabamba das Geschehen beobachteten. Der vierte Schuss ging nach Südwesten über die Ebene in Richtung einer Hacienda, in der Bouguer und Ulloa sich aufhielten. Der fünfte Schuss war senkrecht nach oben gerichtet. Hätte die Akademie in Paris von dem Bombardement gewusst, dann hätte sie die Donnerschläge über Quito als Warnschüsse für die drei französischen Wissenschaftler betrachtet, die zunehmend von der Aufgabe abgelenkt wurden, die ihnen aufgetragen worden war. Die rauchenden Kanonen auf dem Panecillo waren die jüngste außerplanmäßige Untersuchung. Quitos Wissenschaftler versuchten, die Geschwindigkeit des Schalls zu messen. Die Abreise aus Rochefort und Cádiz hatte allen Mitgliedern der Expedition die Freiheit gegeben, die Wunder einer größeren, unerschlossenen Welt zu erforschen. Jeder, der einen Blick in die Journale geworfen hätte, die zwischen den Kordilleren hin- und hergetragen wurden, hätte Notizen über Inka-Architektur, die Schwerkraft, die Quechua-Sprache, Krankheiten, Kolonialrecht, Flora und Fauna gefunden ... die Liste der Interessen war endlos. Die Kanonade vom 10. Juli hatte ihren Ursprung zwanzig Jahre früher in einem englischen Dörfchen, wo ein Geistlicher namens William Derham die Zeit gemessen hatte, die der Schall eines Gewehrschusses brauchte, um eine festgelegte Strecke zurückzulegen. Derhams Experimente veranlassten ihn, eine Liste aus 19 Fragen zusammenzustellen, die noch über die Schallgeschwindigkeit beantwortet werden mussten. Nummer 13 fragte, ob sich die Schallgeschwindigkeit mit der Höhe über der Erdoberfläche änderte. Nummer 18 wollte wissen, ob die Schallgeschwindigkeit an unterschiedlichen Orten der Erde dieselbe sei. Die führenden Mitglieder der Expedition fühlten sich bemüßigt, beide Fragen zu beantworten. Zweimal hatten sie bereits versucht, die Anzahl der Sekunden aufzuzeichnen, die der Schall der Detonation brauchte, um eine festgelegte Strecke zurückzulegen. Im Jahr zuvor, als La Condamine und Jorge Juan in Lima waren, hatten Godin und Bouguer eine Kanone auf der Spitze des Panecillo zum Gipfel des Pambamarca abfeuern lassen, eine Entfernung, für die man einen Wert zwischen 19.300 und 19.400 *Toises* errechnet hatte – etwas mehr als 23 Meilen. Ausgestattet mit einer Pendeluhr und einem Teleskop begannen Beobachter neben La Condamines Holzkreuz auf dem Pambamarca zu zählen, sobald sie den Mündungsblitz der Kanone sahen. Doch alles, was sie hörten, war das sanfte Seufzen des Windes der Anden. Sie versuchten es noch einmal Ende August, als Godin und Jorge Juan sich zu Beginn der geodätischen Vermessung auf dem Pambamarca aufhielten. Dieses Mal war der Wind sehr sanft. Die beiden Männer beobachteten zwei Mündungsblitze vom Panecillo, aber lauschten vergebens auf den Knall der Detonationen. Sie kamen zu dem Schluss, dass der Schall aufgrund von Wellenbewegungen zwischen den beiden Beobachtungspunkten gedämpft worden war.

Bei ihrem dritten Versuch im Juli 1738 verwarfen sie die Idee, den Schall über eine große Entfernung aufzuzeichnen. Die beiden Abhörstationen, die sie einrichteten, waren nur 5.736 bzw. 6.820 *Toises* vom Panecillo entfernt – weniger als zehn Meilen. Über die kürzere Entfernung müssten die Beobachtungen exakter sein. An der Station von Bouguer und Ulloa war die Luft ruhig. Godin und Jorge Juan registrierten eine Windgeschwindigkeit von 2 *Toises* pro Sekunde; der Wind wehte in Richtung des Panecillo. Dieses Mal war das Geräusch der Kanonen zu vernehmen und die Ergebnisse lieferten Schallgeschwindigkeiten von 174 *Toises* pro Sekunde und 178 *Toises* pro Sekunde, Werte, die mit denen vergleichbar waren, die Derham in England ermittelt hatte.

Das Experiment war besonders für die zwei spanischen Marineoffiziere von Interesse. Später würden Jorge Juan und Ulloa ein Kapitel ihres Buches – *Observa-*

ciones Astronomicas y Physicas – den Experimenten zur Schallgeschwindigkeit widmen, wobei sie zu dem Schluss kamen, dass sie der Geometrie, Geodäsie und Navigation zugutekommen würden. Sie spekulierten intensiv darüber, dass die Kenntnis der Schallgeschwindigkeit sich bei Angriffen auf See und zum Messen von Entfernungen über weite, offene Räume als nützlich erweisen dürfte.

Das Experiment zur Schallgeschwindigkeit verkündete der gesamten Bevölkerung Quitos laut und deutlich, dass die Geodätische Expedition zum Äquator wieder in Aktion war. Am nächsten Tag machten sich die beiden Vermessungsteams auf nach Süden zu den Triangulationsstationen, die die Vermessung weiter Richtung Riobamba und Cuenca und – so hofften sie – zum Erfolg führen würden.

Im Laufe der nächsten vier Monate arbeiteten sie sich mit beharrlicher Effizienz voran und vermaßen Dreieck um Dreieck. Die Probleme, mit denen sie sich bei den ersten Dreiecken herumplagen mussten, waren gelöst worden. Sie hatten nun eine Methode, die funktionierte. Wo immer es möglich war, wurden Signale und Stationen platziert, um das Risiko zu minimieren. Sie ersparten sich Zeit und Ärger, indem sie anstelle der Konstruktionen aus Holz und Stoffe Zelte für die Signale verwendeten. Nach dem Tod Couplets hatte der junge Jean-Baptiste Godin des Odonais eine größere Verantwortung als allgemeiner Assistent der beiden Teams übernommen und ritt nun zwischen den Kordilleren hin und her, um die Signalstationen vorzubereiten und den drei Forschern Probleme aus dem Weg zu räumen. Von seinen eingeborenen Reisebegleitern schnappte Jean-Baptiste Quechua-Wörter auf und lernte nach und nach deren Sprache. Der Junge vom gemütlichen Cher hatte ein frisches Traumgebiet gefunden. Vielleicht würde er eines Tages dem Griff seines Cousins, Mentors und Anführers entschlüpfen: Louis Godin.

Diejenigen, die Zelte und Instrumente aufgestellt und die Winkel des nächsten Dreiecks aufgezeichnet hatten, erinnerten sich an den Standort der einzelnen Vermessungsstationen. Der Corazón wehrte Bouguers Team fast einen Monat lang ab. Der erodierte Schichtvulkan war eine wichtige Station in der westlichen Kordillere, da er als Knotenpunkt für vier benachbarte Dreiecke dienen sollte. Das Signal musste daher weit oben platziert werden, um einen solch großen Sichtbarkeitsradius zu liefern. Zwei Tage, nachdem die Beobachtungen auf dem Corazón erfolgreich abgeschlossen waren, ritten Bouguer, La Condamine und Ulloa nach Südosten über das Tal, an einem Bauernhof vorbei, den Verguin auf seiner vorläufigen Karte als »Ilitiou« gekennzeichnet hatte. Er duckte sich unter die hoch aufsteigenden Hänge des weißbekrönten Cotopaxi. Unmittelbar östlich von Ilitiou stiegen sie zu einer Station auf, die als »Papa-urco«, Vater Berg, bezeichnet wurde. Heute erscheint sie auf modernen topografischen Karten als Ilito und trägt das dreieckige Symbol eines geodätischen Messpunktes. Der Berg war »von mittlerer Höhe«, erinnerte sich Ulloa, ein »einfacher Berg … eine Art Rastplatz zwischen den zwei mühsamen Stationen« Corazón und Cotopaxi. Sie schlossen ihre Beobachtungen in fünf

Tagen ab und ritten dann aufwärts, dem Schnee auf dem Cotopaxi entgegen. Nach den schrecklichen Erfahrungen vier Monate zuvor hatten die Wissenschaftler allen Grund, eine Rückkehr zum Vulkan zu fürchten. Ihre Angst war wohlbegründet.

Mit fragwürdiger Weitsicht hatten Bouguer und La Condamine Ulloa vorausgeschickt, um die Zelte und Instrumente aufzubauen. Die zwei Forscher, die ihm nachfolgten, sahen sich bei nachlassender Helligkeit während des Aufstiegs am Berg gefangen. Sie waren zu hoch für Kuhställe und mussten sich auf eine Nacht im Freien einrichten. La Condamines Taftumhang wurde zu einem Zelt umfunktioniert und mit Jagdmessern am Boden festgesteckt. Die beiden Männer wickelten sich in Bouguers langen Mantel und legten die Köpfe auf ihre Ledersättel. Nach einer endlos scheinenden Nacht und einer qualvoll kalten Dämmerung auf dem frostigen Boden bis auf die Knochen durchgefroren, musste das Paar entdecken, dass die Maultiere in den Nebel gewandert waren. Anstatt zusammenzubleiben, trennten sie sich. La Condamine fand sein Maultier schließlich wieder und entdeckte außerdem einen Träger mit Brot und den Zeltstangen der Expedition. Er schickte ihn wieder den Berg hinunter, um Bouguer zu helfen. Es war zwar keine Katastrophe, aber dieses Hin und Her erinnerte vor allen Bouguer daran, dass sie sich auf undankbarem Terrain bewegten. La Condamine genoss das Abenteuer und schrieb später – nachdem er sein Maultier und etwas zu essen zurück zu Bouguer geschickt hatte –, dass seine erste Sorge der Aufstellung seines Quadranten gegolten habe, damit er »das schöne Wetter ausnutzen konnte«. Doch sobald er sein Teleskop auf das erste Signal fokussiert hatte, verschwand dieses. Das weiße Tuch, das über dem Signal hing, damit es vom Cotopaxi aus sichtbar war, war weggeweht oder gestohlen worden. Es dauerte zwei Tage, um das Tuch zu ersetzen, aber das Wetter hielt und – so berichtete La Condamine – »wir schlossen in vier Tagen eine Station ab, die uns einen ganzen Monat Arbeit gekostet haben könnte«. Die nächste Station auf dem 12.900 Fuß hohen Gipfel des Milín in der westlichen Kordillere wurde in sechs Tagen erledigt.

Während Bouguers Team wie ein Uhrwerk Dreiecke abfertigte, stolperte Godins Truppe von einem Problem zum nächsten. Nachdem sie Quito am 11. Juli verlassen hatten, waren sie zur östlichen Kordillere zurückgekehrt, um das neue Zwischensignal aufzustellen, dessen Fehlen erfolgreiche Beobachtungen vom Cotopaxi aus verhindert hatte. Von dort waren sie zu einer hohen Station auf dem Cotopaxi geritten, doch auf dem Weg den Berg hinauf rutschte Jorge Juans Maultier aus und »fiel in eine Bresche von vier oder fünf *Toises* Tiefe«. Das Schicksal des Maultiers ist nicht überliefert, aber der spanische Leutnant tauchte aus dem Abgrund auf, »ohne die geringste Verletzung zu erhalten«. Am 9. August hatten sie alle Beobachtungen auf dem Cotopaxi beendet, sahen sich dann aber einer frustrierenden Rückkehr auf die Zwischenstation von Papa-urco gegenüber, um einen der Winkel zu überprüfen.

Papa-urco war ein Wendepunkt. Die Mitglieder von Godins Team waren von ihren momentanen Schwierigkeiten zermürbt und es gab überzeugende Gründe für eine Pause. »Hier«, erklärte Ulloa, »unterbrachen sie für eine Zeit ihre Operationen, da sie in wichtigen Angelegenheiten nach Quito gerufen wurden, die die französischen Akademiker betrafen«. In Quito waren Wechsel aus Frankreich eingetroffen, die entscheidend für die Finanzierung der restlichen Vermessungen waren. Auszahlbar waren sie an La Condamine, der eingewilligt hatte, dass Godin sie entgegennehmen konnte.

La Condamine nutzte den Augenblick. Während die Triangulation pausierte, machte er sich auf eine Exkursion auf die wilde Seite der westlichen Kordillere auf, um nach Gold und einem mythischen Berg zu suchen, der den Verlauf der äquatorialen Geodäsie ändern könnte. Die Forscher wussten schon sehr lange, dass sie die Höhenunterschiede aus den Signalen herausnehmen mussten, damit die gesamte Kette der Dreiecke mathematisch auf eine gleich hohe Ebene, nämlich auf Meereshöhe, reduziert werden konnte. La Condamine war überzeugt, dass der riesige, isolierte Gipfel des Quilotoa jenseits der westliche Kordillere das Verbindungsstück zwischen der Kette der Dreiecke und dem Pazifik darstellen könnte. Doch er hatte noch mehr als nur Geodäsie im Sinn. Weit unterhalb des Vulkans, in den Regenwäldern an einem Ort namens »Tagualo«, lag eine verlassene Goldmine.

La Condamines Partner bei dieser Jagd nach Gold und Geodäsie war ein Neuling bei den Eskapaden der Expedition. Der Marquis von Maenza war ein bekannter Gegner von Araujo, dem neuen Präsidenten von Quito. Und zufälligerweise gehörte ihm Land rund um den Quilotoa. Maenza bot an, einen Unterschlupf auf dem

Gipfel bauen zu lassen, um den Wissenschaftler und seine Instrumente zu schützen. La Condamine berichtete später, dass seine Bemühungen, den Pazifik von den Anden aus zu beobachten, »durch einen Rückschlag vereitelt wurden, der allzu normal war«: Nebel. Sein Versuch, die vergessene Goldmine zu finden, war ebenfalls erfolglos. Um Tagualo zu erreichen, musste er vom Vulkan aus 9.000 Fuß in den Regenwald hinuntersteigen. Es war wie eine Suche nach einem Fisch im Pazifik. Tagualo war in dem undurchdringlichen, nicht kartierten Land aus Schluchten und Bäumen nicht aufzufinden. La Condamine wahrte Stillschweigen über seine abenteuerliche Schatzsuche, doch die Karte, die schließlich in seinem veröffentlichten Bericht auftauchte, enthielt den Standort von Tagualo und daneben die Inschrift: »Mine d'Or perdue«, verlorene Goldmine.

Da keine Zeit mehr blieb, bevor die Triangulation wieder aufgenommen werden sollte, musste La Condamine über die westliche Kordillere wieder zurückeilen. Auf dem Weg wich er von der Route ab, um den berühmten Kratersee des Quilotoa zu besuchen, dessen Wasser angeblich Feuer spie. Einheimische hatten behauptet, dass kurz nach der Entstehung des Sees ein »Wirbel aus Flammen« in der Nähe stehende Schafe in Brand gesetzt und dafür gesorgt hätten, dass das Wasser »einen ganzen Monat lang kochte«. La Condamine fand einen weiten, von Geröll umschlossenen See von »grünlicher Farbe«. Es musste sich um den »Schlot« eines Vulkans handeln, »der, nachdem er in vergangenen Jahrhunderten ausgebrochen war, sich immer noch gelegentlich entzündet«.

Als er seine nächste planmäßige Station auf der östlichen Kordillere erreichte, stellte er fest, dass Godin aus Quito zurückgekehrt war. Und er hatte mehr als nur Geld mitgebracht.

Die Briefe waren von Maupertuis und Clairaut nach ihrer Rückkehr vom Polarkreis im vergangenen Jahr geschrieben worden. Als La Condamine in seinem Zelt an der Station auf dem Ouango-tassin (vermutlich der Gipfel, der heute als Señora Loma bezeichnet wird) saß, erfuhr er, dass die arktische Expedition erfolgreich beim Messen der Länge eines Grads geografischer Breite gewesen war und dass ihr Wert von 57.437 *Toises* so viel größer als die 57.060 *Toises* war, die in Paris gemessen worden waren, dass die Erde an den Polen offensichtlich tatsächlich abgeflacht sein musste. Die Anhänger Newtons hatten augenscheinlich recht. Die Wissenschaftler in Peru, die eine mehrmonatige Reise von Frankreich entfernt waren, hatten die Nachricht bereits seit einiger Zeit erwartet und sich bereits Gründe zurechtgelegt, um die Fortsetzung ihrer Expedition zu rechtfertigen. Ohne einen äquatorialen Wert für ein Grad geografischer Breite konnte die wahre Form der Erde nicht berechnet werden. Zum Zwecke der Navigation war es unerlässlich, die exakte Form der Kurve zu wissen. Gezweifelt wurde an der Genauigkeit des arktischen Ergebnisses ebenso wie daran, dass Maupertuis' Vermessung nur ein Drittel der Länge der geplanten Kette aus Dreiecken in Peru betrachtete. Die Neuigkeiten aus Frankreich ließen die Wissenschaftler in Peru mit neuer Entschlusskraft und Eile weitermachen. Sie mussten die Aufgabe abschließen und dann in den Louvre zurückkehren und ihre tieferen Erkenntnisse präsentieren.

Als Godin soweit war, die Vermessung fortzuführen, hatte Bouguer den Triangulationsprozess rationalisiert. Statt alle drei Ecken jedes Dreiecks aufzusuchen und drei Mengen aus Winkeln zu ermitteln, würden beide Teams nun nur zwei Knotenpunkte besuchen und zwei Winkel messen. Wenn sie keine Methode fanden, um die Vermessung zu beschleunigen, würden sie nie fertig werden.

Durch den September hindurch zogen die beiden Teams im Zickzack nach Süden Richtung Riobamba. Als »Halbzeitpunkt« der Vermessung war diese Stadt ein verlockender Meilenstein. Godins Ankunft in Riobamba verlief recht einfach. Ende September war er in einer Station an einem Aussichtspunkt unterhalb der östlichen Kordillere und diese erwies sich »als eine der angenehmsten«. Es war warm, die Landschaft hatte ein »heiteres Aussehen« und die Stadt Pillaro war so nahe, dass »es ihnen an nichts fehlte«. Im Gegensatz dazu durchlebte Bouguers Team einige kühle Tage am Carihuairazo, einer zerklüfteten vulkanischen Caldera, deren schneebedeckte Zacken bis auf 16.000 Fuß aufstiegen. Obwohl Ulloa sich unwohl fühlte, schafften sie es, die Beobachtungen in sechs Tagen abzuschließen. Doch gerade als sie sich am 29. September darauf vorbereiteten, abzureisen, begann das Zelt von Seite zu Seite zu schwanken. Die gemieteten Maultiertreiber draußen versuchten, das Gepäck aufzuladen, als ein Erdbeben die Flanken des Carihuairazo erschütterte.

Nach Süden wurde die Topografie komplizierter. Anstelle eines langen, unebenen Korridors, der von den östlichen und westlichen Kordilleren begrenzt wurde, tauchten nun in allen Richtungen Berge auf. Um die Dreiecke in diesen verwirrenden Hindernisparcours einzufügen, sahen sich Godin und Bouguer gezwungen, zwei Signale sehr dicht beieinander zu platzieren – eines auf einem Gipfel namens Mulmul und ein anderes auf dem viel höheren Gipfel des Guayama (heute als Cerro Igualato bekannt). Die beiden Gipfel lagen nur acht Meilen Luftlinie voneinander entfernt. Ihre übergroße Nähe war ein besorgniserregender Präzedenzfall für die Vermesser, die befürchteten, dass ein solch kleines Dreieck die Genauigkeit beeinträchtigen würde. Beide Teams kamen in einem »Kuhstall« zusammen, der sich auf einer sanften Erhebung zwischen den zwei Gipfeln befand. Es war eine typische Berghütte, die von Hirten aus dem Tal benutzt wurde, um darin zu übernachten, wenn ihre Rinder auf dem Hochland grasten. Für die Vermesser war es eine bequeme Unterkunft und sie konnten von dort aus jeden Morgen zu ihren jeweiligen Stationen aufbrechen: Bouguers Team zum Mulmul und Godins Team zum deutlich steileren Gipfel des Guayama.

Für Ulloa war der Mulmul ein Gipfel zu viel. Er hatte endlose Nächte in beißenden Winden und eisigen Schneestürmen durchgemacht, doch auf diesem bescheidenen Berg unterlag er schließlich den Bakterien. Der Kuhstall wurde zu einer Krankenstation. Am 20. Oktober, als die Messungen abgeschlossen waren, wurde Ulloa den Berg herunter und nach Riobamba getragen, wo er »mit einer schlimmen Krankheit … darniederlag«. Ohne die Hilfe ihres tüchtigen Leutnants verbrachten Bouguer und La Condamine einen heißen Monat, in dem sie zwischen Guayama und zwei neuen Zwischensignalen im Osten hin und her wanderten. Sie kamen erst am 8. November in Riobamba an.

Keiner von ihnen hatte erwartet, dass es so lange dauern würde, den Mittelpunkt der Vermessung in Riobamba zu erreichen. Sie hatten mittels Triangulation das Äquivalent von eineinhalb Grad geografischer Breite vermessen und das in extremem Gelände. Dennoch waren sie noch weit vom letzten Dreieck entfernt, das die geplanten drei Grad beschließen würde. Als Bouguer und La Condamine erschöpft in Riobamba einritten, stellten sie fest, dass Godin und Jorge Juan die Stadt am Tag zuvor verlassen hatten. Sie waren auf dem Weg nach Quito, um La Condamines Wechsel einzulösen. Was eine moralsteigernde Wiedervereinigung auf dem halben Weg zum Ziel hätte sein können, wurde stattdessen durch eine psychologische Gefahr überschattet.

11

Im November 1738 hatte die Geodätische Expedition an den Äquator ihren eigenen Zentrifugalkräften nachgegeben und war auseinandergebrochen. Die Mission war führer- und mittellos. Godin und Jorge Juan hielten sich in Quito auf. Ulloa war krank in Riobamba. Jussieu war deprimiert. Seniergues war schon Monate nicht mehr gesehen worden. Bouguer und La Condamine waren müde. Die anonymen *domestiques* der Expedition waren erschöpfter als alle anderen. Und fast vier Jahre nach dem Verlassen Frankreichs war man noch weit davon entfernt, eine Zahl zu liefern, die die Form der Erde definieren würde.

Das Triangulieren von drei Grad geografischer Breite war zu einer schier endlosen Reise geworden, die sich durch Unannehmlichkeiten und lebensgefährliche Situationen auszeichnete. Die meisten Übernachtungen bedeuteten Camping unter extremen Bedingungen. Ein Kuhstall war eine luxuriöse Verbesserung. An jeder Station war dasselbe Ritual erforderlich: Das Warten auf einen aufgeklarten Himmel, das Einstellen des Quadranten, die Suche nach dem fernen, blassen Punkt des Signals und dann die akribische Aufzeichnung der Winkel. Nur die Szenerie änderte sich. Ein Dreieck war ein Dreieck. Und in Riobamba hatte man erst die Hälfte des Weges von Quito nach Cuenca zurückgelegt. Bei Projekten von kaum vorstellbarem Ausmaß sind die Halbzeitpunkte gefährliche Augenblicke. Die 50-Prozent-Marke einer extremen Unternehmung zu erreichen, ist eine Errungenschaft, aber auch eine Warnung, dass alles, was man bisher geschafft hat, nun noch einmal getan werden muss. Bevor sie weitermachten, blieb ihnen nur, nicht an das Ende, sondern an den nächsten Tag zu denken, um mit dem Grauen fertig zu werden. Und in Riobamba in diesem November gab es gute Gründe, nicht über künftige Schwierigkeiten zu sinnieren. Sie hatten den leichteren Teil geschafft.

Für den größten Teil des Weges von Quito bis Riobamba hatten die beiden Vermessungsteams das Glück, dass das große Tal wie ein Korridor zwischen den westlichen und östlichen Kordilleren verlief, was ihre Reise und ihre Beobachtungen begünstigte. Die Landschaft war wie geschaffen für die Triangulation: Die zwei parallelen Bergketten eigneten sich für die Platzierung von Signalen, die – wenn es das Wetter erlaubte – immer von wenigstens zwei Signalen auf der gegenüberliegenden Bergkette aus sichtbar sein würden. Die Dreiecke füllten den verfügbaren Platz wie ein Puzzle aus. Die zwei Vermessungsteams mussten lediglich zwischen den Bergketten hin und her wechseln. Ihre Versorgung mit Nahrungsmitteln wurde mithilfe der Bauernhöfe und Dörfer in dem dazwischenliegenden Tal gesichert.

Südlich von Riobamba wurde der Raum zwischen den beiden Bergketten durch riesige Bergmassive versperrt, die die Sichtlinien blockieren und Kommunikation sowie Nachschub behindern würden. An den hoch gelegenen Stationen würde mit kalten und heftigen Winden zu rechnen sein, und die Wege zwischen den Stationen wären verschlungen, wenn es überhaupt welche gab. Immer aber wäre der Transport ausgesprochen mühselig. Von den Wissenschaftlern wusste nur La Condamine, was sie erwarten würde. 1737, als er auf dem Landweg nach Lima gereist war, war er über die lange und gewundene Inka-Straße von Riobamba nach Cuenca und darüber hinaus geritten. Er hatte die Stürme auf den Bergen gesehen und wusste, dass dies eine schlechte Gegend für Vermesser war. Die zweite Hälfte der Vermessung ließe alles, was sie bisher erlebt hatten, wie einen Spaziergang im Park wirken.

Riobamba war die Pause zwischen zwei Akten. In nahezu jeder Beziehung war es der perfekte Ort für einen Haufen erschöpfter Landvermesser. Bevor die Konquistadoren Krieg und Krankheit auf diese kompakte, fruchtbare Ebene unterhalb des Chimborazo getragen hatten, gab es hier eine alte Stadt, die sich an den Fluss schmiegte. Eine halbe Stunde zu Fuß nach Süden glitzerte ein wunderbarer See. Hier gab es alles, was eine Stadt sich wünschen konnte, wenn man von den Erdbeben einmal absah. Die Gemeinden der ursprünglichen Bewohner, die den Einmarsch der Spanier überlebt hatten, waren von den Kolonisten zum Christentum bekehrt worden, die einen zentralen Platz und eine kleine Stadt mit regelmäßig verlaufenden Straßen angelegt hatten. Die Häuser und öffentlichen Gebäude Riobambas waren aus einem weichen Gestein erbaut und manche besaßen sogar ein Obergeschoss. Von besonderem Reiz für die Expedition war die kulturelle Rolle der Stadt als Zufluchtsort für »bedeutende

Familien«, die es sich zur Angewohnheit gemacht hatten, zwischen Dezember und Juni, wenn die kalten Winde von den Schneefeldern des Chimborazo herunterwehten, aus ihren Stadthäusern in ihre Haciendas auf dem Lande zu ziehen. Es war die Familienhacienda von José Dávalos in Elén, auf die die Überreste der zwei Vermessungsteams sich zurückzogen, um sich auszuruhen und sich von Josephs drei talentierten Töchtern bezaubern zu lassen, deren älteste malen konnte, ein halbes Dutzend Musikinstrumente spielte und Französisch verstand. Sehr zum Bedauern von La Condamine plante sie, eine Nonne bei den Karmeliterinnen zu werden. Während sie sich in Elén aufhielten, erreichte sie die Nachricht aus Quito, dass Godin »von einem Fieber ergriffen worden war, das ihn sehr getroffen [hatte]«.

Elf Tage, nachdem Bouguer und La Condamine sich nach Riobamba hineingeschleppt hatten, lockte sie der klare Himmel wieder zurück in die Berge. Es war für beide eine bemerkenswert schnelle Kehrtwende, die zeigte, wie sehr sie entschlossen waren, sich auch durch Godins Abwesenheit nicht weiter aufhalten zu lassen. Ulloa, der die Geodäsie über seine Gesundheit stellte, rappelte sich vom Krankenbett auf und ritt zusammen mit den anderen aus Riobamba ab.

Sie begaben sich zunächst zu einem Signal, das den Eckpunkt für vier Dreiecke bildete, deren Fertigstellung den Weg nach Süden Richtung Cuenca eröffnen würde. Es handelte sich um einen 13.000 Fuß hohen Standort weit oben in der westlichen Kordillere, den sie als Sisapongo oder Dolomboc kannten. Wie immer war klares Wetter ausgesprochen wichtig. Dieses Mal hatten sie

Glück. Sie konnten nicht nur die Winkel aufnehmen, die sie brauchten, sondern ermittelten bei drei Gelegenheiten den Azimut der niedergehenden Sonne, was es ihnen erlaubte, die Gesamtrichtung der Kette aus Dreiecken zu überprüfen. Während sie dort oben waren, konnten sie außerdem am Nachhimmel das Spektakel des feuerspeienden Sangay in der Ferne genießen. Der Sangay lag weit im Osten, am Rand der Anden-Kordilleren und seine plötzliche Verwandlung in einen feurigen Trichter machte ihn zu einem perfekten geodätischen Signal. Die beiden Forscher beschäftigten sich mit dem Quadranten und stellten den Ort sowie die Höhe des ausbrechenden Vulkans fest.

Nach einer produktiven Woche der Beobachtungen kehrte Bouguers Gruppe nach Riobamba zurück. Man war begierig darauf, die Dreiecke bis Cuenca fortzuführen und die Vermessung abzuschließen. Allerdings mussten Godin und Jorge Juan erst mit den für den Fortgang der Arbeiten nötigen Geldern aus Quito zurückkehren. Die Geodäsie musste warten.

Für Bouguer war die Unterbrechung der Triangulation eine willkommene Gelegenheit, mit seinen Instrumenten zu spielen. Die Experimente, die er auf dem Pichincha und in Quito durchgeführt hatte, hatten wertvolle Zahlen für die Wirkungen der Höhe auf die Schwerkraft geliefert. Nun wollte er Newtons Gesetz der Massenanziehung testen, indem er maß, wie sehr ein senkrecht hängendes Lot durch die Masse eines Berges abgelenkt wird. Bereits im Oktober war er eine Woche durch die dichte Vegetation am Fuß des Vulkans Tungurahua gestolpert, wo er vergebens nach einer Stelle nahe dem Berg suchte, an der er seine empfindlichen Instrumente aufstellen könnte. Andere, besser zugängliche Bergmassive waren ausgeschlossen worden. Die offensichtliche Vulkantätigkeit des Cotopaxi ließ vermuten, dass er teilweise hohl sein könnte. Der Pichincha wurde als ungeeignet angesehen, weil seine vielen Gipfel seine Masse reduzierten. Es blieb nur der Chimborazo, der sowohl riesig als auch nur einen Tagesritt von Riobamba entfernt war.

La Condamine ließ sich nicht lange bitten. Instrumente wurden zusammengesucht. Neben dem Senklot brauchten sie noch einen Quadranten, eine Uhr und ein Pendel. Angesichts der Schwierigkeiten, die sie am Pichincha mit dem Pendel gehabt hatten, beschloss La Condamine, ein eigenes tragbares Pendel in Auftrag zu geben, das in einem speziell konstruierten länglichen Kasten aufbewahrt wurde, der die empfindlichen Teile vor dem Wind abschirmen und es beim Aufstieg auf den Vulkan vor Beschädigungen bewahren sollte. Und wieder entschied Ulloa, dass es ihm gut genug ging, um den beiden Wissenschaftlern bei ihren Beobachtungen zu helfen.

Am 29. November verließen sie Riobamba zusammen mit ihren Dienern, einem Zelt und den eingepackten Instrumenten. Sie ritten nach Norden um den Chimborazo herum und schlugen ihr Lager in einem Bauernhaus an den unteren Hängen des Berges auf. Den 30. November verbrachten sie damit, mit dem Tod zu würfeln. Zehn Stunden lang kletterten sie durch tiefe Rinnen und Furchen und gewannen durch Schneewehen und loses Geröll allmählich an Höhe. Speziell für La

Condamine war es ein verzweifelter Kampf. Sie versuchten, einen Aussichtspunkt zu erreichen, der als Sitz des Kondors bekannt war. Schließlich krabbelten sie auf den freiliegenden Vorsprung oberhalb der Dauerschneegrenze und schlugen das Zelt auf einem Grat zwischen zwei Schluchten auf. Der Platz war winzig und die Männer wurden in der Nacht durch das Rumpeln und Krachen von gewaltigen Lawinen wachgehalten, die vom Berg herunter auf das Zelt zurasten, nur um vor dem Einschlagen in die Schluchten auf beiden Seiten abgelenkt zu werden. Ulloa erlitt einen Rückfall und musste den Berg verlassen und nach Riobamba gebracht werden. Bouguer und La Condamine blieben. Sie mühten sich sowohl auf dem Sitz des Kondors als auch auf einer niedrigeren Station, die sie für vergleichende Beobachtungen eingerichtet hatten, mit den Instrumenten ab. Nach der Exkursion, die mehr als drei Wochen dauerte, kehrten sie drei Tage vor Weihnachten nach Riobamba zurück, wo sie erfuhren, dass Godin und Jorge Juan jederzeit erwartet wurden.

Plötzlich hatten es alle eilig. La Condamine und Bouguer wussten, dass sie die *l'attraction newtonienne* ausnutzen mussten, bevor die geodätische Vermessung wieder aufgenommen wurde. La Condamine arbeitete ohne Unterlass und hatte es am 23. November geschafft, die Erkenntnisse über die Schwerkraft in einem Brief an seinen Akademie-Freund Charles du Fay zusammenzufassen. Bouguer brütete über den Zahlen und war enttäuscht davon, zu entdecken, dass die Auswirkungen der Masse des Chimborazo auf die Schwerkraft geringer waren, als er erwartet hatte. Er kam zu dem Schluss, dass der Berg eine geringere Dichte haben müsse als die Erde. Er schrieb einen knappen Bericht über das Experiment und schickte diesen am 30. November an die Akademie in Paris ab. Während das Jahr 1738 zu Ende ging, wandten sich die Gedanken der Heimat zu. In seinen Briefen nach Frankreich schrieb La Condamine davon, dass er am Ende des Jahres wieder zu Hause sein werde. Angesichts der Zeit, die ein Brief für die Reise von Südamerika nach Europa brauchte, erwartete er keine Antworten auf die abgesendeten Briefe.

Ungeduld wandelte sich zu Frust. Godin und Jorge Juan tauchten nicht auf. La Condamine wollte die Vermessung unbedingt wieder aufnehmen. Auf einer Wiese außerhalb der Stadt arbeitete er an seinem Quadranten, nahm Einstellungen vor und behob Diskrepanzen in den verschiedenen Tabellen. Er tüftelte an dem Pendel herum und sah sich noch einmal seine Schwerkraftberechnungen an. Bouguer derweil wanderte herum und La Condamine bemerkte, dass sein Freund sich »auf das Land nahe Riobamba zurückgezogen hatte, um verschiedene Beobachtungen zu machen, von denen ich keine Kenntnis habe«.

Wieder einmal hatten die drei führenden Personen die Verbindung zueinander verloren. Und wieder einmal gab es eine finanzielle Krise.

La Condamine hatte genug. Godin und Jorge Juan waren nicht erschienen. Mit jedem Tag, der verstrich, rückte die Regenzeit näher und damit die Gefahr einer Wolkendecke, die die Signale verdecken würde, die sie benötigten, um die Dreiecke nach Süden Richtung Cuenca fortzuführen. La Condamine beschloss, ohne Godin und Jorge Juan weiterzumachen. Er war der einzige Wissenschaftler mit privaten Mitteln und lieh Bouguer und Verguin Geld, um die Kosten für Maultiere, Arbeitskraft und Nahrung zu decken. Sie würden ihr Drei-Mann-Team aufteilen. La Condamine wollte Godins Stationen übernehmen, sodass Bouguer und Ulloa ihre Beobachtungen von den Stationen auf ihrer ursprünglichen Liste machen würden. Der immer zuverlässige Verguin sollte vorausreisen, um die Signale zu errichten, die an Ort und Stelle verbleiben sollten, damit Godin und Jorge Juan sie nutzen konnten, wenn sie die Gruppe endlich einholen. La Condamine ritt am 17. Januar aus der Stadt. Sein Ziel war der Gipfel des Zagrún auf der Ostseite der Kette aus Dreiecken. Optimistisch packte er Grahams Zenitteleskop ein, das Instrument, das für die astronomischen Beobachtungen benutzt werden sollte, die nötig waren, um ihre Jahre in Südamerika zu beschließen.

Auf Glück folgte Pech. Der Zagrún war eine markante Kuppe auf einem langen Vorgebirge, das nach Norden aus der Menge der Gipfel herausragte, die den Himmel im Süden füllten. Um die Station zu erreichen, musste La Condamine einen reißenden Fluss überqueren und dann 2.000 Fuß auf den freistehenden Kamm aufsteigen. Doch der Himmel war klar und er schloss seine Beobachtungen in nur drei Tagen ab. Am 21. Januar war er auf die westliche Seite der Kette aus Dreiecken gewechselt und hatte sich zur nächsten Station auf dem Gipfel des Lalanguso hochgekämpft, wo er sich mit Bouguer und Ulloa treffen wollte. Sie waren nicht da. Und der Standort war denkbar ungünstig, auf einem ungeschützten, baumlosen *páramo* auf 14.000 Fuß Höhe, der pausenlos von Wind, Regen und Schnee umtost wurde. Die gemieteten Arbeitskräfte verschwanden, kurz darauf gefolgt von einem Diener, der La Condamine noch ausraubte, bevor er sich aus dem Staub machte.

Bouguer und Ulloa trafen schließlich am 25. Januar in der Station auf dem Lalanguso ein. Das fürchterliche Wetter hielt an. Böen zerrissen zwei der Zelte. Wind und Regen peitschten durch die flatternden Zeltbahnen und setzten die Männer, die drinnen ausharrten, der Nässe und der Kälte aus. Erst am 31. Januar konnten sie ihre Beobachtungen beenden. La Condamine würde später behaupten, dass der Lalanguso »eines der härtesten von all unseren Lagern in den Bergen« war. Ulloa hielt dagegen das nächste Signal für noch schlimmer.

Die immer noch andauernde Abwesenheit von Godin und Jorge Juan erhöhte die Belastung für die restlichen Vermesser. Am 2. Februar führte Bouguer einen Teil der Gruppe zur östlichen Seite der Kette aus Dreiecken und einem hoch aufragenden, fernen Signal auf einem Berg mit dem Namen Senegualap. La Condamine und Ulloa dagegen zogen zur westlichen Seite der Kette, um zu einer weiteren Station zu gelangen, die eigentlich von Godin und Jorge Juan hätte benannt werden sollen.

An diesem Abend erreichten La Condamine und Ulloa die Stadt Alausi, ein dicht gedrängtes Gitter aus Straßen, die von grünen, bedrohlichen Wänden überragt wurden. Ihre Station war dem Blick verborgen im Norden, auf einem Gipfel, den La Condamine als »konisch, isoliert und sehr steil ... etwa 1960 [*Toises*] über dem

Meeresspiegel« beschrieb. Verguin zeichnete ihn auf seiner vorläufigen Karte als »Chougeay« ein, Ulloa, der spanisch sprach, kannte ihn als »Chusay« (der Gipfel, der den Beschreibungen am nächsten kommt, ist der 12.398 Fuß hohe Cerro La Mira, der 200 Jahre später als geodätischer Messpunkt verwendet wurde). La Condamine und Ulloa waren nicht in guter Form. Ihr Zelt war immer noch kaputt von ihrem Abenteuer auf dem Lalanguso. Und sie waren nicht sicher, ob Verguin das nächste Signal nach Süden erreichtet hatte. La Condamine blieb nichts anderes übrig, als für drei Leguas von Alausi auszureiten, Verguin zu finden und dann zu Ulloa zurückzukehren. Er holte seinen spanischen Gefährten auf dem Weg ein, der zum Chusay hinaufführte. Irgendwo an den unteren Hängen des Berges brachten sie drei Nächte in »einem Indianerhäuschen« zu, wo sie ihr Zelt reparieren ließen. Am 6. Februar stiegen sie auf den Gipfel, spähten besorgt durch das Teleskop und suchten den zerklüfteten Horizont im Süden nach dem erwarteten Signal ab. Dann suchten sie im Südosten. Wo die leuchtenden weißen Punkte von Verguins Signalen hätten sein sollen, gab es nur ein gezacktes Durcheinander von *páramo* und Gipfel.

Dies war das Problem, das sie befürchtet hatten. Von Quito bis Riobamba hatten sich die Dreiecke sauber zwischen die beiden Kordilleren eingefügt und die Platzierung der Signale war relativ einfach gewesen. Nun machte es das engere Wirrwarr aus Bergspitzen sehr schwierig, Signalorte zu finden, die von den jeweils anderen Stellen aus sichtbar waren. Auf seiner Karte bezeichnete Verguin diese Bergregion als »Assouaye«.

Die Schreibweise variierte, aber der Klang des Wortes war der des Windes. »Der höchste Punkt von Assouaye«, schrieb La Condamine, »aus der Ferne gesehen, schien zu verschmelzen, eines über das andere zu projizieren. Von weitem kann man nur eine Masse sehen…«

Das Wetter auf dem Chusay war schrecklich. Drei Wochen nach ihrem ersten Aufstieg warteten sie immer noch darauf, dass die südlichen Signale auftauchten. Die Kommunikation mit Bouguer war schwierig. Er war weit im Osten auf einem sechs Meilen großen, windgeschüttelten *páramo*, der wie der Rücken eines Wals aussah und mehr als 13.000 Fuß hoch aufstieg. Auch er wartete auf die fehlenden Signale. In Briefen, die sie miteinander austauschten, schlug Bouguer La Condamine vor, den Chusay zu verlassen und die kommenden Berge zu erkunden, um nach passenden Signalstellen zu suchen. Doch zu diesem Zeitpunkt war La Condamine außer Gefecht gesetzt. Bei einem Ritt den Berg hinunter nach Alausi war sein Pferd gestürzt und davongelaufen. La Condamine hatte es geschafft, seine Füße aus den Steigbügeln zu ziehen und sich freizustrampeln, doch sein Bein war gebrochen. Während er bewegungsunfähig im Bett lag, tröstete er sich damit, dass der endlose Regen und der Nebel am Chusay sowieso keine Beobachtungen zugelassen hätten.

Sobald sein verletztes Bein sein Gewicht tragen konnte, machte sich La Condamine wieder auf, um nach neuen Orten für die Signale zu suchen. Acht Tage lang »wanderte [er] durch die Moore und Sümpfe, wo [er] keinen anderen Unterschlupf fand als Höhlen, die in den Felsen gegraben waren«. Er wanderte zwischen den

Berggipfeln hin und her, zeichnete eine Karte und platzierte schließlich ein Signal auf einem Berg, den er Gnaoupan nannte und der seiner Ansicht nach alle notwendigen Dreiecke verband. Leider führte »ein Missverständnis« dazu, dass der Gnaoupan zugunsten des Sinasaguan ignoriert wurde, der erst etwa einen Monat später ins Spiel kam. Am 21. März, sechs Wochen, nachdem sie auf der Spitze des Chusay angekommen waren, kehrten La Condamine und Ulloa um und stiegen wieder ab, ohne die Winkel ermittelt zu haben. Zurück in Alausi sahen sie einige vertraute Gesichter.

Louis Godin war mit Jorge Juan aus Quito zurückgekehrt. Seniergues war auch da, genau wie Jussieu. Und Morainville. Und Verguin. Bouguer hielt sich noch in den westlichen Bergen auf. Dennoch, es hatte seit langem keine so vollständige Zusammenkunft der Expedition gegeben. Es war eine kurze, hektische Wiedervereinigung.

Seniergues war der Expedition fast zwei Jahre lang ferngeblieben und hatte in Cartagena de Indias Geld mit medizinischen Leistungen verdient. La Condamine – dessen Abenteuer mit der staatlichen französischen Lotterie seine Zeit in Peru finanziert hatte – war immer wieder beeindruckt von der Fähigkeit des Chirurgen, Schmerzen in Pesos zu verwandeln. In Cartagena hatte Seniergues es geschafft, sich »durch sein Gewerbe ein Vermögen zu sichern«. Außerdem hatte er aus Cartagena einen Vorrat an gläsernen Barometerröhren für La Condamine mitgebracht, die dieser mit Godin und Bouguer teilte. Seniergues konnte Godin einen Kredit geben und eine ambitionierte botanische Exkursion unterstützen, die vom Arzt und Botaniker der Expedition, Jussieu, angeführt wurde.

Jussieu, Seniergues und Morainville hatten ihre eigene Expedition konzipiert. Sie würden nach Süden zu den Bergen bei Loja gehen, wo sie den Chinarindenbaum erforschen wollten, dessen Rinde ein so wertvolles Arzneimittel gegen Malaria lieferte. Sie verließen Alausi am 22. März. Am 24. März bei Tagesanbruch waren La Condamine und Ulloa zurück auf den Höhen des Chusay, wo sie sich an einem strahlenden Sonnenaufgang erfreuten und den letzten verbliebenen Winkel ermittelten, den sie von dieser Station noch brauchten. Einige Tage später, am 26. März, nahmen die Vermessungsteams ihre »alte Marschordnung« wieder auf, bei der Bouguer mit La Condamine und Ulloa unterwegs war, während Godin mit Jorge Juan zusammenarbeitete. Wieder zurück in ihren bewährten Teams waren sie optimistisch, dass die letzten Dreiecke innerhalb weniger Wochen geschlossen werden konnten.

Einen Monat lang durchwanderten sie die Ebenen und Berge. Tioloma wurde abgehakt. Sie sahen, wie der Sangay den Nachthimmel mit Flüssen aus Feuer erfüllte. La Condamine musste ein weiteres einsames Abenteuer bestehen, als er die Berge ein viertes Mal überquerte, um die gegenseitige Sichtbarkeit der nächsten Signale zu überprüfen. Dann, am 17. April 1739, fand er sich auf der letzten der hochgelegenen Stationen wieder. Sinasaguan war ein Albtraum.

Dröhnende Windböen schüttelten den Stoff der *marquise*. Die Zeltstangen erzitterten und bogen sich. Die

Planen sackten unter dem Gewicht des Schnees zusammen. In den kleineren, weniger robusten *canonnières* war die Moral am Boden. Ulloa schrieb über die Flucht aus dem Lager: »Die Indianer, die uns begleiteten, nicht gewillt, die Strenge der Kälte zu ertragen, und angewidert von der häufigen Tätigkeit, das Zelt vom Schnee zu säubern, ließen uns bei den ersten Verwüstungen des Windes im Stich.«

Sie hatten das Signal auf dem Sinasaguan sorgfältig auf dem unübersichtlichen Hochland südlich von Alausi positioniert. Es war eine der wenigen Stationen, die beide Vermessungsteams an dieselbe Stelle führte, doch der Ort war ungeschützt und häufig von Schneestürmen umtost. Für die Maultiere und ihren Herrn war es eine brutale Erfahrung. Sie hatten in einer Höhle Zuflucht gesucht, als der Sturm losbrach.

Das Zelt wurde vom Wind heruntergerissen. Auch ein errichtetes Ersatzzelt wurde zerstört. Ebenso wie ein drittes. Robuste Zeltpfosten knickten ab. Schließlich mussten die Vermesser sich in eine Schlucht retten. Ihre Lage war schlimmer als auf dem Pichincha: »Während wir so arbeiteten«, schrieb Ulloa, »unter einer Vielzahl von Schwierigkeiten durch den Wind, Schnee, Frost und die Kälte, die wir hier strenger vorfanden als in jeder anderen Gegend; verlassen von unseren Indianern, wenig oder keine Vorräte, ein Mangel an Brennstoff und in gewisser Weise ohne eine Zuflucht …«

Am Fuß der Kordillere hatte es sich der Priester in Cañar zur Gewohnheit gemacht, Gebete für die Wissenschaftler zu sprechen, die ungesehen in der »Schwärze der Wolken« über der Stadt hingen. Man hatte die Fremden verloren gegeben, als sie nach einem zweiwöchigen Kampf gegen das Wetter von den Höhen herunter gestolpert kamen. Als sie Cañar passierten, betrachtete man sie »mit Erstaunen« und empfing sie »mit den herzlichsten Zeichen der Freude und gratulierte uns, als hätten wir unter den bedrohlichsten Gefahren einen glorreichen Sieg errungen«.

Und der Sieg war fast zum Greifen nahe. Die abgerissene Kavalkade, die am 9. Mai 1739 durch die Straßen von Cañar lief, war auf dem Weg zum Ende ihrer Vermessung. Bouguer, La Condamine und Ulloa konnten es sich leisten, von der Fertigstellung zu träumen. Die restlichen Stationen, die ihrem Team zugewiesen worden waren, lagen recht niedrig und waren gut zugänglich. Godin und Jorge Juan waren auf einem Gipfel namens Quinualoma im wilden Osten. Für Bouguers Gruppe dagegen war das Ende in Sicht. Ihre nächste Station befand sich auf dem sagenhaften Gipfel des Buerán, Heimat des Hügelgottes Cañari. Der alte Taita Buerán (Vater Buerán) war ein kleiner Mann in einem gräulichen Poncho, der auf dem Gipfel in einer Höhle voller Gold lebte. Wenn der Nebel die Hänge hinunterwaberte, lockte er Schäfer in sein Reich, wo er ihnen wertvolle Metalle schenkte, die zu Tiermist wurden, sobald die Schätze in das Flachland zu den Menschen gebracht wurden. Taita Buerán war in den Anden-Gemeinden eine vertraute Figur, ein Berggott, der Verbesserungen versprach, die sich als trügerisch erwiesen.

Bouguer, La Condamine und Ulloa stiegen am 10. Mai in die Nebel des Buerán hinauf. Es hätte eine einfache Station sein sollen. Die Abhänge des Buerán waren nicht steil und der Gipfel war nur wenige Stunden Fußweg von Cañar entfernt, sodass die Vermesser in der Lage sein sollten, den Weg täglich von der Stadt aus zurückzulegen. Neben »der geringen Höhe des Berges«, schrieb Ulloa, »und der Stadt Canar, die nur zwei Leguas davon entfernt ist, fehlte es uns an nichts. Die Temperatur der Luft war ebenfalls viel milder als auf den anderen Wüsten; überdies hatten wir die große Befriedigung, unsere Einsamkeit zu mildern, indem wir an den Sonntagen und den anderen vorgeschriebenen Tagen die Messe in der Stadt besuchten.«

Es blieb nicht aus, dass die örtlichen Cañari begannen, sich für die Europäer zu interessieren, die auf dem alten Vater Buerán kampierten, und eines Tages wurde Ulloa von »einem Herrn aus Cuenca« angesprochen, der gesehen hatte, wie er das Zelt verließ. Der Mann kannte Ulloas Namen und hatte von der Expedition gehört, war aber absolut unfähig, zu verstehen, wieso sich ein intelligenter Europäer »mit der Kleidung der Mestizos … der untersten Klasse der Menschen« bekleidete. Nichts von dem, was Ulloa sagte, konnte den Besucher davon überzeugen, dass das Ganze kein Scherz und die Geschichte über das Vermessen der Erde ein Deckmantel für die Suche nach Mineralien seien. Weshalb sollten sich Europäer für »solch ein trostloses und ordinäres Leben« hergeben? Ulloa, der disziplinierte, junge Marineleutnant, war zu einem bärtigen, schmutzigen, verrußten Bergsteiger geworden.

Es gab »schreckliche Stürme« auf dem Buerán, Stürme, die die Region Cañar so hart trafen, dass »die Tiere, Häuser und Indianer dreimal in einer sehr traurigen Weise durch Gewitterstürme litten«. Für La Condamine hatten die tosenden Stürme auch etwas Gutes. Nach mehr als einer Woche beständiger Wolkenbedeckung auf dem Buerán schlug er seinen Gefährten vor, ihre gesammelten Fähigkeiten besser einzusetzen, indem sie von dem Berg abstiegen und zu den Inka-Ruinen auf der anderen Talseite ritten. Es war dies eine Exkursion, die La Condamine endlose Bewunderung einbrachte.

Mittwoch, den 20. Mai, verbrachten sie damit, die Durchgänge, Kammern und Terrassen einer Ruine zu erkunden, die bei den Einheimischen als Ingapirca oder »Mauern der Inka« bekannt war. La Condamine hatte viel über die Bezwingung der Inka gelesen, aber keine seiner Quellen – weder Agustín de Zárate noch Pedro de Cieza de León, Francisco López de Gómara oder der Jesuiten-Pater José de Acosta (der als erster die Höhenkrankheit dokumentiert) und auch nicht Garcilaso de la Vega, der große Chronist, der als »der Inka« bekannt war – hatten detaillierte Beschreibungen oder Pläne von wichtigen Inka-Monumenten hinterlassen. La Condamine betrat hier Neuland. Das Thema beanspruchte seine Fähigkeiten als Historiker und Geograf, Landvermesser und Forscher. Zwei Jahre zuvor, auf seiner »privaten Reise« von Quito nach Lima, hatte er die umgestürzten Steine von Rasthäusern und Festungen passiert. Damals hatte ihm jedoch die Zeit gefehlt, innezuhalten und sie zu erkunden, da die Anforderungen seiner Mission »keine Verzögerung erlaubten«. Ein Bestreben, die alte Inka-Hauptstadt Cusco zu besuchen, war gescheitert, weil sie zu weit von seinem Weg abwich. Tumipampas goldgeschmückte Paläste und mit Smaragden verzierte Wände waren von dem sich ausbreitenden Gitter des spanischen Cuenca verschluckt worden. Von den wenigen Ruinen, die er sich hatte anschauen können, kam keine dem Erhaltungsgrad von Ingapirca nahe. An diesem Mittwoch, während Bouguer und La Condamine die Nordseite der Hauptplattform dokumentierten, »arbeitete [ein örtlicher Bauer] an der Zerstörung dessen, was dort am besten erhalten war« und entfernte die Inka-Steine »für ein neues Gebäude auf dem benachbarten Bauernhof«.

La Condamine war davon überzeugt, dass Ingapirca kein Palast, sondern eine Festung war. Als Mann des Militärs erkannte er den Wert einer natürlichen Verteidigungsstellung. Die Ruinen standen auf einem ebenen Stück zwischen zwei tiefen Schluchten. La Condamine, der sich daran erinnerte, wie Garcilaso einen Raum im Palast von Cusco beschrieben hatte, der 3.000 Menschen aufnehmen konnte, war sich sicher, dass die Räume von Ingapirca zu klein für Massenzeremonien waren und er stattdessen die Überreste einer Festung vor sich sah, die von den Cañari erbaut worden waren, um ihr Gebiet vor dem sich ausdehnenden Inka-Reich zu beschützen. Genau wie bei seinem Besuch der Inka-Ruinen von Callo bewunderte er die Präzision der Steinmetzarbeiten, die alle Blöcke aneinander anpassten, dass die »Fugen zwischen den Steinen nicht wahrnehmbar wären, wenn ihre äußere Oberfläche glatt wäre, es war als Relief gearbeitet«.

Für La Condamine war der Besuch in Ingapirca eine Offenbarung gewesen. Einige Tage später kehrte er zu den Ruinen zurück, um weitere Messungen vorzunehmen und mit seinem Kompass die Ausrichtung wichtiger Strukturen zu ermitteln. Er wählte außerdem einen passenden Standpunkt und fertigte eine Skizze des Ortes an.

Zurück auf dem Buerán rissen die Wolken auf und Bouguer konnte die Winkel bestimmen, die sie brauchten. Sie verließen den Berg am 1. Juni und zogen nach Cuenca weiter.

An diesem Tag schauten weit im Westen auch Godin, Jorge Juan und ihre Assistenten nach Cuenca und auf das Ende der Arbeiten. Quinualoma war hart gewesen. Drei lange Wochen hatten sie sich die Hintern abgefroren, während sie an einer der »unangenehmsten Stationen der ganzen Serie« auf das Wetter warteten. Sie stolperten den serpentinenartigen Weg hinunter in die Stadt Azogues, warfen ihre Instrumente und das Gepäck ab und nahmen dann die Straße nach Cuenca.

Cuenca wurde der Sammelpunkt für die versprengte Expedition und das Grab für eines ihrer Mitglieder.

Wie jede andere Ortschaft und Stadt, die er besuchte, unterzog Ulloa auch Cuenca einer geografischen Untersuchung und verfasste einen schriftlichen Bericht darüber. Er begann mit den präzisen geografischen Längen- und Breitenangaben. Darauf folgte eine Beschreibung ihrer Lage auf einer »sehr weiträumigen Ebene«, die von vier Flüssen bewässert wurde, die je nach Jahreszeit von Furten oder Brücken gekreuzt wurden. Es gab zwischen 20.000 und 30.000 Einwohner, mehrere Konvente, ein Jesuitenkolleg, einige Nonnenklöster, drei Kirchen – die »große Kirche« für Spanier und Menschen gemischter Herkunft, San Blas und San Sebastián für die eingeborene Bevölkerung – und ein Hospital, das »fast in Ruinen lag«. Cuenca war, so entschied er, eine Stadt

> der vierten Ordnung. Ihre Straßen sind gerade und von bequemer Breite; die Häuser aus ungebrannten Ziegeln, gekachelt und viele von ihnen haben ein Geschoss, da die Eigentümer aufgrund einer lächerlichen Vortäuschung von Grandeur die Eleganz der Sicherheit vorziehen. Die Außenbezirke, die von den Indianern bewohnt werden, sind wie üblich niedrig und geordnet. Mehrere Ströme Wassers werden durch große Anstrengung von den höhergelegenen Flüssen herangeleitet und fließen durch die Straßen, sodass die Stadt ausreichend versorgt ist; und wegen ihrer vortrefflichen Situation und der Fruchtbarkeit ihres Bodens könnte man sie für das Paradies halten, nicht nur der Provinz Quito, sondern von ganz Peru; nur wenige Städte sind in der Lage, sich so vieler Vorteile zu rühmen, wie sich hier versammeln, doch entweder aus Trägheit oder aus Ignoranz sind sie weit davon entfernt, wirklich besser zu sein.

Der durchschnittliche Mann in Cuenca legte die »beschämendste Trägheit an den Tag, was so normal für sie zu sein scheint, dass sie eine seltsame Abneigung gegen alle Arten von Arbeit hegen; die Gewöhnlichen sind außerdem grob, rachsüchtig und, kurz gesagt, boshaft in jedem Sinn«. Cuencas Frauen dagegen waren »bemerkenswert wegen eines ungewöhnlichen Sinns für Geschäftigkeit« und in ganz Peru berühmt für ihre farbenfrohen Textilien und ihre gewebte Baumwolle, die sie an Händler und Kaufleute verkauften, die auf der Großen Straße reisten. Es gibt kaum Zweifel, dass Ulloas Blick auf Cuencas Männer zu einem großen Teil durch die bevorstehende Tragödie verzerrt war.

Sie kamen grüppchenweise nach Cuenca. Sie hatten eine außerordentliche Leistung vollbracht. Die Kette aus Dreiecken erstreckte sich über mehr als drei Breitengrade, also über eine Distanz, die dreimal länger war als die arktische Triangulation, die Maupertuis durchgeführt hatte. Nun brauchten sie noch eine südliche Grundlinie als Gegenstück zu der Grundlinie von Yaruquí im Norden. Mit einer Grundlinie an beiden Enden der Kette ließ sich die Genauigkeit aller Winkelbeobachtungen verifizieren. Allerdings gab es um Cuenca herum nur wenige gleichmäßige Ebenen. Es boten sich zwei mögliche Orte an. Sieben Meilen südlich der Stadt verlief die Große Straße am Grund eines langen, flachen Tals entlang, das von Bergen begrenzt wurde. La Condamine hatte das Tal zwei Jahre zuvor entdeckt, als er seine Reise nach Lima unternommen hatte. Er war überzeugt, dass die Ebene bei Tarqui eine passende Oberfläche für die abschließende Grundlinie bilden würde. Ihr einziger Nachteil war ihre Entfernung vom südlichen Ende der Kette aus Dreiecken. Man müsste noch weitere Dreiecke hinzufügen. Es gab eine alternative Ebene, kleiner und weniger gleichmäßig, aber sehr nahe an Cuenca, an einem Ort namens Baños. Bouguer bestand auf Tarqui. Godin bestand auf Baños.

Es wäre natürlich zu einfach gewesen, hätten Godin und Bouguer ihre alten Dispute beigelegt und sich darauf geeinigt, dass eine dieser beiden Möglichkeiten die beste wäre. Doch beide Wissenschaftler bestanden auf ihrer jeweiligen Haltung. Es erinnerte daran, dass die selbstzerstörerischen Neigungen der Expedition trotz der außerordentlichen Wechselfälle, die ihre Mitglieder gemeinsam überstanden hatten – und ungeachtet der Tatsache, dass ihre dreijährige geodätische Vermessung kurz vor dem Abschluss stand – immer noch vorhanden waren. Durch das Verdoppeln der Grundlinien waren auch doppelt so viele Messungen erforderlich. Ihr Aufenthalt in Peru verlängerte sich. Und natürlich auch die Berechnung des Endwertes.

So kam es, dass die beiden gegnerischen »Anführer« Ende Mai 1739 ihre Truppen versammelten, um die Endpunkte der beiden neuen Grundlinien zu bestimmen. Erst wenn diese festgelegt waren, konnte die Kette der Dreiecke vollendet werden. Nachdem sie ihre Grundliniensignale errichtet hatten, kehrten die beiden Teams in die Berge zurück, um die abschließenden Dreiecke zu vermessen.

Das Finale der Triangulation war ermüdend, aber problemlos. Für Bouguer, La Condamine und Ulloa bedeutete es einen Ritt von Cuenca aus nach Osten das Tal des Flusses Paute entlang in eine kleine Stadt desselben Namens. Von dort wandten sie sich nach links hoch auf den »Páramo von Yasuay«, ein riesiges, kahles Massiv, dessen Flanken so schwindelerregend waren, dass sie den 12.000 Fuß hohen Gipfel zu Fuß erklimmen mussten, »noch nicht einmal auf diese Weise ohne große Mühe«, erinnerte sich Ulloa. Er berichtete, dass die Temperaturen auf dem freiliegenden Gipfel »bei weitem nicht so unerträglich waren wie auf dem Sinasaguan und den Wüsten im Norden« und dass sie »heiter die Unannehmlichkeiten dieser Station ertragen« hatten. Sie waren zehn Tage lang dort oben. Ulloa hatte guten Grund zur Freude. Es war sein letztes ernsthaftes Bergabenteuer. Mitte Juli stieg die kleine Truppe vorsichtig den Berg hinab in das üppige Grün auf dem Talboden und folgte dann dem Fluss aufwärts zum nächsten Signal.

Um den Yasuay mit der Grundlinie zu verbinden, mussten sie zwei weitere Berge ersteigen. Der erste war der Borma. Obwohl er mit kaum mehr als 10.000 Fuß vergleichsweise winzig war, waren die Vermesser nervös. Nur wenn der Páramo von Yasuay frei von Wolken war, konnten sie den entscheidenden Winkel zwischen dem Yasuay und einem Signal, das elf Meilen nördlich von Cuenca auf einem relativ gut zugänglichen Gebirgsausläufer namens Cahuapata platziert worden war, messen. Letzten Endes konnten sie ihr Glück kaum fassen: »Es war auch unser großes Glück, dass der Yasuay anders als befürchtet den ganzen 19. Juli über klar und sichtbar war, sodass wir unsere Beobachtungen in zwei Tagen angenehm abschließen konnten.«

Godin und Jorge Juan kehrten nach Azogues zurück, wo sie ihre Instrumente und ihr Gepäck zurückgelassen hatten, und erkletterten am 15. Juni die Höhen des Yasuay. Am 11. Juli stiegen sie wieder herab und fügten ein paar kleine Dreiecke hinzu, von denen eines den Turm von Cuencas »großer Kirche« als Eckpunkt benutzte. Ende Juli hatten Godin, Jorge Juan und Godin des Odonais die Länge der Grundlinie von Baños vermessen und Ende August hatten Bouguer, La Condamine, Ulloa und Verguin die Vermessung der etwas kürzeren Grundlinie von Tarqui abgeschlossen.

Genau zu dieser Zeit, als sie die letzten Elemente ihrer Vermessung planten, erschien der Chirurg Jean Seniergues in Cuenca. Er hatte Jussieu und Morainville in Loja zurückgelassen, damit diese weiter den Chinarindenbaum erforschten. In den vier Jahren, seit sie aus Europa abgereist waren, hatten sich alle Mitglieder der Expedition in irgendeiner Weise verändert. Jeder hatte Zeiten von Angst, Krankheit und außerordentlichem Unbehagen unter Menschen, die sie kaum verstanden, erlebt. Die Auswirkungen der Entfremdung beeinflussten jeden von ihnen auf andere Weise. Senierguer war ein Wundertäter geworden, der die Kranken heilte und Patienten den Klauen des Todes entriss. Europäische Ärzte waren rar in Südamerika. In Cartagena de Indias hatte er viel Geld verdient, aber auch die Armen behandelt. Wohin auch immer er ging, spürte Jean Seniergues, dass er gefragt war. Kurz nach seiner Ankunft in Cuenca war er mit Ulloa in der Nähe der Tarqui-Grundlinie unterwegs, als es zu einem Zwischenfall mit einem jungen Mann kam. Ulloa war leicht verwundet worden, und er und Seniergues reichten eine offizielle Beschwere beim örtlichen Magistrat ein, der die Verhaftung des Angreifers anordnete. Als sie den Aufenthaltsort des jungen Mannes entdeckten, eilten Seniergues und Ulloa den Behörden voraus, zerrten den Mann aus seinem Versteck und nahmen ihn mit in Seniergues' Unterkunft. Dort befahl der Chirurg seinem Sklaven Cujidón, dem Mann 200 Peitschenhiebe zu versetzen und dann Schweineschmalz in seine offenen Wunden zu reiben. Jean Seniergues würde nicht der erste Mediziner sein, der bei der Schmerzbehandlung eine Grenze überschritt. Mitgefühl und Strafe waren parallele Reaktionen geworden.

Die Expeditionsteilnehmer versammelten sich weiterhin in Cuenca. Jussieu und Morainville brachten eine ansehnliche botanische Schatzkiste mit Proben und Beschreibungen des Chinarindenbaums mit sich. Jussieus Notizen enthüllten, dass »KinaKina« vom Volk der Malacatos entdeckt worden war, das in einem heißen, feuchten, malariaverseuchten Tal etwa 60 Meilen südlich der Stadt Loja lebte. Die Leiden, die die Malacatos wegen der Fieberschübe erdulden mussten, hatten dazu geführt, dass sie mit Pflanzen aus den örtlichen Wäldern experimentierten. Sie hatten festgestellt, wie Jussieu berichtete, dass die Rinde des Chinarindenbaums »das nahezu einzige Heilmittel« war. Die Malacatos nannten die Medizin *ayac ca* (»bittere Rinde«) oder *yarachucchu carachucchu* (Rinde des Baums für Fieberschütteln). Es waren die Malacatos, die ihr Baumheilmittel einem Jesuitenmissionar verraten hatten, der das Wissen und das Pulver mit nach Spanien nahm, wo es zur bevorzugten Behandlung der Krankheit wurde, die *mal'aria* hieß.

Jorge Juan und Ulloa setzten ihre verdeckten Ermittlungen der Kolonialverwaltung fort. Die geodätische Expedition hatte den beiden Leutnants einen tiefen Einblick in das Alltagsleben des Vizekönigreichs gegeben. Sie hatten in den Häusern verarmter Bauern und in den Haciendas der Wohlhabenden geschlafen. Sie hatten Maultiertreiber und Bürgermeister, Schafhirten und Präsidenten getroffen. Und was sie gesehen hatten, war ausgesprochen verstörend. Zu den menschlichen Gräueltaten, die sie erforscht hatten, gehörte das *mita*-System der Zwangsarbeit, eine Verfälschung einer Inka-Praxis, die Gemeinden zwang, Arbeitskräfte für Projekte bereitzustellen, wie Reparaturen an Straßen und Brücken. Unter der spanischen Kolonialherrschaft war *mita* zu einem brutalen Werkzeug verkommen, das in der gesamten Produktionswirtschaft eingesetzt wurde – von Wollspinnereien und Minen bis zu Bauernhöfen und Zuckerfabriken. Von Dörfern wurde verlangt, im Wechsel jeweils für ein Jahr eine bestimmte Anzahl an Personen zu stellen. Jorge Juan und Ulloa stellten fest, dass ein Arbeiter auf einer Hacienda im Durchschnitt 18 Pesos im Jahr bezahlt bekam, von denen eine jährliche Tributzahlung von 8 Pesos abgezogen wurde. Die verbleibenden 10 Pesos mussten die Kosten für einen Umhang aus grobem Stoff (6 Reales pro Yard) abdecken, sodass noch 7 Pesos 6 Reales blieben, um Essen und Kleidung für die Familie für dieses Jahr sowie verpflichtende Abgaben für Kirchenfeste zu bezahlen. Die meisten Arbeiter waren am Ende des Jahres hoch bei dem *hacendado* verschuldet. Es gab keinen Ausweg, denn »die Schulden des Indianers nehmen im Verhältnis zur Länge der Zeit zu, die er im Dienst des hacendados verbringt, und er bleibt sein Leben lang ein Sklave, genau wie seine Söhne, wenn er stirbt«. In den *obrajes*, den Wollspinnereien, erlebten die beiden Leutnants, wie Aufseher die Arbeiter mit einem Strick aus Kuhhaut auspeitschten, der »wie die Saite einer Bassgitarre zusammengedreht und gehärtet war«. Das Opfer wurde gezwungen, seine leichten Hosen auszuziehen, sich mit dem Gesicht nach unten auf den Boden zu legen und die Hiebe zu zählen. Anschließend musste es sich hinknien und die Hand des Aufsehers küssen. Die Bestrafung wurde »an allen Indianern – alten Männern und jungen Männern, Frauen und Kindern« vorgenommen.

Im August 1739 konnte die Geodätische Expedition an den Äquator von sich behaupten, die weltweit erste interdisziplinäre wissenschaftliche Expedition zu sein. Zum ersten Mal würden die wahre Ausdehnung und die Form der Erde enthüllt werden. Sie hatten bahnbrechende Forschung zu Gummi und Malaria durchgeführt. Sie hatten die erste detaillierte Vermessung eines Inka-Ortes vorgenommen. Sie hatten koloniale Korruption und die Ausbeutung der eingeborenen Amerikaner untersucht. In einer Mine nahe Quito hatte Ulloa einen seltsamen, silbergrauen Stein »von solcher Widerstandskraft [gefunden], der, wenn man auf einem Amboss aus Stahl auf ihn schlug, nicht so leicht zerteilt werden konnte«. Die Bergleute kannten dies als *platina*, eine Verkleinerungsform des spanischen Wortes für Silber. Der junge Leutnant war der erste Europäer, der Platin beschrieb. Die Expedition hatte gemeinsam neue Karten gezeichnet und Tausende von Messungen vorgenommen und damit Höhen, Ortsangaben und Temperaturen bestimmt. Sie waren Astronomen, Landvermesser, Geografen und Botaniker, Kartografen und Physiker, Ärzte und Archäologen. In diesem August in Cuenca begannen sie, das Licht des Erfolgs zu entdecken.

12

Sonnabend, der 29. August 1739, würde ein Tag werden, der sich in das Gedächtnis der Expedition einbrennen sollte. In Cuenca war Fiesta-Zeit. Fünf Tage lang flossen auf der Plaza vor der Kirche von San Sebastián *chicha* und Stierblut. Für die Besucher war eine zweistufige Holztribüne in einem Rechteck um den Platz herum errichtet worden, mit Toren in den Ecken für die Stiere und die Prozessionen. Am letzten Nachmittag der Fiesta hatten viele der Zuschauer einen Zustand der alkoholischen Sättigung erreicht und warteten ungeduldig auf den Höhepunkt der Veranstaltung: einen Tanz des Todes, der damit enden würde, dass ein dünner, spitzer *verduguillo* in den Hals eines kräftigen Stiers gestochen wurde. Statt jedoch einen spannenden Nachmittag auf ihren Sitzen zu verbringen, gerieten sie in einen Tumult. Und der *verduguillo* landete in den Eingeweiden eines Franzosen.

Es war eine Tragödie, die sich über Wochen entwickelt hatte. Die wiederholten Exkursionen auf die kahlen Höhenzüge der Kordilleren, bei denen sie seltsame Gerätschaften mit sich führten, machten die Einheimischen neugierig. Nur wenige glaubten, dass die Besucher nicht nach Gold oder Silber suchten, ein Verdacht, der durch ihre ausgeblichene und abgetragene Kleidung noch verstärkt wurde. Und es kam zu Tändeleien mit der örtlichen Damenwelt. Als der deutsche Naturforscher Alexander von Humboldt sechzig Jahre später die Stadt besuchte, erzählte man ihm, dass La Condamine in Cuenca zwei Töchter gezeugt hätte.

Und dann gab es die angebliche Beziehung zwischen dem französischen Chirurgen und der sitzengelassenen Geliebten. Es hieß, Jean Seniergues habe eine Liebschaft mit Manuela de Quesada gehabt, der Tochter von Francisco de Quesada, dessen Malaria der Chirurg behandelt hatte. Manuela war von ihrem Verlobten, Diego de Léon y Román, dem stellvertretenden Staatsanwalt der Stadt, verstoßen worden. Francisco und Manuela erwarteten, dass der niederträchtige Léon die Familie für den Ehrverlust durch eine Geldzahlung entschädigen würde. Mit einem provokativen Mangel an Vorausschau verschärfte Seniergues den Streit, indem er sich einmischte und verlangte, dass der stellvertretende Staatsanwalt das Geld aushändigte. Léon reagierte, indem er seine Sklavin in das Haus der Quesadas schickte und sie anwies, Manuela zu ohrfeigen und »ihren Franzosen« herauszufordern, »den Schlag zu entfernen«. Seniergues – der bei seiner Geschichte blieb, er sei nur in den Haushalt der Quesadas gekommen, um Francisco zu heilen, und nicht, um Manuela den Hof zu machen – schlug die Sklavin mit einem Stock und schickte sie mit der Forderung nach »Satisfaktion« zurück zu Léon. Es war ein schlechter Tag für Sklaven, aber ein noch schlechterer für Seniergues. Den gut vernetzten stellvertretenden Staatsanwalt von Cuenca zu einem Duell herauszufordern, lag nicht im Interesse der französisch-spanischen

Diplomatie und brachte auch keinen Nutzen für die wissenschaftlichen Bemühungen der Expedition.

Die fünf Tage lange Fiesta war bereits im Gang, als der französische Chirurg am Nachmittag des 26. August auf Cuencas Hauptplatz Léon erblickte und ihn aufforderte, sein Schwert zu ziehen. Léon zückte eine Pistole. Eher durch Alkohol als durch kämpferisches Geschick geleitet, versagte Léons Steinschlosspistole und Seniergues stolperte in den Rinnstein. Während der Chirurg in sein Quartier begleitet wurde, hörten amüsierte Schaulustige, wie er drohte, Léon zu töten oder »ihm seine Ohren abzuschneiden«. In einem Versuch, einen Streit zu schlichten, der aller Wahrscheinlichkeit nach zu Blutvergießen auf den Straßen führen würde, lud ein Jesuitenpriester die beiden Parteien ein, sich am 28. August in seiner Unterkunft zu treffen. Léon tauchte nicht auf. Ärger, Vergeltung und *chicha* waren die perfekte Mischung für ein ungesundes Finale des Ganzen.

Die Mitglieder der Expedition waren für den letzten Tag der Fiesta eingeladen worden, sich den Stierkampf anzuschauen. Leider suchten sie sich Plätze an unterschiedlichen Stellen der Tribünen. Während die Menge darauf wartete, dass die Festlichkeiten begannen, kam Seniergues auf den Platz getorkelt und wankte auf den Abschnitt der Tribüne zu, in dem Manuela und ihr Vater saßen. Schon bald kam die Menschenmenge zu einem Entschluss: Francisco de Quesada war viel zu freundlich zu einem arroganten Franzosen, der einen der ihren zu einem Duell herausgefordert hatte und sich ungebührlich einer anderen gegenüber verhielt. Als Manuelas Vater von einem der aufgebrachten Freunde Léons weggezerrt wurde, kam Seniergues zu seiner Rettung. Die Pistole in der einen Hand, eine Machete in der anderen, rief er Léon zu: »Ich töte den Schurken und seine ganze Familie!« Und um sicherzugehen, dass auch alle verstanden, wie ernst es ihm war, befahl er seinem Sklaven Cujidón: »Töte sie alle!«

In einem ungünstigen Moment betrat der Zeremonienmeister der Fiesta auf einem wunderbar herausgeputzten Pferd die Plaza. Nicolás de Neyra y Perez de Villamar war niemand, mit dem man es sich verscherzen sollte. Er war Kapitän der Miliz und der Oberschicht von Cuenca wohlbekannt. Als er sah, welches Spektakel einer der Franzosen veranstaltete, ritt Neyra zu der Tribüne, auf der Godin mit Jorge Juan und Ulloa saß, und forderte sie auf, Seniergues im Zaum zu halten. Dann ritt er zu Seniergues und versuchte, den Chirurgen zu beruhigen. Doch es war zu spät. Schäumend vor Wut, erklärte Seniergues gegenüber Neyra, dass er ihn ebenfalls töten werde. Dann stieß er den Tisch um und sprang auf die Plaza hinunter. Der öffentlich gedemütigte Neyra verkündete der Menschenmenge, dass der Stierkampf gestrichen sei. Dann entfernte er sich, um den *alcalde* der Stadt zu suchen, dessen bürgermeisterliche Autorität gefordert war, um Seniergues zu verhaften und einzusperren.

Die Menge, der ihr Stierkampf verweigert wurde, wandte sich daraufhin gegen *la compagnie française*. Die Plaza explodierte zu einer Arena der Wut. Jorge Juan und Godin machten Seniergues Vorhaltungen. Köpfe drehte sich zu einem neuen Tumult hin, als eine Truppe von wenigstens 100 Männern, bewaffnet mit Schwertern, Piken und Lanzen, durch das Nordtor hereinströmte – angeführt von Neyra und dem *alcalde*, Sebastián Serrano de Mora y Morillo de Montalban. Seniergues, dem man befahl, die Waffen auszuhändigen, hob seine Machete und spannte die Pistole. Er richtete den Doppellauf auf Serrano und drückte erst den einen und dann den anderen Abzug. Beide Läufe versagten. Unbeirrt ließ der französische Chirurg seine Machete in einem weiten Bogen niedersausen. Der Schlag wurde von einem aus Serranos Gefolge abgewehrt und Neyra durchbohrte Seniergues' Hand mit der Spitze seines Schwertes. Als die Pistole auf den Boden fiel und Serrano rief, dass man Seniergues ergreifen solle, fiel die Menschenmenge ein und forderte, die »Fremden« zu töten. Pflastersteine wurden vom Platz geklaubt. Seniergues zog sich vor einem Ansturm aus Geschossen und tödlichem Stahl zurück. Ein Schlag auf seinen rechten Arm ließ ihn seine Machete fallenlassen. Schutzlos und blutend wollte er zur entfernten Ecke der Plaza gelangen, doch bevor er sich in Sicherheit bringen konnte, hatte sich Neyra ein *verduguillo* mit seiner kurzen Klinge geschnappt und es dem Franzosen zwischen die Rippen gestochen. Verfolgt von dem bewaffneten Mob taumelte der Chirurg in den Hof eines nahegelegenen Hauses, wo er zusammenbrach.

Auf der Straße rannten La Condamine und Bouguer zu dem Haus, in dem Seniergues bewusstlos lag, doch ihr Weg wurde durch eine Menschenmenge blockiert, die schrie: »Tötet die französischen Fremdlinge!« Bouguer wurde von einem Stein getroffen. Ein Schwertstoß traf ihn im Rücken. Ein schnell reagierender Priester zerrte den Wissenschaftler in ein Haus und verrammelte die Tür. Versprengte Mitglieder der Expedition flohen durch die Straßen. »Es gab keinen von uns«, erinnerte sich La Condamine, »der nicht um sein Leben rannte, und die spanischen Offiziere, unsere Reisebegleiter, waren von dieser Gefahr nicht ausgenommen.«

Im Chaos aus Staub, Fußgetrappel und Geschrei wurden die Europäer in Durchgänge gedrängt, während die rasende Menge vorbeistürmte. La Condamine schaffte es zurück in seine Unterkunft, wo seine verschlossene Tür von dem Mob belagert wurde.

In dem Haus, in dem Seniergues blutend lag, schaffte es Serrano, den Ansturm auf den Hof zu stoppen. Der Chirurg wurde in einen Raum mit einem Bett gebracht. Als Joseph de Jussieu sich endlich Zutritt verschaffen konnte, untersuchte der junge Arzt Seniergues. Die einzige Wunde, die wirklich besorgniserregend war, war der saubere, tiefe Schnitt des *verduguillo*.

In den vier Jahren ihrer abenteuerlichen Reise hatte die Expedition einer ganzen Reihe von Missgeschicken und Katastrophen gegenübergestanden. Der Verlust von Couplet-Viguier hatte das Originalteam auf zwölf Personen reduziert. Jetzt waren Bouguer und Seniergues von Klingen niedergestreckt worden. Bouguers Wunde würde wahrscheinlich nicht tödlich sein. Der Schnitt in Seniergues Seite hingegen war beunruhigend. Er hatte innere Blutungen.

Zwei Tage nach der Rauferei auf der Plaza schüttete Jussieu seine Gefühle in einem Brief an seine Brüder zu Hause aus: »Wir Franzosen wären beinahe von dem Aufruhr überwältigt worden«, schrieb er, »und konnten kaum dem Tod entrinnen. Allein Seniergues hat für uns alle bezahlt. Sein Zustand erlaubt mir keinen Augenblick Ruhe und ich bin zugleich Apotheker, Chirurg und Arzt.«

Unter den Franzosen war Seniergues selbst der Einzige, der die Hoffnung aufgegeben hatte: »Es ist an einer sehr ungünstigen Stelle«, stöhnte der Chirurg. »Ich bin verloren!« Er konnte spüren, wie die kalten Fühler der Sterblichkeit in seinen Körper eindrangen. Die Wunde war entzündet.

Seniergues schrieb seinen letzten Willen nieder und bestimmte seine Freunde Jussieu und La Condamine zu Testamentsvollstreckern. Er bat darum, in der Kathedrale Iglesia Matriz bestattet zu werden. Er listete Schulden auf, die zu bezahlen seien, und wohltätige Zwecke, die unterstützt werden sollten. Seine zwei Sklaven hinterließ er La Condamine. Er ordnete sein Erdenleben und verstarb in La Condamines Bett.

Die Ermordung von Seniergues war ein Akt geodätischer Sabotage. Während die reizbaren Gelehrten sich bemühten, den wichtigen Übergang von bergsteigenden Geometern zu beobachtenden Astronomen zu schaffen, wurde der ganzen Expedition der Schwung genommen.

Für Seniergues war Peru das Hintertürchen zum Aufstieg gewesen. Er war von Rochefort abgereist und hatte von Goldminen geträumt, gelandet war er in einer staubigen Stierkampfarena. Wäre die Expedition eine besser geführte Einheit gewesen, dann hätte man Seniergues deutlich weniger Spielraum gewährt. Doch der Status und das Geld, das er durch seine privaten Behandlungen angehäuft hatte – und vielleicht der Stress der fortwährenden Abwesenheit von der Heimat – hatten seine Persönlichkeit beeinträchtigt. Seine Rolle bei dem brutalen Auspeitschen des Mannes in Tarqui war die eines Psychopathen gewesen. Er war süchtig geworden nach hedonistischer Belohnung: Aggression sorgte dafür, dass er sich mächtig, dominant fühlte. Die Gesellschaft der Leutnants hat dabei vermutlich nicht geholfen. Jorge Juan und Ulloa waren Soldaten, die Angreifer auf der Plaza von Quito abgewehrt hatten und denen man den Tod des Sekretärs des Präsidenten nachgesehen hatte. Seniergues spielte jedoch nicht in ihrer Liga. Er hatte die Menschenmenge in Cuenca falsch gedeutet und seinen Angreifern nicht einen einzigen Schlag versetzen können. Im Theater der Aggression hatte er sich als tragischer Akteur erwiesen und nicht als gekonnter Fachmann.

Bouguer, dessen größte Sorge vor der Expedition die Seekrankheit gewesen war, erholte sich schnell von seiner Schwertwunde. Für La Condamine und Jussieu war der Heilungsprozess komplizierter. Als offizielle Verwalter von Seniergues' Nachlass mussten sie administrative Pflichten unternehmen. Jussieu, der schon in seinen besten Zeiten nicht von robuster Natur war, trug die zusätzliche Last, in den vier Tagen, die Seniergues zum Sterben gebraucht hatte, der behandelnde Arzt gewesen zu sein. La Condamine betrachtete den Tod seines Freundes als Verbrechen, für das die Schuldigen bestraft werden müssten. Er nahm eine juristische Kampagne in Angriff, die schon bald die bereits vorhandene Instabilität der Mission vergrößern würde. Als Nachlassverwalter und juristischer Laie wurde La Condamine in einen zeitraubenden Strudel gezogen. Die Expedition hatte mehr als nur ihren Chirurgen verloren. Der Mann, der so oft der Motor der Erholung gewesen war, wurde nun durch die rechtlichen Querelen abgelenkt, die aus dem *tumulte* in Cuenca erwuchsen.

Für sie alle war Cuenca von einem sicheren Hafen zu einem Gesundheitsrisiko geworden. Die Konfrontation auf der Plaza hatte sich zu einem ausgewachsenen Aufruhr gesteigert. Die vorläufige Kontrolle über die Stadt war von bewaffneten Patrouillen und durch einen Erlass, der Versammlungen verbot, wiederhergestellt worden. Allerdings nannte die Strafanzeige, die Bouguer und La Condamine gestellt hatten, drei der angeseheneren Bürger Cuencas: den Bürgermeister, den stellvertretenden Staatsanwalt und Neyra, den Kapitän der Miliz. Die Straßen von Cuenca blieben gefährlich für jeden, der mit *la compagnie française* in Verbindung gebracht wurde.

Es hatte viele Unterbrechungen der Vermessung gegeben, doch die Fortsetzung war immer relativ einfach verlaufen, da der Prozess des Messens von Winkeln sich immer wiederholte und wissenschaftlich unkompliziert war. Nun musste die Expedition ihren Orientierungssinn wiedergewinnen und sich auf die dunkle Wissenschaft der Astronomie konzentrieren. Und dazu mussten sie ihre wissenschaftliche Gelassenheit wiederherstellen und zum schwierigsten Instrument zurückkehren, dem Zenitteleskop.

Verglichen mit den Herausforderungen der Berge in den letzten zwei Jahren, schienen die Beobachtungen, die zum Abschluss der Vermessung erforderlich waren, – auf den ersten Blick – kaum mehr als ein astronomisches Postskriptum zu sein. Man konnte es den drei Wissenschaftlern nachsehen, dass sie glaubten, die schwere Arbeit liege hinter ihnen. Doch wie immer gab es weitere Hürden zu nehmen: Anstatt den Breitengrad von einem einzigen Ort am Südende der Kette aus Dreiecken zu bestimmen, bedeuteten die zwei Grundlinien, dass sie zwei Observatorien einrichten mussten. Das Verdoppeln versprach eine größere Genauigkeit, garantierte aber auch, dass es zu mehr Verzögerungen kommen würde. Es würde zwei Teams aus Astronomen geben. Und sie würden zwei Zenitteleskope brauchen.

Der Instrumentenbauer der Expedition, Théodore Hugo, fand sich an der vordersten Front der Operationen wieder. Einige Zeit zuvor hatte Godin Hugo angewiesen, ein völlig neues 18 Fuß großes Zenitteleskop zu bauen. Für einen Uhrmacher war dies eine beträchtliche Herausforderung. Hugo musste Komponenten in Eisen und Messing gießen, fräsen und drehen und dann ein riesiges Präzisionsinstrument aus einer Fülle von Linsen, Federböcken, Rohren, Stangen, Schrauben und dem überaus wichtigen Gelenk zusammensetzen. Godin war sich sicher, dass sein neues Instrument seine Beobachtungen beschleunigen würde. Das abgenutzte, 12 Fuß große Graham-Zenitteleskop würden Bouguer und La Condamine verwenden. Hugo sollte das Instrument reparieren und seine Aufhängung verbessern.

Godin verschwendete keine Zeit. Die südliche Grundlinie in Baños war mit der Hauptkette aus Dreiecken über Signale verbunden, zu denen der Turm der

Kathedrale Iglesia Matriz gehörte. Godin konnte daher sein Observatorium in Cuenca einrichten. Seine neuen Assistenten waren die ausgebildeten Killer der Expedition. Mit Jorge Juan und Ulloa als Leibwache würde die weiterhin bestehende Abneigung gegenüber *la compagnie française* vermutlich keine weiteren Verluste fordern. In einem Haus in der Nähe des Stadtzentrums wurde das riesige neue Teleskop sorgfältig aufgebaut und auf die Sterne gerichtet.

Während Godin die Sterne aus der Bequemlichkeit und dem Komfort einer Stadt beobachten konnte, war das Observatorium an der Tarqui-Grundlinie trostlos und abgelegen. Die Beobachtungen wurden durch die Reparaturen verzögert, die Hugo an dem Graham-Zenitteleskop durchführen musste und so nahmen Bouguer, La Condamine und Verguin erst Anfang Oktober die unebene Straße nach Süden zu den Ausläufern der Kordillere. Das einzige verfügbare Gebäude, das sie nahe der Tarqui-Grundlinie finden konnten, war eine isolierte, teilweise fertiggestellte Kapelle, die sie in ein Observatorium verwandelten. Das reparierte Teleskop war erst Mitte Oktober installiert und bereit. Die Bedingungen in der Kapelle waren miserabel. Die meisten Vorräte mussten aus Cuenca, 17 Meilen im Norden, herangeschafft werden, und das über eine Straße, die fünf Flüsse überquerte. Wie überall waren die Einheimischen neugierig und die Astronomen gewöhnten sich daran, mit einem Publikum zu arbeiten.

Nacht für Nacht, Woche für Woche spähten die Teams in den Observatorien von Cuenca und Tarqui himmelwärts, warteten auf Lücken in der Wolkendecke und füllten ihre Notizbücher mit Zahlenspalten. Sie richteten ihre Aufmerksamkeit auf einen der hellsten Sterne am Himmel, Epsilon Orionis. In klaren Nächten glitzerte er wie ein Juwel und der lange Arm des Teleskops konnte vorsichtig so bewegt werden, dass das Fadenkreuz im Teleskop sich mit Epsilons fernem Glitzern überdeckte. Meist war das Wetter bewölkt. Und es gab endlose Probleme mit dem Betrieb der Teleskope und mit Diskrepanzen in den Beobachtungen.

Am Tarqui-Observatorium variierten die Ergebnisse von der abgestuften Skala am Arm des Teleskops von Nacht zu Nacht um 8 bis 10 Bogensekunden bei Beobachtung desselben Sterns. Die Anomalie verhinderte eine exakte Bestimmung des Breitengrades für die Tarqui-Grundlinie. In seinem einsamen Quartier verfiel La Condamine in Verzweiflung. Er vermerkte die scheinbar endlose Übung als eine »Serie aus traurigen & schmerzhaften Beobachtungen«.

Den einzigen Lichtblick in diesen ermüdenden Nachtwachen bot die jährliche Fiesta in Tarqui, die enthusiastisch von der lokalen Gemeinschaft gefeiert wurde. Auf Rennen mit aufgeputzten Pferden und speerschwingenden Reitern folgten Pantomimen. Es dauerte eine Weile, bis die Astronomen bemerkten, dass die Darsteller eine geodätische Vermessung nachahmten:

> Ich hatte mehrere Male gesehen, dass sie uns aufmerksam zuschauten, während wir die Höhe der Sonne ermittelten, um unsere Uhren zu stellen. Es muss für sie ein unergründliches Mysterium gewesen sein, dass

ein Beobachter am Fuß eines Quadranten kniete, den Kopf zurückgeworfen, in einer seltsamen Haltung, in einer Hand ein rauchgeschwärztes Glas haltend, die Schraube am Fuß des Gerätes bedienend, sein Auge alternativ auf das Teleskop & die Einteilung richtend, das Senklot untersuchend, von Zeit zu Zeit aufspringend, um auf die Minute & die Sekunde einer Pendeluhr zu schauen, einige Zahlen auf ein Papier schreibend & und die erste Haltung wieder einnehmend.

Wochenlang hatten die Menschen aus Tarqui dem bizarren Verhalten der französischen Astronomen zugeschaut. Als die jungen Darsteller riesige Quadranten aus Holz und Papier hervorholten und die Rituale der Geodäsie nachspielten, entspannte sich La Condamine schließlich und lachte über eine Parodie, die so präzise war, »dass es uns unmöglich war, uns nicht selbst zu erkennen«. Später gab er an, dass er »nichts Erfreulicheres während der zehn Jahre unserer Reise« gesehen hätte.

Die Straße hoch in Cuenca war Godin ebenfalls verblüfft. Sein neues 18 Fuß großes Zenitteleskop lieferte anomale Ergebnisse. In den allzu seltenen Nächten, in denen Beobachtungen möglich waren, konnte er keine konstante Höhe von Epsilon Orionis feststellen. Endlose Anpassungen des Teleskops konnten die Variationen auch nicht ausmerzen. Die Spannungen auf den Straßen machten die astronomischen Herausforderungen nicht leichter. Da La Condamine versuchte, die Verursacher des Aufruhrs gerichtlich zu verfolgen, gab es in der Stadt viele mit einer brodelnden Antipathie gegen *la compagnie française*. Diese entlud sich eines Nachts, als

Godin, Jorge Juan und Ulloa gezwungen waren, eine wichtige Messung vorzunehmen, die sie aus dem Observatorium herausführte. Um absolute Genauigkeit zu erreichen, mussten sie den Abstand ihres Observatoriums vom Turm der Kathedrale Iglesia Matriz mit Schritten abmessen. Ohne dieses Maß konnten sie die neuen astronomischen Beobachtungen im Observatorium nicht mit der Kette aus Dreiecken verbinden. Als sie sich im Schutze der Dunkelheit hinausschlichen, wurde das Trio von einigen Frauen gesehen, die den Pöbel mobilisierten und die Astronomen mit Stöcken und Steinen wieder in ihre Quartiere zurückjagten. Im Dezember, nachdem er sich drei Monate lang an sein Zenitteleskop geklammert hatte, verschloss Godin die Tür des Observatoriums und reiste nach Quito ab.

In Tarqui setzten Bouguer, La Condamine und Verguin ihre Nachtwache fort. Sie hatten später begonnen als Godin und so war es schon Anfang Januar, als Bouguer endlich erklärte, dass er bereit war, das Observatorium zu verlassen und zurück nach Quito zu reisen, wo sie ein neues Observatorium einrichten würden. La Condamine konnte fühlen, dass das Ende in Sicht war. Die kommende Serie aus astronomischen Beobachtungen am nördlichen Ende des Meridians würde die Breitenausdehnung ihres Bogens bestimmen. Danach war es nur noch Mathematik. Dann kam Frankreich.

Nicht zum ersten Mal machte La Condamine sein eigenes Ding. Er blieb noch einige Wochen in Tarqui mit Verguin und Grahams altem Zenitteleskop, um zu versuchen, die Diskrepanzen in den Beobachtungen zu beheben. Er war sich unsicher, ob sie auf Fehler in dem Instrument oder auf irgendeine Art astronomischer Abweichung zurückzuführen waren. Außerdem experimentierte er mit den Auswirkungen des Luftwiderstandes auf Pendel, indem er die winzige goldene Kugel wieder einsetzte, die Hugo vor drei Jahren auf seine Bitte hin gegossen hatte. Vier Stunden lang schwang die glänzende, zwei Unzen schwere Kugel in der Bergluft von Tarqui hin und her, fast eineinhalb Stunden länger, so notierte er, als eine größere Kupferkugel derselben Masse. Sie verließen Tarqui am 16. Januar. Das Zenitteleskop war zerlegt und für die 270 Meilen lange Reise nach Quito verpackt worden. Um Beschädigungen zu vermeiden, würde es den ganzen Weg von Trägern transportiert werden.

La Condamine sah dies als die letzte Chance, eine Reise entlang der Großen Straße der Inkas zu genießen, die Cuenca und Quito verband, und einem Land Lebewohl zu sagen, das er in vier außergewöhnlichen Jahren kennengelernt hatte. Über drei Wochen lang bummelte er mit Verguin nordwärts, kehrte bei alten Freunden ein und brachte Dinge zum Abschluss. Sie pausierten einige Tage in Cuenca, wo La Condamine Deklinationsexperimente mit einem neuen Magneten durchführte, den Hugo hergestellt hatte. Er sammelte eidesstattliche Erklärungen von den religiösen Orten und Kuraten der Stadt ein – Männern, die der Expedition während und nach der Seniergues-Affäre wohlgesonnen gewesen waren. Die Zeugenaussagen waren eine notwendige Bereinigung der Akte der Mission. Die beiden Männer machten einen Ausflug zu den heißen Quellen Cuencas, sammelten Wasserproben und reisten dann weiter nach Norden nach Riobamba, wo sie von den Maldonados zu einer Hochzeit in einem Landhaus eingeladen wurden.

La Condamines Gepäck war auf der Straße aufgehalten worden und er musste in seiner verschmutzten Reisebekleidung an den Hochzeitsfeierlichkeiten in San Andrés teilnehmen. Er erinnerte sich daran, dass es »*la plus magnifique & la plus brillante*« Fest gewesen sei, das er während seiner gesamten Zeit in Südamerika erlebt hätte. Drei berauschende Tage lang genoss er den, wie er behauptete, längsten Urlaub der gesamten Expedition. Als sein Gepäck endlich eintraf, nahm La Condamine seinen Quadranten und ritt mit Verguin zu den wunderschönen Ufern des Sees Colta, wo die beiden Männer die spiegelgleiche Oberfläche nutzten, um einige Experimente zur Brechung durchzuführen. Man konnte sich keine idyllischere Stelle vorstellen. Nach dem Jammer der letzten Monate war es zu schön, um anzudauern. Und natürlich tat es das auch nicht.

Von der »verzauberten Insel« San Andrés ritten La Condamine und Verguin auf der Großen Straße nordwärts. Als sie Quito am 7. Februar 1740 erreichten, stellten sie fest, dass Bouguer einige Tage früher eingetroffen war. Nicht einen Augenblick zu früh wurde das auseinandergebaute Zenitteleskop von einer Reihe aus Trägern in die Stadt gebracht. Bouguer schickte den unverzichtbaren Hugo an die Arbeit, der den Rahmen des Teleskops straffte, um ihn für den letzten Einsatz vorzubereiten.

Am 11. Februar ritt Bouguer mit Verguin nach Norden zu den Hängen des Mojanda, wo sie ihr letztes

Observatorium einrichten wollten. Es war ein Distrikt, den Verguin gut kannte. Er hatte im Juni 1736 eine Erkundung der stufenförmigen Hänge des Mojanda vorgenommen, als er mit dem armen Couplet nach einer gleichmäßigen Ebene suchte, die man für die nördliche Grundlinie benutzen konnte. Vier Jahre später war der junge Couplet tot und er war zurück am Mojanda, gemeinsam mit Bouguer, dem Senior der Expedition. Jenseits des ansteigenden Plateaus des Malchinguí kletterten sie die Serpentinen auf den Kamm hinauf, auf dem die verstreuten Gehöfte von Cochasquí und die seltsamen zugewucherten Pyramiden standen, die von einer alten Kultur erbaut worden waren, um ihren Kosmos zu beobachten. La Condamine – der in Quito wegen der Ermittlungen in Bezug auf »*l'affaire de Cuenca*« aufgehalten worden war – erreichte Cochasquí einige Tage später und beurteilte dessen Situation »sehr günstig: wir konnten deutlich unsere erste Basis an ihren zwei Extremen sehen, genau wie all die umgebenden Signale«.

Zehn Wochen lang kauerten sie abwechselnd unter dem Okular des Zenitteleskops und zeichneten sorgfältig den Zenit sowie die Zeiten der Sterne auf, die es ihnen erlauben würden, den exakten Breitengrad des Observatoriums zu berechnen. Wie gehabt waren sie Sklaven des Regens, des Nebels und der Wolken, doch Ende April erklärte Bouguer, dass er mit den Beobachtungen zufrieden war.

Nun blieb ihnen nur noch, das Observatorium mithilfe einiger Quadranten-Messungen mit der Kette der Dreiecke zu verbinden. Sie teilten sich auf: Bouguer nahm seinen Quadranten mit nach Tanlagua und maß den Winkel zwischen Oyambaro und Cochasquí. La Condamine ritt nach Oyambaro und maß den Winkel zwischen Cochasquí und Tanlagua.

Das Abenteuer war vorüber. La Condamine sinnierte, nach vier Jahren seines Wanderlebens, »von denen zwei in den Bergen verbracht wurden, kehrte ich am 1. Mai 1740 nach Quito zurück mit der Absicht, dort in Ruhe die Konsequenzen all unserer Messungen zu ziehen & den Wert des Grades des Meridians zu schlussfolgern, der das Ziel so vieler Operationen war«.

Wieder in Quito arbeitete Bouguer an den Zahlen. Epsilon Orionis war von Cochasquí aus bei 1°26'38" südlich des Zenits beobachtet worden. Vom Observatorium in Tarqui aus hatte der Winkel bei 1°40'35" nördlich gelegen. Die Länge des Bogens betrug also 3°6'43". Es mussten noch einige weitere Werte berechnet werden, wie etwa die Änderung der Deklination von Epsilon Orionis seit Januar und die Auswirkungen der Parallaxe. Doch die Astronomie war abgeschlossen.

Am 6. Mai 1740 unterzeichnete Bouguer vor einem Notar ein Dokument, in dem er bestätigte, dass er »das Objekt unserer Expedition als gänzlich erfüllt« betrachtete. Das Dokument wurde von La Condamine und Verguin gegengezeichnet. Nicht jedoch von Godin.

Drei Jahre später waren sie immer noch in Südamerika und starrten immer noch in den Himmel.

13

Gebeugt über die Werkbank in seinem *atelier* in Quito sah sich Théodore Hugo der größten Herausforderung seines Lebens gegenüber. Louis Godin, *le patron*, hatte den Uhrmacher angewiesen, ein neues Zenitteleskop zu konstruieren. Ein riesiges Zenitteleskop. Ein Zenitteleskop mit einem Radius von 20 Fuß. Es wäre für einen Instrumentenbauer in London ein anspruchsvoller Auftrag gewesen, doch in Quito, wo die Metalllegierungen und Teile für astronomische Instrumente rarer als Goldstaub waren, würde es Zeit brauchen. Er benötigte exakt geschliffene Linsen, Bleche aus Messing und Kupfer, Gussstücke aus Eisen. Es würde gelötet werden und man müsste Gewinde bohren und schneiden. Und das ganze gigantische, empfindliche Instrument müsste so entworfen werden, dass man es für den Transport in die Anden auseinandernehmen und dann in einem entfernten Observatorium wieder zusammensetzen könnte.

Louis Godin wollte noch einmal beginnen. Während seiner Zeit im Observatorium in Cuenca war ihm bewusst geworden, was Variationen in der Höhe von Epsilon Orionis zu sein schienen. Wiederholte Anpassungen des 18 Fuß großen Zenitteleskops hatten nicht gereicht, um den wandernden Stern festzuhalten. Um die Möglichkeit auszuschließen, dass die Variationen von Mängeln des Zenitteleskops verursacht wurden, wollte Godin ein größeres, akkurateres Instrument mit nach Cuenca nehmen und eine zweite Runde Beobachtungen beginnen.

Alle Gedanken an eine baldige Rückkehr nach Europa gingen im peruanischen Nebel verloren. La Condamine behauptete, dass sowohl er als auch Bouguer ebenfalls »eigenartige und manchmal sehr deutliche Änderungen von Tag zu Tag in der Höhe der Sterne nahe dem Zenit« beobachtet hätten. Beide Männer fragten sich, ob die Variationen durch winzige Bewegungen verursacht wurden, die aufgrund der täglichen Zusammenziehung und Ausdehnung wegen der Kälte, Hitze und Feuchtigkeit der Lehmziegelwand, an der das Zenitteleskop befestigt war, an das Instrument übertragen wurden. Für Bouguer reichten die Variationen nicht aus, um ihn von der Rückkehr nach Frankreich abzuhalten. Allerdings konnte er Peru nicht verlassen, wenn Godin die Absicht besaß, die Beobachtungen wieder aufzunehmen. Wieder einmal zogen die drei Wissenschaftler allein los.

Während Godin in Quito auf die Fertigstellung seines neuen Zenitteleskops wartete, unternahm Bouguer eine Reise an die Küste. Von Anfang an waren sie übereingekommen, dass die Kette aus Dreiecken mathematisch auf eine horizontale Ebene auf Meereshöhe angepasst werden müsse, um Verzerrungen auszugleichen, die durch die ungleichen Höhen der verschiedenen Signale erzeugt wurden. Dazu mussten sie für eines der bestehenden Signale die exakte Höhe über dem Meeresspiegel bestimmen. Zwei Jahre zuvor hatte La Condamine versucht, die Kette der Dreiecke auf Meereshöhe mit seiner ergebnislosen Reise auf den Quilotoa zu verbinden. Von dort hoffte er, den Ozean zu sehen. Bouguer neuester Plan war, auf Maldonados neuer Straße das Tal des Rio Esmeraldas hinunter bis an die Küste zu reiten, mit einem Barometer Höhenmessungen vorzunehmen und dann mit einem Quadranten das Gipfelsignal auf dem Pichincha zu beobachten. Er würde seinen Diener Grangier als Assistenten mitnehmen. Wie so viele der Exkursionen der Expedition war auch diese leichter geplant als ausgeführt.

Einen Monat nach dem Aufbruch von Quito schickte Bouguer eine Nachricht an La Condamine, sie befänden sich auf einer kleinen Insel im Mündungstrichter des Rio Esmeraldas und Jaguare überfielen das Lager und hätten alle Nahrungsmittel aufgefressen. Die Luftfeuchtigkeit war erdrückend und der Pichincha war nur einmal für drei Minuten aufgetaucht, die nicht ausgereicht hatten, um die erforderlichen Beobachtungen durchzuführen.

Der in Quito zurückgebliebene eifrige Kriegsveteran hatte seinen Antrieb verloren. Später beschuldigte man ihn, seine Pflichten vernachlässigt zu haben, weil er Bouguer nicht zur Küste begleitet hatte. Er entgegnete, er sei in Quito durch »die traurige Beschäftigung« zurückgehalten worden, seine astronomischen Berechnungen zu beenden sowie durch »all die Gerichtsprozesse«. Die Mathematik wäre viel schlimmer als das Bergsteigen:

> Ich spürte Schrecken angesichts der langen Berechnungen, die ich unternehmen musste ... Ich hegte eine

außerordentliche Abneigung für eine Aufgabe, die geringe Gewöhnung schmerzvoll & abstoßend macht, wenn einer nicht vertraut damit ist, während sie für den geübten Rechner nur eine sanfte und friedvolle Beschäftigung darstellt. Sie kann für ihn sogar alles andere als langweilig sein wegen der Schnelligkeit, mit der er die Resultate findet, die er sucht ... Welch ein Abenteuer, das Ende zu erreichen, derjenige, der den kürzesten Weg weiß und der sicher ist, nie den falschen Schritt zu gehen! Ich gebe zu, dass das, was für jemand anderen nur die Arbeit weniger Wochen gewesen wäre, mich mehrere Monate kostete.

Er war gut im Umgang mit Kompass und Quadranten gewesen. Er hatte das Pendel und das Zenitteleskop gemeistert. Doch die Summen waren einfach *merde*. Godin teilte seine Ergebnisse nicht mit ihm und La Condamine wollte – in Abwesenheit Bouguers – seine eigene Antwort auf die Frage des Breitengrads finden.

Neben der mühseligen Mathematik und dem endlosen Verfahren gegen Serrano, Léon und Neyra war La Condamine nun noch der *chef d'affaires* eines Projekts, des Baues einer Pyramide, geworden. Noch bevor die *Portefaix* von Rochefort in See stach, waren die Pläne im Louvre entwickelt worden. Es entsprach den Zielen der Akademie, gallische Geodäsie im südamerikanischen Boden zu verankern und die wissenschaftlichen Leistungen von König Ludwig XV. zu würdigen. Bevor die Expedition Frankreich verließ, hatte eine der Schwesterinstitutionen der Akademie – die Académie des Inscriptions et Belles-Lettres – Godin eine Formulierung ausgehändigt, die an einem Monument verewigt werden sollte, »um das Zentrum der Operationen ... am Äquator zu markieren«. Im Laufe der Zeit war La Condamine zum »Monument Man« der Expedition geworden. Begonnen hatte das 1736 mit der Inschrift, die er an der Küste in dem Felsen bei Palmar am Äquator hinterlassen hatte. Und mehr als ein Jahr lang hatte er Vorkehrungen für ein viel größeres, doppeltes Monument getroffen, das an der Grundlinie errichtet werden sollte, die vier Jahre zuvor den Startschuss für die Kette aus Dreiecken gegeben hatte. Bei seinem Aufenthalt in Tarqui hatte er Steine besorgt und diese die Große Straße hinauf nach Quito bringen lassen. Bei seinem jüngsten Ausflug zum Signal auf dem Oyambaro hatte er in El Quinche gehalten, um seinen alten Freund José Antonio Maldonado zu besuchen, der die französischen Gelehrten mit den Materialien und Arbeitern versorgt hatte, um »zwei dauerhafte Denkmäler« aufzurichten: ein Paar gigantischer Pyramiden, die an den beiden Enden der Grundlinie von Yaruquí über den beiden eingegrabenen Mühlsteinen erbaut werden sollten. Der Künstler der Expedition, Morainville, willigte ein, das Projekt zu überwachen. Die Inschrift der Akademie sollte in die zwei Steintafeln geschlagen werden, die in der Nähe von Tarqui gebrochen worden waren. La Condamine war von dem Projekt besessen. Im Mai 1740 schrieb er, dass »ein großer Teil des restlichen Jahres mit Reisen verbracht wurde, die [ich] nach Quito, an die Grundlinie und in die Umgebung unternahm, um die notwendigen Anweisungen für die Arbeit zu geben«. Die Pyramiden waren eine zeitaufwendige – und letztendlich katastrophale – Ablenkung.

Am Sonnabend, dem 27. August 1740, wurde Quito von einem unheilvollen Grollen geweckt. Wände erzitterten, Hunde bellten. Es war ein großes Beben. Charles-Marie de la Condamine fiel aus dem Bett und wappnete sich für die Nachwirkungen eines *tremblement de terre*. Es sah schlecht aus. Godin war mit Jorge Juan, Ulloa und dem neuen 20-Fuß-Zenitteleskop in Cuenca. Bouguer war von seiner Esmeraldas-Expedition noch nicht wieder zurückgekehrt. Drei Wochen zuvor hatte der Krieg Quito erreicht, als mehrere hundert mit Gold und Silber beladene Maultiere zusammen mit staubbedeckten Beamten aus Lima und verschiedenen Vertretern Spaniens und Portugals in die Stadt eingezogen waren. La Condamine schrieb von »lebhaften Alarmen«. Die Briten hatten Portobelo eingenommen. Cartagena de Indias war angegriffen worden. Das Fort San Lorenzo auf dem Chagres war zerstört. Da es von der Küste durch die Barriere der Anden getrennt war, wurde Quito zum Banktresor des Vizekönigreichs.

In all dem Chaos aus Erdbeben und Krieg tröstete sich La Condamine mit dem Gedanken, dass die Schwätzer, Unruhestifter und *nouvellistes* von Quito zumindest davon abgelenkt waren, der Wissenschaft in die Quere zu kommen. Es war niemals gelungen, die Menschen von Peru davon zu überzeugen, dass die Possen der Expedition mit ihren Instrumenten dem Wissen galten und nicht der Gier. Das allgemeine Durcheinander und die erstaunliche Verwandlung Quitos vom provinziellen

Hinterland zum »Lager des größten Teils des Reichtums der neuen Welt« machte der ständigen Nerverei über den Zweck der Expedition sofort ein Ende. Die Geodäsie war von der Geopolitik verdrängt worden.

Am Abend des Erdbebens kehrte Bouguer endlich von der Küste zurück. Er war mehr als drei Monate fort gewesen. Die beiden Forscher berichteten einander das Neueste. La Condamine erzählte Bouguer, dass er seine Berechnungen nahezu beendet hatte. Bouguer hingegen habe noch »ein paar Winkel« zu messen, um seine Beobachtungen an der Küste mit der Kette aus Dreiecken zu verbinden. Dies würde eine Rückkehr zu dem Signal auf dem Papa-urco südlich des Cotopaxi erfordern. Beide Männer »dachten ernsthaft über [unsere] Abreise nach Frankreich nach«.

Im September 1740, während Bouguer zu den Höhen des Papa-urco unterwegs war, um seine Winkel zu ermitteln, beschäftigte sich La Condamine mit den verschiedenen offenen Angelegenheiten, die er noch erledigen wollte, bevor er nach Frankreich und damit nach Hause abreiste. Er war begierig darauf, das Experiment zur Schallgeschwindigkeit auszuweiten, indem er die Zeit maß, die der Klang der Explosion für eine längere Strecke brauchte, als sie 1737 und 1738 genutzt hatten. Mit Erlaubnis des Gouverneurs von Quito ließ er eine Kanone nach Guápulo gleich außerhalb der Stadt bringen, wo er sein Zelt aufschlug, damit alles bereit war, wenn Bouguer zurückkam. Er reiste in Sachen Pyramiden nach El Quinche. Er nahm Beobachtungen hinsichtlich der magnetischen Deklination vor und kämpfte sich durch die mathematischen Berechnungen. Am

20. September hatte er eine vorläufige Zahl für die Länge eines Breitengrades am Äquator ermittelt. Auch Verguin hatte gerechnet. Sie verglichen ihre Hausaufgaben und La Condamine war erfreut, dass die Differenz »nur wenige Sekunden« betrug. Sie warteten immer noch darauf, dass Bouguer mit den Winkeln zurückkam, die es erlaubten, die Kette aus Dreiecken auf eine horizontale Ebene zu reduzieren, waren aber schon zufrieden, dass sie nur wenige Stunden davon entfernt waren, die Aufgabe abzuschließen, die sie so viele Jahre beschäftigt hatte. Godin konnte mit seinem Zenitteleskop spielen gehen, doch Bouguer und La Condamine würden alle Zahlen für die letzte Berechnung haben.

Da die Abreise nach Frankreich nun unmittelbar bevorstand, packte La Condamine eine weitere Sendung mit Schätzen zusammen, die nach Frankreich geschickt werden sollten. In den Koffer wanderten farbenfrohe antike Tonvasen, ähnlich denen, die er drei Jahre zuvor von Lima aus versendet hatte, einige mit Füßen aus Silber und andere mit Mustern, die mit brennenden Kohlen gefertigt worden waren. Es gab Alabaster aus Cuenca und verschiedene Mörser und Steinäxte, die von Leuten geschwungen worden waren, die La Condamine als *»ancient Indiens«* bezeichnete. In der Kiste befanden sich die Früchte aus drei Jahren des Reisens in den Anden: verkrustete Steine aus dem Strom auf dem Tanlagua, Kristalle, Markasit, zwei Stücke versteinertes Holz, eine ausgestopfte Korallenotter mit »Ringen in den Farben von Feuer & Schwarz« und ein »kleines Krokodil aus dem Fluss von Guayaquil«. La Condamine adressierte den Koffer an M. du Fay im Jardin du Roi und war sich sicher, dass diese vielfältige Sammlung aus »Kuriositäten aller Arten und Zeugnisse des Handwerks der alten Indianer« seine Akademiekollegen im Louvre beeindrucken und begeistern würde.

La Condamine vertraute seinen Koffer Godins jungem Cousin an, Jean-Baptiste Godin des Odonais, der in den zwei Jahren der Triangulation unverzichtbar gewesen war. »Seine Pflichten in Bezug auf das Ziel unserer Expedition«, notierte La Condamine, »sind beendet«. Der junge Jean-Baptiste war frei, war in Peru gestrandet, aber hatte kein Geld, um nach Frankreich zurückzufahren. Nachdem seine Rolle beim Einrichten der Signale abgeschlossen war, hatte Godin des Odonais entschieden, eine Geschäftsreise nach Cartagena de Indias zu unternehmen, um Textilien zu kaufen, die er in Quito verkaufen wollte. Er machte sich am 3. Oktober auf den langen Ritt nach Norden auf und nahm La Condamines Schatzkiste mit. Am selben Tag tauchte Louis Godin zusammen mit Jorge Juan und Ulloa wieder in Quito auf. Sie brachten schlechte Neuigkeiten.

Ihre Arbeit mit ihrem neuen 20-Fuß-Zenitteleskop im Observatorium von Cuenca war nach zwei Monaten durch einen Befehl des Vizekönigs Villagarcía jäh unterbrochen worden. Er hatte angewiesen, dass die beiden spanischen Offiziere unverzüglich nach Lima reisen sollten, wo ihre militärischen Fähigkeiten dringend gebraucht wurden, um bei der Verteidigung der Stadt zu helfen. Die Briten hatten den Pazifik erreicht. Es war der Beginn einer neuen zeitweiligen Krise für die Expedition. Godin konnte in Cuenca ohne den Schutz durch

Jorge Juan und Ulloa nicht weiterarbeiten. Ihre Einberufung zum Krieg brachte die Astronomie zum Erliegen.

Fünf Tage, nachdem die zwei spanischen Offiziere nach Lima abgereist waren, überzeugte La Condamine Bouguer, bei dem Schallexperiment auszuhelfen. Verguin war auf dem Guápalo und bemannte dort die Kanone, die mit einer neun Pfund schweren Kugel geladen war. Bouguer und La Condamine beobachteten sie aus einer Entfernung von 10.540 *Toises* (etwa 12 Meilen) durch ein Teleskop. Sie wiederholten ihr Experiment dreimal und ermittelten eine Schallgeschwindigkeit von 1.745 *Toises* pro Sekunde. Die Explosionen brauchten mehr als 60 Sekunden, bis sie La Condamine und Bouguer als schwaches, herausforderndes Donnern erreichten.

Bouguers geheimes Observatorium war ein Tiefschlag für La Condamine. Er hatte nichts davon gewusst. Am 2. November, während einer Diskussion über die unfertigen Beobachtungen führte Bouguer seinen Kollegen an einen »entfernten Ort« am Rand der Stadt. La Condamine war erstaunt, hinter einer verschlossenen Tür ein voll funktionstüchtiges astronomisches Observatorium vorzufinden, »und das Teleskop war fertig eingerichtet«. Sechs Wochen lang hatte Bouguer die Beobachtungen wiederholt, die sie früher im Jahr am Cochasquí vorgenommen hatten. Es wäre ein interessanter Augenblick für Zuschauer gewesen. Musste er sich etwas von Charles-Marie anhören? Gab es etwas mit dem Lineal hinter die Ohren? In seinen Memoiren behauptet La Condamine, seinen alten *compatriote* nur nach »Neuigkeiten von den Beobachtungen« gefragt und gefordert zu haben, »teilnehmen« zu dürfen.

Bouguer musste immer noch Beobachtungen auf dem Papa-urco machen, weshalb er La Condamine die Schlüssel zu dem geheimen Observatorium überließ und ihm nur sagte, dass er sie in sechs Wochen wiederhaben wolle, wenn er vom Berg zurück sei. Dankbar, wieder als Astronom arbeiten zu können, zog La Condamine in das Observatorium ein und nahm die Rituale wieder auf, die das Zenitteleskop verlangte: nächtliches Warten auf klaren Himmel, die schmerzhafte Position unter dem niedrig hängenden Okular des Teleskops, das beständige Prüfen von Bouguers Pendeluhr, die immer wieder nachging, was – wie La Condamine vermutete – an der Luftfeuchtigkeit wegen des häufigen Regens lag. Zur gelegentlichen Gesellschaft und Hilfe hatte er seinen Sklaven, einen Mann, dessen Identität unter den Vorurteilen dieser Zeit begraben war. Möglicherweise war es einer der Sklaven, die für Seniergues gearbeitet hatten. Nach ein paar Tagen ließ La Condamine sein Bett durch die Straßen Quitos transportieren. Er wurde zum Einsiedler im Observatorium. Das Wetter war furchtbar.

Es war eine unangenehme, verzweifelte Zeit für den einst überschwänglichen Erforscher von Fluss, Berggipfel und *páramo*. Er war erschöpft und wurde immer wieder von Fieber gepackt. In einer dunklen Nacht, als er ganz allein im Observatorium darauf wartete, dass Epsilon Orionis seinen Zenit erreichte, öffnete sich knarrend die Tür zur Straße und der düstere Schatten eines Mannes mit einer Laterne erschien. Die Tür war verschlossen gewesen. Hinter der Figur mit der flackernden Laterne standen sieben oder acht weitere Männer mit erhobenen Schwertern und Pistolen. La Condamine, der nun befürchtete, von derselben Art von Lynchmob fertiggemacht zu werden, der auch Seniergues ermordet hatte, erstarrte unter dem Okular des Zenitteleskops. Doch die Besucher fielen nicht mit Schwerthieben und Schüssen über den hilflosen Astronomen her. Nach einem verwirrten Wortwechsel stellte sich der Anführer als Kommandeur der Nachtwache vor. Er wusste nicht, dass das Haus belegt war, und hatte deshalb das Schloss aufgebrochen. La Condamine erkannte später die lustige Seite des Vorfalls, der Kommandeur sei, »für seine Neugier ziemlich schlecht vergolten«, wieder abgezogen.

Vom 9. bis 23. November regnete es nachts so beständig, dass La Condamine nicht einen Blick auf Epsilon Orionis erhaschen konnte. Dann, noch vor Ende des Monats, kam Bouguer vom Papa-urco zurück und verkündete, dass er seine Pendeluhr für einige Beobachtungen brauchte. Die Uhr wurde von der Wand abgebaut, und La Condamine sah sich gezwungen, seine eigene Pendeluhr zu installieren. Wieder verlor er Zeit, denn die Uhr musste durch Sonnenbeobachtungen zur Mittagszeit sorgfältig eingestellt werden. Nachdem er das erledigt hatte, kehrte er Ende November wieder zur Arbeit am Zenitteleskop zurück. Einige Nächte später lag er bewusstlos auf dem Boden des dunklen Observatoriums.

Später stellte La Condamine selbst eine Diagnose. Er leide an einer »Kompression der Halsschlagader, verursacht durch Streckung des Halses«. Das Hin und Her vom Liegen auf dem Boden unter dem Teleskop und einer aufrechten Haltung unter der Pendeluhr hätte für seine Ohnmacht gesorgt. Das Zenitteleskop versuchte, ihn umzubringen. »Glücklicherweise ... kam mein Sklave, der anwesend war, mir zur Hilfe: er sagte mir, dass ich aufgestanden war und dass ich ein zweites Mal gefallen sei«. Als wäre die Bewusstlosigkeit nicht schlimm genug, hatte La Condamine Probleme damit, das Teleskop zu fokussieren.

Sie hatten alle zu kämpfen. Einige Straßen weiter lag Jussieu im Sterben. Anfang Dezember war der Doktor von *une fièvre maligne* niedergestreckt worden. Nichts von dem, was Jussieu ausprobierte, half gegen das Fieber. Er hatte in Quito bereits viele Menschen erfolgreich gegen eine Epidemie behandelt, die durch die Stadt tobte. Sein eigener Zustand verschlechterte sich und er war gezwungen, »seine Angelegenheiten und sein Gewissen in Ordnung zu bringen«. Anders als der arme Couplet schaffte es Jussieu jedoch, das Fieber auszuschwitzen und gesund zu werden.

Währenddessen lief La Condamine am Rande der Stadt die Zeit davon. Bouguer wollte, dass er bis zum 16. Dezember das Observatorium verließ. Als der Termin näherrückte und er immer noch keine zufriedenstellenden Beobachtungen von Epsilon Orionis in seinem Notizbuch verzeichnen konnte, bat La Condamine um eine Verlängerung. Er schaffte es, bis Ende Dezember durchzuhalten, ohne allerdings einen Grund für die Variationen der Höhe von Epsilon Orionis finden zu können. »Ich konnte«, schrieb er, »keine Schlussfolgerungen aus meiner Arbeit ziehen«. Drei weitere Monate waren einfach so verpufft.

Als das Jahr 1741 anbrach, ließ Louis Godin einen schriftlichen Meteoriten auf seine Kollegen los. Er wollte die astronomischen Beobachtungen vom jeweils nördlichen und südlichen Ende der Kette der Dreiecke verwerfen. Man würde auf den Stand von 1739 zurückgehen und noch einmal neu anfangen.

Dieses Mal würde man einen astronomischen Hinterhalt legen und sich Epsilon Orionis von beiden Enden der Triangulationskette gleichzeitig schnappen. Wenn sie es schaffen könnten, den Zenit des Sterns am selben Tag vom nördlichen und südlichen Ende des Meridianbogens aus gleichzeitig zu messen, würden sie aus den Ergebnissen alle Variationen heraushalten, die durch die Bewegung des Sterns selbst verursacht wurden. Bouguer würde Morainville und sein 12-Fuß-Zenitteleskop mit nach Süden nach Tarqui bringen. Godin würde Hugo, Verguin und sein neues 20-Fuß-Teleskop über den nördlichen Extrempunkt der Dreieckskette mitnehmen, wo er auf einer Hacienda in der Nähe einer Stadt namens Mira ein neues Observatorium einzurichten plante. Später würden sie Mira durch zusätzliche Vermessungen mit der Kette aus Dreiecken verbinden müssen.

La Condamine sollte nur eine zweitrangige Rolle in dieser neuen Operation spielen: Er würde mit seinem 15-Fuß-Zenitteleskop in Quito bleiben und als Gegenprüfung für die zwei Zenitteleskope dienen. Gefangen in einer nicht enden wollenden Expedition, schrieb La

Condamine nach Hause und erklärte, dass die drei Gelehrten »für einige Monate im Land aufgehalten« werden würden. Er nahm – voreilig – an, dass dies der letzte Brief wäre, den er von Quito aus an die Akademie schrieb, bevor sie mit dieser wieder vereint werden würden. Am 9. Februar verließ Bouguer Quito auf der, wie er inbrünstig hoffte, letzten Exkursion entlang der Großen Straße nach Tarqui.

Da Godins neues Observatorium in Mira so dicht an Quito lag, konnte er seine Abreise hinauszögern. Und so ritten Hugo und Verguin erst am 2. März aus der Stadt ab, gefolgt von einer Reihe Träger, die Godins auseinandergebautes Zenitteleskop trugen. Die Annahme, dass es nur wenige Tage dauern würde, das Instrument wieder zusammenzusetzen, einzustellen und zu kalibrieren, erwies sich als optimistisch. Zwei Wochen nach ihrer Abreise hatten Verguin und Hugo es noch nicht geschafft, den überaus wichtigen Meridian nachzuzeichnen, an dem das Teleskop ausgerichtet werden sollte.

In Quito sträubte sich Godin, die Annehmlichkeiten der Stadt aufzugeben. An dieser Stelle führte La Condamine einen cleveren *coup d'état* durch. Vorwand war die Errichtung der zwei Erinnerungspyramiden an der Grundlinie von Yaruquí. Er überredete Godin, ihn zum Palast der *audiencia* zu begleiten. Dort erfuhren der Präsident und seine Berater von den zwei französischen Wissenschaftlern, dass La Condamine »im Namen der anderen Gelehrten verantwortlich für alles bleiben würde, was die Errichtung der Pyramiden betraf«. La Condamine konnte eine von Bouguer unterzeichnete Vollmacht vorlegen. In dieser geänderten Hierarchie hatte La Condamine offiziell die Verantwortung über das französische Erbe in Peru übernommen.

Im April waren beide Teams bereit, ihre Beobachtungen zu beginnen. Bouguer, am südlichen Ende des Bogens, hatte einen schwierigen Start. Wie er wusste, stand das Observatorium von Tarqui an einer ungünstigen Stelle, dem Wetter auf dem Berg ausgeliefert und zu weit von Cuenca entfernt, um es sich ein bisschen angenehm zu machen. Um zu vermeiden, dass er einen vorbeiziehenden Stern verpasste, musste sich Bouguer mehrmals pro Nacht aus dem Bett zerren, nach draußen stolpern und den Hof zum Observatorium überqueren, um auf die Uhr zu schauen. Das Wetter war so übel wie erwartet, und Mitte April schrieb er an La Condamine. Er berichtete ihm, dass er bisher nur zwei Beobachtungen geschafft hätte und es Probleme mit dem Okular des Teleskops gab. La Condamine schickte ihm einen Ersatz, doch die Probleme hielten an.

Bouguer war unglücklich über den Mangel an »Solidität« des Teleskops, und dann begann auch noch sein eigener Körper verrückt zu spielen. In einem Brief an La Condamine erklärte er, dass er gezwungen war, die Beobachtungen wegen eines Gichtanfalls zu unterbrechen. La Condamine war verwundert: Bouguer hatte seit vier Jahren keinen Wein mehr angerührt. Als Bouguer dann die Arbeit wieder aufnahm, zersprang die Hauptfeder der Uhr, was weitere Verzögerungen verursachte. Im Juni war Epsilon Orionis vom Himmel verschwunden. Nach einer kurzen Pause in Cuenca, wo er eine Wasseruhr baute, reiste Bouguer über die fünf Flüsse zurück nach Tarqui. Er kam gerade rechtzeitig im Observatorium an, um sich von einer Reihe von Erdbeben durchschütteln zu lassen, die zwei Wochen lang immer wieder aufflackerten und die empfindlichen Einstellungen des Zenitteleskops störten.

Im Norden war das Leben nicht weniger anstrengend. Wie er selbst zugab, war La Condamines Rolle in der neuesten Runde der Beobachtungen »nicht der strahlendste Teil dieser gemeinschaftlichen Arbeit«, aber er war zufrieden, »nützlich« zu sein, wenn es denn die Abreise der Expedition nach Frankreich beschleunigte. Entschlossen, dass seine eigenen, relativ elementaren Beobachtungen mit der größten Präzision durchgeführt wurden, baute er ein neues Observatorium. Um den Einfluss der Temperaturunterschiede auf das Teleskop zu verringern, die durch das Befestigen des Instruments an der Außenwand verursacht wurden, errichtete er eine alleinstehende, drei Fuß dicke Wand innerhalb des Gebäudes. An dieser Wand war ein speziell gefertigter Kupferrahmen für das 14 Fuß lange Teleskop mit Okular befestigt, zusammen mit vier Schrauben zum Einstellen. Als Verfeinerung der früheren Beobachtungen konnte das Fenster im Dach nun aus der Ferne von unten geöffnet und geschlossen werden, wodurch gefährliche Ausflüge auf die Leiter nun vermieden wurden. »Ich war nicht nur der Ingenieur der Maschine«, erinnerte er sich später, »sondern auch Schmied, Maurer und Dachdecker«. Und nachträglich fügte er hinzu: »… ich erkannte, dass ich keine Begabung für das letzte Handwerk hatte«.

Genau wie Bouguer unterliefen La Condamine eine Reihe von Missgeschicken. Einer der Arbeiter, die er angeheuert hatte, um das Observatorium zu bauen, erblickte das kleine, ledergebundene Notizbuch mit silbernen Beschlägen, das Beobachtungen und eine handgeschriebene Tabelle enthielt, die in Frankreich von dem geschätzten Topografen Abbé de la Grive zusammengestellt worden war. La Condamine hatte die Tabelle zum Berechnen von Winkeln während der Triangulation benutzt, die Aufgabe des Büchleins war also teilweise erledigt. Der Arbeiter dachte, er würde ein Gebetbuch stehlen. Das nächste Unglück war ein heftiger Sturm, der mehrere Dächer in der Stadt sowie La Condamines geniales Observatoriumsfenster zerstörte. Regenwasser drang in das Teleskop rund um die Linsenbefestigung ein und deformierte die Haarstriche des Mikrometers. Um den Schaden zu beheben, musste Hugo das Ende des Teleskops demontieren und dann neu verlöten.

Am Observatorium in Mira machte man kaum mehr Fortschritte. Godin war dreimal hintereinander vom Fieber befallen worden; der letzte Schub dauerte sechs Wochen. Dennoch hatte er es geschafft, in den Monaten Mai und Juni eine große Anzahl von Beobachtungen zu machen, bevor im Juli das Wetter umschlug. Er blieb bis Ende August in Mira, doch die Neuigkeiten aus Tarqui waren nicht gut. Wenn das Wetter in Mira gut war, war es in Tarqui schlecht, »was bedeutete«, wie La Condamine später schrieb, dass sie keine entsprechende Beobachtung hatten. Der Versuch, Epsilon Orionis gleichzeitig zu beobachten, hatte weitere sechs Monate aus Schmerz und Frust gekostet.

Für Godin gab es eine kleine Atempause. Zwei Wochen, nachdem er nach Quito zurückgekehrt war, tauchten Jorge Juan und Ulloa nach einem Jahr wieder auf. Ihre Berufung nach Lima hatte sie in die vorderste Frontlinie der Vorbereitungen der Stadt auf einen britischen Angriff gestellt: den Umbau zweier Galeeren und das Verbessern der Verteidigungsanlagen der Stadt. »Bei unserer Ankunft in Quito«, erinnerte sich Ulloa, »machten wir es uns zur ersten Aufgabe, uns der französischen Gesellschaft anzuschließen, die eine große Freude über unsere Rückkehr zum Ausdruck brachte«. Die Freude sollte nicht von Dauer sein.

Als die überlebenden Mitglieder der Expedition zusammentrafen und sich mit den anderen über das Neueste austauschten, wurde Jorge Juan und Ulloa klar, dass La Condamine sie und ihr Heimatland betrogen hatte. Die Inschriften, die in die Steintafeln an den riesigen Pyramiden der Yaruquí-Grundlinie eingemeißelt waren, hatten Spanien aus der geodätischen Geschichte weggelassen. Es gab auf La Condamines Pyramiden keine Erwähnung von König Philip V. oder von Don Jorge Juan oder Don Antonio de Ulloa. Offensichtlich war die Geodätische Expedition an den Äquator ausschließlich von Franzosen unternommen worden. Angesichts dessen, was auf Quitos Plaza geschehen war, hatte La Condamine Glück, dass ihm nicht entscheidende Teile mit einer Machete gekürzt wurden. Der Bund zwischen den spanischen und französischen Teilnehmern der Expedition war auf Berggipfel und *páramo* geschmiedet worden. Sie hatten einander nahegestanden. Ihr Leben hatte voneinander abgehangen. Doch La Condamine hatte den Bund gebrochen. Es war unvorstellbar, dass auf den Monumenten die spanischen Namen fehlen sollten, die diese Expedition erst ermöglicht hatten. Es wurde eine Anklage gegen La Condamine erhoben und die Expedition wurde in eine Wolke aus Bitterkeit und Gerichtsterminen gehüllt. Nur Bouguer und Morainville blieben von den unmittelbaren negativen Auswirkungen verschont, da sie mit ihrem Zenitteleskop im weit entfernten Tarqui feststeckten.

Die Katastrophe war kompliziert. Der Affront konnte bis zu der Formulierung zurückverfolgt werden, die von der Académie des Inscriptions et Belles-Lettres festgelegt und dann von Godin, dem Anführer der Expedition, der die Verantwortung für die Pyramiden an La Condamine abgegeben hatte, in das Vizekönigreich Peru gebracht worden war. Der französische Gelehrte hatte nicht verstanden, wie beleidigend die Inschrift für die spanischen Leutnants sein würde. Jorge Juan und Ulloa wiederum waren keine Experten auf dem Gebiet der nuancierten Reaktion. Sie waren entweder auf deiner Seite oder griffen dich mit gezückten Waffen an. Zerwürfnis und Gerichtsverfahren nahmen drei Monate in Anspruch, die man im Observatorium von Mira hätte verbringen können, um die astronomischen Beobachtungen zum Abschluss zu bringen.

Als der Streit nachließ, im Dezember, war es zu spät. Jorge Juan und Ulloa bereiteten sich darauf vor, mit Hugo zum Observatorium von Mira zu reisen, als die Nachricht in Quito eintraf, dass die Briten den Hafen von Paita, nur einige hundert Meilen südlich von Guayaquil geplündert und niedergebrannt hatten. Commodore Anson tobte. Niemand hatte erwartet, dass die britische Flotte Kap Hoorn umrunden würde. Die Pazifikküste versprach leichte Beute. Guayaquil und Panama erwarteten das Schlimmste. Zum zweiten Mal wurden Jorge Juan und Ulloa an die Front gerufen, dieses Mal vom *corregidor* von Guayaquil, der sie dafür bezahlte, bei ihrer Reise von Quito an die Küste 300 bewaffnete Männer auszuheben.

Als das Jahr 1741 zu Ende ging, war die Expedition in einem Zustand fast völliger Unordnung. Mehr als ein Jahr astronomischer Arbeit hatte es nicht geschafft, die Enden des Bogens festzulegen. Das Wohlwollen von Jorge Juan und Ulloa war verloren und die beiden waren wieder in den Krieg beordert worden. Godin hatte sich aus dem Geschehen zurückgezogen. Zwei Mitglieder der Mission waren tot. Das einzige erfreuliche Ereignis dieser Zeit war eine Hochzeit. Jean-Baptiste Godin des Odonais, der junge, redundante Signalsteller, war von seiner Handelsreise nach Cartagena de Indias mit Geld und mit Liebe im Herzen zurückgekehrt. María Isabel de Jesus Gramesón war in Guayaquil geboren worden, aber im Alter von fünf Jahren ins Landesinnere gezogen, als ihrem Vater der Posten des *corregidor* von Otavalo, nördlich von Quito, verliehen worden war. Isabels spanische Mutter konnte ihre Herkunft angeblich bis auf die Konquistadoren zurückführen, während ihr Vater aus einer soliden französischen Familie stammte. Isabel und Jean-Baptiste wurden im Dominikanerkolleg von Quito verheiratet und begannen, vom Leben in Frankreich zu träumen.

Anfang Januar 1742 kehrte Bouguer nach Quito zurück. Er war elf Monate fort gewesen, eine Rekordzeit in der Einsamkeit des Observatoriums von Tarqui.

Von ihnen allen war er am besten in der Lage, mit sich selbst auszukommen. Offensichtlich war er zufrieden, Monate in Isolation zuzubringen, seinen Rhythmus vom Lauf der Sterne diktieren zu lassen und seine Freizeit dem Traktat für den Schiffsbau zu widmen. La Condamine bemerkte einmal über seinen abstinent lebenden Freund, dass Bouguer »in seiner Einsamkeit eine sehr philosophische Art des Lebens« verfolgte.

Gemeinsam betrachteten die beiden Männer ihre Optionen. Sie haben es sich vielleicht nicht gegenseitig so gesagt, aber dies war der Augenblick, auf den sie gewartet hatten. Godin spielte keine Rolle mehr. Die Expedition hatte sich selbst auf ein Team aus zwei Wissenschaftlern zusammengeschrumpft, unterstützt von einem Instrumentenbauer, einem Kartenmacher und einem Zeichner. Sie waren ein geübtes, eingespieltes Quintett: ein Team, das vielleicht in Paris so ausgewählt worden wäre, hätte man bei der Auswahl der Teilnehmer der Geodätischen Expedition an den Äquator tatsächlich strenge Tests und Interviews durchgeführt.

Sie schmiedeten einen Plan. Bouguer war überzeugt, dass die Variationen in ihren astronomischen Beobachtungen auf Schwächen des 12 Fuß großen Graham-Zenitteleskops zurückzuführen waren, eines Instruments, das heftig gebeutelt und immer wieder repariert worden war. Deswegen würde man das Graham-Teleskop beiseitelegen. La Condamine sollte zweiter Astronom werden und Godins 20-Fuß-Teleskop benutzen. Und Hugo würde gebeten werden, wieder an die Werkbank zu gehen und ein neues Zenitteleskop für Bouguer zu bauen.

In seinem bescheidenen *atelier* suchte Théodore Hugo seine Werkzeuge und Stücke von Messing und Kupfer und Eisen, Linsen sowie Schrauben, Muttern und Bolzen zusammen. Er begann den aufwendigen Prozess, ein neues Zenitteleskop zu bauen. Dieses sollte einen Radius von 8 Fuß haben.

Er hatte gerade erst angefangen, als – am 19. Januar – unerwartet Ulloa in Quito auftauchte. Er war schmutzig, abgerissen, erschöpft und allein. Und er hatte eine Geschichte zu erzählen. Einen Monat zuvor, als er Quito mit Jorge Juan verlassen hatte, erduldeten die beiden Männer eine »unfassbar ermüdende« neunzehntägige Reise mit dem Maultier, zu Fuß und mit dem Boot nach Guayaquil, wo sie am Kriegsrat teilnahmen. Es stellte sich heraus, dass die Briten nach der Plünderung der Stadt Paita Wind von den spanischen Vorbereitungen zur Verteidigung Guayaquils bekommen hatten. Ansons Flotte segelte daraufhin nordwärts nach Panama. Der Kriegsrat war übereingekommen, dass entweder Ulloa oder Jorge Juan nach Quito zurückkehren könne, um die Arbeit mit den französischen Wissenschaftlern abzuschließen. Der ältere der beiden, Jorge Juan, blieb bei den Verteidigern von Guayaquil, sodass es Ulloa freistand, ins Landesinnere zu reisen. Für Reisen war es die schlimmste Zeit des Jahres. Die Flüsse waren überflutet, und die Straßen waren voller Schlamm. Bei der Überquerung eines der Flüsse wurden zwei Maultiere mitsamt Ulloas Reisekoffer von der Strömung weggerissen. Der Maultiertreiber überlebte, indem er sich am Schwanz eines der Maultiere festhielt. Sie wurden ein Viertel Legua flussabwärts getrieben. In den Bergen war der

Weg in einem solch schlechten Zustand, dass Ulloa in zwölf Stunden nur ein halbes Legua zurücklegte. Er brauchte fünfzehn Tage für die Reise. Und kaum war er in der Stadt, wurden ihm Befehle des Vizekönigs übergeben: »Ich erreichte Quito«, erinnerte er sich, »war aber kaum vom Maultier abgestiegen in der Hoffnung, mich nach diesen Gefahren und Anstrengungen zu erholen, als der Präsident mich anwies … mit aller möglichen Hast nach Lima zu eilen.« Er und Jorge Juan wurden wieder benötigt, um mitzuhelfen, Peru vor den Briten zu verteidigen.

Während seines hektischen zweitägigen Aufenthalts in Quito hatte Ulloa einen sehr unglücklichen Streit mit La Condamine. Die immer noch schwelenden Widerstände wegen der Inschrift an den Erinnerungspyramiden entzündeten sich während eines Zusammenstoßes zwischen einem sturen Franzosen und einem erschöpften Spanier. Als er hörte, dass Godin La Condamine sein 20-Fuß-Zenitteleskop leihen würde, bat Ulloa seinen Freund Valparda y la Ormaza – den Kronanwalt, der die Strippen gezogen hatte, die zur Tötung des Sekretärs des Präsidenten geführt hatten –, das Instrument zu beschlagnahmen, und zwar mit der Anweisung, niemanden in dessen Nähe zu lassen, bis er von seinen militärischen Pflichten zurück sei. Ohne zwei Teleskope wären Bouguer und La Condamine nicht in der Lage, gleichzeitig Beobachtungen an beiden Enden des Meridianbogens vorzunehmen. Die Expedition zerstörte sich von innen heraus.

Man sagte Hugo, dass das alte Graham-Teleskop nun doch repariert werden müsse. Und natürlich müsste er trotzdem noch ein neues 8-Fuß-Teleskop bauen. Es würde Monate dauern.

Der Zerfall schien nah. Godin hatte sich aufgemacht, um im Fluss Pisque nach einem verlorenen Schatz zu suchen. Bouguer schäumte wegen La Condamines Gerichtsverhandlungen und Pyramidenbau. La Condamine nahm Bouguer seine neue Angewohnheit übel, Beobachtungen zurückzuhalten. Doch als Hugos Arbeit an den Teleskopen sich dem Abschluss näherte, wurden alle drei Forscher von den Jesuiten der Universität Santo Tomás eingeladen, eine These zu präsentieren, die der französischen Akademie gewidmet war. Es kam nur selten vor, dass sich das Trio im selben Gebäude, geschweige denn auf einer Bühne aufhielt. Und es was das letzte Mal, dass sie in Peru zusammen sein würden.

An diesem Tag erreichten die Jesuiten eine teilweise *rapprochement*. La Condamine schlug Bouguer vor, noch einmal auf den Pichincha zurückzukehren. Ihr erstes Triangulationssignal und ihre erste Hütte hatten auf dem Rucu Pichincha gestanden, dem »Vesuv von Quito«. Während der endlosen Nächte in Eis und Sturm auf dem gezackten Gipfel hatte sich ihre Freundschaft gefestigt. Doch keiner von beiden hatte dessen benachbarten Zwilling, Guagua Pichincha, erklommen, der drei Meilen westlich lag. Guagua Pichincha wurde von einem riesigen, hohen Krater bekrönt, der die Quelle mehrerer Vulkanausbrüche gewesen war, der letzte im Jahr 1660. Keiner der Wissenschaftler hatte jemals einen aktiven Vulkan betreten. Um das Innere des Kraters zu vermessen, würde La Condamine seinen Quadranten mitnehmen. Sie planten ihr Abenteuer für Mitte Juni. Ihr Ziel war es, etwa eine Woche unterwegs zu sein, und dann nach Quito zurückzukehren, wenn Hugo die Arbeit an dem neuen Zenitteleskop beendet hatte. Wie bei den meisten Abenteuern mit La Condamine war die Gefahr unausweichlich.

Es lief von Anfang an schief. Am Morgen ihrer Abreise von Quito tauchten die Maultiere nicht auf, die La Condamine gemietet hatte. Bouguer wurde ungeduldig und machte sich mit seinen eigenen Maultieren und dem Führer, die er angeheuert hatte, auf den Weg. La Condamine ließ er mit einem Berg aus Bettzeug und Instrumenten, aber ohne Transportmöglichkeit zurück. Mithilfe des *alcalde* von Quito verließ La Condamine die Stadt später an diesem Tag, begleitet von zwei Packtieren, einem Maultiertreiber, zwei einheimischen Männern und einem Ersatzführer. Bei Sonnenuntergang war er allein mit seinem Maultier an der Schneegrenze gestrandet, weil seine Begleiter nicht bereit gewesen waren, sich den Schluchten, frostigen Temperaturen und der Dunkelheit auszusetzen. »Es war ein wunderschönes Mondlicht«, erinnerte sich der Gelehrte, »und ich kannte das Terrain … als ich plötzlich von Nebel umhüllt wurde, der so dicht war, dass ich mich völlig darin verlor«.

Stundenlang irrte er durch den schwarzen Nebel, rutschte aus und stürzte zwischen hüfthohen Büscheln aus durchnässtem Gras. Der Regen verwandelte sich in Schneeregen. Irgendwann nach Mitternacht rollte er seinen zitternden Körper unter seinem Umhang zusammen, die Zügel des Maultiers um seinen Arm geschlungen, und wartete auf die Dämmerung. Da die bittere Kälte jedes Gefühl in seinen Gliedmaßen erstarren ließ, sah er sich um vier Uhr am Morgen gezwungen, sich hochzuquälen und auf die Füße zu pinkeln, um seinen Kreislauf wieder in Gang zu bringen. Beim ersten Morgenlicht, »frostgebeutelt«, stieg er zu einem Bauernhof ab, dessen Bewohner ein Feuer entzündeten und seine Lebensgeister wieder weckten. Am Abend war er zurück in Quito und rekrutierte neue Führer. Am folgenden Tag, dem 14. Februar, ging La Condamine erneut den umständlichen Weg nach Süden nach Chillogallo, über den Kamm nach Lloa und dann das lange Tal aufwärts zum Einschnitt zwischen den beiden Vulkanen, wo er Bouguer traf, der mit dem Zelt auf ihn wartete. Es war eine spektakuläre Stelle für ein Lager. Eingerahmt von den beiden Pichinchas, konnten sie den silbrigen Kegel des Cotopaxi sehen, der nur 30 Meilen südlich lag. Über ihren Köpfen erhob sich der Guagua Pichincha mit seinem blendenden, gestutzten Kegel. Es war so viel Schnee gefallen, dass die nackten Hänge aus Bimsstein und Lava darunter begraben lagen.

In den zwei Tagen, die Bouguer auf das Erscheinen von La Condamine gewartet hatte, hatte er die Flanken des Vulkans erkundet und nach einem Weg gesucht, der sie zu einem Durchgang im Rand des Kraters führen würde. Allerdings war die Ostseite des Vulkans von Rinnen durchzogen, die von Sturzbächen verursacht worden waren, und der tiefe Schnee behinderte den Aufstieg. Am 15. Februar suchten die beiden Männer weiter nach einem Durchgang. Am 16. versuchten sie, einen Felsgrat hinaufzuklettern, der direkt bis zum Kraterrand zu führen schien. Jenseits des Grats erhob sich ein steiler

Schneehang. La Condamine drängte allein weiter, verlor aber in den absinkenden Wolken die Orientierung. Bouguers Rufe führten ihn in die Sicherheit. Am 17. stritten sie. Bouguer wollte den Vulkan umrunden und versuchen, ihn von Westen aus zu bezwingen; La Condamine wollte auf den direkten Weg zurückkehren: »Ich bot mich selbst als Führer an«, sagte er, als würde dies Bouguer überzeugen, dass sie nicht in den Tod kletterten. La Condamine, der den tiefen Schnee mit einer Stange testete und beim Klettern Stufen in ihn hineintrat, strebte himmelwärts. Die Männer, die sie als Führer gemietet hatten, kehrten um. Je höher sie sich quälten, umso sicherer wurde La Condamine, dass sie sich dem Rand des Kraters näherten:

> Ich näherte mich vorsichtig einem nackten Felsen, der all jene auf dem Krater überragte. Ich umrundete ihn von der Außenseite, wo er in einer geneigten Ebene endete, die einigermaßen schwierigen Zugang bot: Wenn ich ausgerutscht wäre, dann wäre ich auf dem Schnee 500 oder 600 *Toises* zu den Felsen gerollt, wo ich sehr übel angekommen wäre. Monsieur Bouguer folgte mir dicht und warnte mich vor der Gefahr, die wir beide teilten: wir waren allein … Schließlich erreichten wir die Oberseite unseres Felsens, von wo wir den Schlund des Vulkans sahen.

Atemlos blickten die beiden Wissenschafter in den Krater, seine bloßen Wände »schwärzlich und geglüht« und am Grund »der zusammengefallene Schutt des Berggipfels während seiner Feuersbrunst: ein wirrer Haufen enormer Felsen, zerbrochen und unregelmäßig aufeinander geworfen, präsentierten sie sich meinen Augen als lebhaftes Bild des Chaos der Dichter«. Sie sahen keinen Rauch oder Dämpfe aus dem Krater aufsteigen, der fast kreisrund war, abgesehen von einem Durchbruch an seiner Westseite. Während der eisige Wind in ihre Gesichter fuhr und ihre Hände und Füße erstarren ließ, fummelte La Condamine mit seinem Kompass, um die Peilung für eine künftige Karte aufzunehmen. Schließlich schaffte es Bouguer, seinen Freund davon zu überzeugen, in die Sicherheit abzusteigen. Sie blieben noch für zwei Tage auf dem Guagua Pichincha und versuchten, eine gangbare Route in den Vulkan zu finden. Bevor sie wieder in die Stadt hinuntergingen, erlebten sie das außerordentliche Schauspiel des Cotopaxi, der plötzlich »in einem Wirbelwind aus Rauch« ausbrach.

Zurück in Quito stellten sie fest, dass Hugo die Arbeit an den beiden Teleskopen beendet hatte. Einige Tage später schickte Bouguer sein demontiertes Teleskop mit seinem Diener nach Norden nach Cochasquí, wo dieser das Observatorium für die letzte Runde der gleichzeitigen Beobachtungen vorbereiten sollte. Bouguers Ungeduld, die astronomischen Beobachtungen abzuschließen, wurde von La Condamines Zögern beantwortet. Er schien eine endlose Liste an Aufgaben zu haben, die noch zu erledigen waren, bevor er das Vizekönigreich verlassen konnte. Er erwartete eine Entscheidung in der »Pyramidenaffäre« und außerdem wurden noch Briefe wegen des Aufruhrs in Cuenca ausgetauscht. Der Gerichtsprozess hatte 1.000 Seiten an Dokumenten hervorgebracht, die La Condamine für den Transport nach Frankreich kopieren und in ein Folio binden ließ. Hugo baute für ihn ein neues Pendel mit einer Metallstange, das er dringend testen wollte, bevor er Quito verließ. La Condamine hatte außerdem einen kunstvollen bronzenen Gedenkmaßstab in Auftrag gegeben, der als dauerhaftes Andenken in der Stadt zurückbleiben sollte. Es mussten Experimente über die Ausdehnung verschiedener Metalle in unterschiedlichen Dicken abgeschlossen werden. La Condamine wollte jede der Metallproben jeweils der Sonne, kochendem Wasser und Schnee aussetzen. Tag und Nacht tauchten vor seinen Augen unvollendete Projekte und unwiderstehliche Ideen auf. Es war, als hätte jemand eine Kiste mit Sprungfedern geöffnet und die Kontrolle über ihre chaotischen Sprungbewegungen verloren. Er musste dringend noch Geld beschaffen, um für die Rückkehr nach Europa zu bezahlen. Objekte, die nicht länger gebraucht waren, wurden zum Verkauf angeboten. Das Zelt, das La Condamine in Saint-Domingue gekauft und auf zahllosen Bergen benutzt hatte – zuletzt auf dem Guagua Pichincha –, wurde auf dem Hauptplatz von Quito aufgebaut und für mehr als seinen Kaufpreis an »einen Herrn, der eine Leidenschaft für die Jagd hat« verkauft. Wertvolle Zeit wurde für die Planung der Reise zurück nach Frankreich aufgebracht. Natürlich hatte La Condamine beschlossen, nicht mit Bouguer über Cartagena de Indias zu reisen, sondern seinen Weg nach Hause über die interessanteste (und gefährlichste) Strecke zu nehmen, die es gab.

Bouguer wurde so ungeduldig, dass er ihm ein Ultimatum setzte: Wenn La Condamine nicht innerhalb von zwei Wochen zum Observatorium in Tarqui abreiste, würden die letzten Beobachtungen gestrichen werden. Nicht bereit, noch länger zu warten, reiste Bouguer zum Observatorium von Cochasquí ab. Verzweifelt schloss La Condamine die Einstellungen an seinem Zenitteleskop ab und demontierte und verpackte das Instrument dann in einer speziellen Kiste, die für den Transport nach Tarqui gebaut worden war. Getragen von sechs Trägern und begleitet von Morainville, verließ die Kiste Quito am 4. August. Am darauffolgenden Tag verpflichtete La Condamine Verguin, bei einer Reihe von Pendelexperimenten zu helfen, und erstieg am 9. den Pichincha mit seinem neuen Metallstangenpendel. Er kehrte erst sechs Tage später nach Quito zurück.

Als La Condamine am 14. August vom Pichincha herunterkam, musste er feststellen, dass sein Zimmer ausgeraubt worden war. Das schwere eiserne Lineal, auf dem er die Ergebnisse seiner Experimente zur Ausdehnung der Metalle vermerkt hatte, war verschwunden. Das Lineal wog sieben oder acht Pfund und hatte beim Verkauf in einer der finsteren Gassen von Quito vermutlich 7 oder 8 Unzen Silber eingebracht.

Der Diebstahl des Lineals kostete mehr als nur »die Frucht einer sehr mühsamen Arbeit«. Es war ein wertvolles Stück Metall. Da die wissenschaftliche Tätigkeit in Quito abgeschlossen war, wurde das Arsenal an Instrumenten die Währung für die Rettung der Expedition. Um für die lange Reise nach Hause bezahlen zu können, brauchten La Condamine und Bouguer jeden Piaster, den sie aufbringen konnten. Drei Tage nach dem Diebstahl schloss La Condamine einen Handel mit einem

Kanoniker ab, der »einen ausgesprochenen Geschmack an Maschinen« hatte. Für ihn war es eine schmerzliche Verhandlung, da das Instrument, das er verhökern wollte, sein geschätzter 3 Fuß großer Louville-Quadrant war, das zuverlässige, sperrige Biest, das er vor all diesen Jahren den Rio Esmeraldas hinaufgeschleppt hatte. Doch es hatte seinen Zweck erfüllt und die Kosten und der Aufwand für den Transport eines Instruments, das zwei Maultiere brauchte, um es zu bewegen, waren einfach zu hoch. Der Kanoniker händigte ihm 1.500 Livres für den Quadranten aus, 600 mehr, als La Condamine in Paris dafür bezahlt hatte. Im Namen Godins verkaufte er außerdem die Graham-Uhr, das vermutlich wertvollste Instrument, das die Anden überlebt hatte. Sie ging zum Rektor der Universität der Dominikaner in Quito. »Es ist so«, schrieb La Condamine, »dass in einem Land, in dem *les sciences & les arts* nicht allgemein kultiviert werden, eine kleine Anzahl an Menschen die Treuhänder dieses heiligen Feuers sind«. Tatsächlich brauchten sie das Geld.

Sechs Tage nach seinem Abstieg vom Pichincha gratulierte sich La Condamine dafür, dass er »alles losgeworden war, was [seinen] Weg verzögern könnte«. Er hatte die Instrumente, Bücher und Gepäckstücke zusammengetragen, die er in Tarqui und darüber hinaus brauchen würde. Für den 20. August hatte er einen Maultierzug bestellt, der sein Gepäck bis Cuenca tragen sollte. Angesichts des langsamen Trotts der Maultiere plante La Condamine, Quito zehn Tage später in einer *diligence* zu verlassen, einer der schnellen Kutschen, die entlang der Großen Straße nach Riobamba verkehrten.

Allerdings wusste er besser als jeder andere, dass peruanische Pläne die Angewohnheit hatten, sich in Luft aufzulösen. Am Morgen des 20. August wurde er wieder daran erinnert, dass er ein Besucher mit wenig Geld war. Seine bestellten Maultiere standen nicht zur Verfügung. Seine letzten zehn Tage in Quito waren geschäftig. Es gab eine ausstehende rechtliche Anordnung, einen Gerichtsbeamten zu den Pyramiden von Yaruquí zu begleiten. Außerdem wollte La Condamine ein letztes Planungstreffen mit Bouguer abhalten, der sich bereits im Observatorium von Cochasquí befand. Und er musste sich noch in El Quinche verabschieden. Diese angenehmen Pflichten konnten auf einer kurzen Reise durch die Gegend nördlich von Quito erledigt werden. Es war ein ergreifender Ausflug. Zusammen mit dem Beamten der *audiencia* traf er Bouguer an den Pyramiden und die beiden Forscher konnten ein letztes Mal entlang der Sichtlinien ihrer ersten Dreiecke zu den Signalen von Pichincha, Tanlagua und Pambamarca blicken, wo La Condamines Holzkreuz immer noch als winziger Umriss sichtbar war. Natürlich schaffte es La Condamine, aus der ganzen Angelegenheit spontan ein kleines Abenteuer zu machen.

Um Zeit zu sparen, hatten die beiden Gelehrten ihr Bettzeug und ihr Gepäck mit den Maultiertreibern am Rand einer tiefen *quebrada* an der Straße nach El Quinche zurückgelassen, wo sie einige Nächte bei ihrem Freund, dem Priester José Antonio Maldonado, verbringen wollten. Doch als sie die Pyramide von Caraburo verließen, schwand das Tageslicht bereits, und als sie die *quebrada* erreichten, erkannten sie, dass es zu spät war, um vor Anbruch der Nacht nach El Quinche zu kommen. La Condamine wollte nach El Quinche weiterreiten und die Maultiere und das Gepäck am nächsten Tag nachkommen lassen. Bouguer lehnte die Einladung seines Freundes für einen Nachtritt ab: Er »erinnerte sich offensichtlich an unser Abenteuer auf dem Coto-paxi«, schrieb La Condamine, und »wollte sein Bett nicht aus den Augen verlieren«. Natürlich schafften sie es nicht, sich zu einigen, sodass La Condamine in die Dunkelheit davonritt und Bouguer sein Bettzeug am Rand der *quebrada* ausrollte und sich auf eine Nacht unter den Sternen einstellte.

Die zwei Tage, die Bouguer und La Condamine bei »Docteur Don Joseph« in El Quinche zubrachten, erlaubten es den Wissenschaftlern sich »endgültig zu einigen« – wie La Condamine es ausdrückte –, welche Vorkehrungen sie in Bezug auf die gleichzeitigen Beobachtungen an den zwei Enden des Meridianbogens treffen sollten. Dies würde ihre letzte Chance sein, es richtig zu machen. Bouguer war fast so weit, mit den Beobachtungen in Cochasquí anzufangen. Da er noch Zeit für die Reise brauchte, wurden La Condamine zwei oder drei Wochen länger eingeräumt, um in Tarqui bereit zu sein. Dieses Mal würden die beiden Männer in der Lage sein, über eine Zwischenstation an der Hacienda Elén auf halbem Weg zwischen Quito und Cuenca einander von ihren Beobachtungen zu berichten. Sie kamen überein, alle 14 Tage Daten an den jeweils anderen zu senden. Am 27. August ritten sie für etwa eine Legua zusammen aus El Quinche heraus und dann trennten sich ihre Wege. Beide wussten, dass sie sich entweder in Frankreich wiedersehen würden. Oder niemals.

Zurück in Quito entdeckte La Condamine voller Entsetzen die zersplitterte Tür seines Arbeitszimmers. Er war schon wieder ausgeraubt worden. Nachdem er Bouguer Adieu gesagt hatte, war er am selben Tag, dem 27. August, nach Quito zurückgeritten. Er verfasste einen Bericht über die Pyramiden und lieferte ihn im Büro der *audiencia* ab. Dann packte er. Am 31. August erreichte er endlich »diesen langersehnten Augenblick, und [ich] war bereit abzureiten, als mir der grausamste und unvorhergesehenste Unfall passierte«.

Die Schatulle war verschwunden. Er hatte sie auf dem Tisch gelassen. Sie diente ihm zur Aufbewahrung seiner wertvollsten Besitztümer. Er hatte sie in Quito behalten, anstatt sie dem Maultierzug anzuvertrauen, der bereits nach Cuenca abgereist war. Unter ihrem verschlossenen Deckel waren seine verbliebenen Schätze: Ohrringe und Nasenringe aus Kupfer und Gold, gebohrte Smaragde, einige »kleine, filigrane Arbeiten aus sehr feinem Gold, gefunden nahe der Mündung des Flusses Sant-Iago«. In der Schatulle befand sich außerdem das Geld, das er für die Heimreise gesammelt hatte. Und die überaus wichtigen Journale mit seinen Beobachtungen und Berechnungen.

Es war die Art von Katastrophe, die einem das Blut in den Adern gefrieren lässt. Von den unzähligen Missgeschicken, die ihn in Peru befallen hatten, kam keines dem Verlust seiner Journale auch nur ansatzweise nahe. Sie waren alles, was er für die jahrelange Abwesenheit von der Akademie vorzuweisen hatte. Sie waren der Pass, den er für eine Rückkehr nach Paris benötigte. »Ich gebe zu«, erinnerte er sich später, »dass ich kurz davor war, mich der Verzweiflung anheim zu geben«.

Dumpf vor Panik wandte er sich an den *corregidor* von Quito, der am selben Tag einen Aufruf nach Zeugen herausgab, in dem er versprach, dass der Besitzer der gestohlenen Objekte auf das Geld verzichten würde, wenn er nur die Journale zurückbekäme. In dieser Nacht öffnete der Himmel seine Schleusen und auf die Dächer von Quito prasselte der Regen. Der Wasserstand in La Condamines Regenmesser stieg auf mehr als acht Striche.

Vierzig lange Stunden verharrte La Condamine im Niemandsland der Benommenheit. Am 2. September, bei Tagesanbruch, trat er aus der Tür seines Zimmers und fand neben der Wasserfontäne in der Mitte des Hofes ein Bündel. Voller Erleichterung öffnete er den Stoff und sah seine Journale. Später merkte er, dass zwei kleine Notizbücher fehlten. Es dauerte eine Weile, bis er erkannte, weshalb der Dieb sie behalten hatte. In eines der Notizbücher hatte La Condamine die Überschrift »Pitchincha« und in das andere »Coto-paxi« geschrieben. An beiden Bergen gab es angeblich unentdeckte Goldminen, »von denen viele Menschen glaubten, sie seien das geheime Ziel all unserer Reisen in die Berge gewesen«.

Der Raub und eine weitere Schwierigkeit mit der Gerichtsbarkeit in Quito wegen den *affaire des pyramides* hielten La Condamine noch bis zum 4. September in Quito fest. Doch endlich war es Zeit, aufzubrechen. Er verschenkte den Regenmesser an Vater Milanezio vom Jesuitenkolleg.

Als die Mauern von Quito hinter ihm immer kleiner wurden, bekannte er seine gemischten Gefühle:

> Man kann urteilen, dass dies [der Diebstahl] nach all den unangenehmen Angelegenheiten, die ich zwei Jahre lang in Quito erlebte, wahrscheinlich das Bedauern mäßigte, das ich beim Verlassen eines Ortes verspürte, der sich hervorragend für die Sanftheit und Gleichmäßigkeit seines Klimas empfahl, und an dem ich mich, nach einem mehrjährigen Aufenthalt, geschmeichelt fühlen darf, einige Freunde hinterlassen zu haben.

Er würde Quito nie wieder sehen.

Als er zum letzten Mal auf der Großen Straße entlang bummelte, musste La Condamine eine Reihe von Besuchen machen. Er hatte seinen Quadranten zu einem Anwesen in der Nähe des Cotopaxi vorausgeschickt, das seinem Freund, dem Marquis von Maenza, gehörte. Dort wollte er seine Reise unterbrechen und feststellen, ob der jüngste Ausbruch ausreichend Schnee geschmolzen hatte, um die Höhe des Vulkans zu verringern. Nicht zum ersten Mal ließen die Wolken der Anden seine wissenschaftlichen Untersuchungen »sinnlos« erscheinen, und der müde Gelehrte ritt nach nur einem Tag weiter nach Süden.

Außerhalb von Ambato hielt La Condamine wieder an, dieses Mal für einen kurzen Abstecher auf die Hacienda von Pedro Vicente Maldonado. Von den Maldonado-Brüdern stand Pedro La Condamine am nächsten.

Seine Arbeit an der Eröffnung der Esmeraldas-Straße, seine Kartografierungen und sein Darlehen für die Expedition hatten ihm die Dankbarkeit und Zuneigung der Wissenschaftler eingebracht. Und nun musste La Condamine einen Plan zum Abschluss bringen, der die zwei Männer in dasselbe risikoreiche Boot setzen würde. Sie vereinbarten, sich in Lagunas, auf der Ostseite der Anden, zu treffen und den Amazonas hinabzufahren. An der Küste würden sie sich dann ein Schiff suchen, das nach Europa segelte. Derjenige, der Lagunas als erster erreichte, sollte auf den anderen warten. Es war ein Plan von lässiger Flexibilität.

Von Ambato aus reisten La Condamine und Maldonado gemeinsam nach Süden zur Hacienda Elén außerhalb von Riobamba, auf der Maldonados Schwager, José Dávalos, und seine vielsprachigen Töchter zu Hause waren: die jungen Frauen, die La Condamine als *des Muses françaises* bezeichnet hatte. Die älteste der drei Töchter hatte sich von ihrer Hingabe nicht abbringen lassen. Vier Jahre, nachdem La Condamine die Hacienda zum ersten Mal betreten hatte und von dieser Familie aus Frankophonen bezaubert worden war, war María Estefanía immer noch entschlossen, karmelitische Nonne zu werden. Die Hacienda Elén war ein Ort, der den Mitgliedern der Expedition in der Vergangenheit viel Trost gespendet hatte. Und nun würde sie eine entscheidende Rolle im letzten Akt dieses astronomischen Epos spielen. Elén sollte während der bevorstehenden Beobachtungen in Tarqui und Cochasquí als Kommunikationsstützpunkt – als *correspondance sûre* – dienen.

La Condamine, der wieder auf der Großen Straße unterwegs war, bemühte sich, Cuenca schnell hinter sich zu lassen. Zwei Wochen waren vergangen, seit er Quito verlassen hatte. Seine Trödelei gefährdete seine Chance, seine Beobachtungen zeitgleich mit Bouguer durchzuführen. Cuenca war kein Ort, der glückliche Erinnerungen zurückgelassen hatte, oder viele Freunde. Als er seinen Koffer mit seiner Uhr und seiner Kleidung holen wollte, fand er den Deckel geöffnet. Die Hälfte des Inhaltes fehlte. Es hätte ein folgenreicher Diebstahl sein können, doch die Langfinger hatten die mysteriöse Kiste mit Zahnrädern und Pendeln ignoriert und sich stattdessen an der Kleidung bedient. Es sei ein Glück, so La Condamine, dass »die Diebe Hemden dringender benötigt hatten als mathematische Instrumente«.

Der Verlust seiner Hemden war ein Hinweis auf das, was noch kommen sollte. Das armselige, isolierte Observatorium von Tarqui war von Morainville vorbereitet worden, der einige Tage zuvor eingetroffen war. Das 12-Fuß-Zenitteleskop war an der Wand befestigt, doch La Condamine hatte Probleme, das Instrument auf den Meridian auszurichten. Sowohl der Gnomon als auch die eisernen Schellen fehlten. Bouguer hatte sie abgebaut und für die Verwendung im Observatorium von Cochasquí mitgenommen. Dann entdeckte La Condamine, dass einer der Füße seines Quadranten auf dem Weg von Quito hierher zusammen mit seinen Schrauben gestohlen worden war. Er fertigte ein Ersatzteil aus Holz an. Im Oktober fummelte er immer noch an der Drehachse des Teleskops herum und versuchte, deren Stabilität zu verbessern. Das Wetter war miserabel.

Er war seit einem Monat in Tarqui, als beunruhigende Briefe von Bouguer einzutreffen begannen, der seine Beobachtungen Ende August gestartet hatte und nun »glaubte, er habe genug getan, und dass er die gleichzeitigen Beobachtungen aufgab«. La Condamine hatte allen Grund, sich in seinem Antwortschreiben aufzuregen. Er wies darauf hin, dass Bouguer bei ihrem ersten Versuch einer gleichzeitigen Beobachtung drei Monate in Tarqui zugebracht hätte und dennoch kein einziges Ergebnis erzielen konnte.

Die Ungeduld, die M. Bouguer mir gegenüber ausdrückte, erhöhte meine eigene. Noch nie hat ein Pflüger, dem durch Stürme drohte, seine Ernte zu verlieren, sich inbrünstiger einen schönen Tag gewünscht als ich eine schöne Nacht; allerdings ließen die Regenfälle nur nach, um Platz zu machen für Nebel, die durch ihre Beständigkeit noch lästiger waren als der Regen selbst.

Bouguer willigte ein, zu bleiben. Die Feuchtigkeit störte den Lauf der Uhr, Erdbeben störten das Teleskop. Der November schien nur aus Regen, Nebel und Erschütterungen zu bestehen.

Ende November klarten die Nächte in Tarqui endlich auf, genau wie in Cochasquí. Am 29. beobachtete Bouguer den Zenit von Epsilon Orionis. La Condamine schaffte das auch. Am 30. war der Nachthimmel sowohl in Cochasquí als auch in Tarqui klar. Da sie nicht wussten, dass sie ihre ersten gleichzeitigen Beobachtungen geschafft hatten, blieben sie den ganzen Dezember hindurch an ihren Teleskopen und beobachteten den Himmel, wann immer dieser es zuließ. Endlich konnten sie gute Neuigkeiten austauschen. Die Briefe durchliefen den Kommunikationsstützpunkt Dávalos. Die Berechnungen begannen. Bouguer war zuerst fertig. Ende Januar 1743 berechnete er, dass die Länge eines Grades geografischer Breite am Äquator 56.753 *Toises* betrug. Angesichts der Tatsache, dass die Länge eines Breitengrads in Paris und am Polarkreis 57.060 *Toises* bzw. 57.437 *Toises* betrug, hatten sie ohne jeden Zweifel bewiesen, dass ein Grad geografischer Breite am Äquator kürzer war als an den Polen. Newton hatte recht gehabt. Frankreich und Spanien konnten den Erfolg ihrer gemeinsamen wissenschaftlichen Expedition für sich verbuchen. Großbritannien hatte das Newtonsche Manuskript und wichtige Hilfsmittel beigesteuert: die neuesten Instrumente. Die Form der Erde war durch internationale Zusammenarbeit ermittelt worden. Navigation und Handel könnten sich nun verbessern. Doch die Mission hatte noch viel mehr erreicht. Die sich gegenseitig ergänzenden Fertigkeiten, die konkurrierenden Interessen und die widersprüchlichen Charaktere hatten ihrer Neugier Impulse verliehen. Sie kehrten mit neuen Beobachtungen nach Europa zurück, die weit über die Geodäsie hinausgingen: von Chinin, Gummi und Platin bis Gravitation, Magnetismus und Aberration, von der Schallgeschwindigkeit bis zum Bedarf nach einer universellen Maßeinheit. La Condamine veröffentlichte die erste Vermessung eines wichtigen Inka-Ortes. Jorge Juan und Ulloa untersuchten Verbrechen an der Menschlichkeit. Die Geodätische Expedition an den Äquator war das Vorbild für eine neue Form der

Expedition, die von dem Drang motiviert war, zu *erkunden* und zu *entdecken*. Zwischen den Kordilleren waren sie als *los caballeros del punto fijo* bekannt geworden,»die Ritter des festen Punktes«. Das rätselhafte Messen und Beobachten waren seltsame Beschäftigungen in einer Welt, die ihren Bewohnern bereits bekannt war. Die Besucher aus Europa sammelten Entdeckungen und Geschichten. Während Godin, Bouguer und Jorge Juan sich auf den Kosmos der Zahlen konzentrierten, drechselten La Condamine und Ulloa Geschichten aus der Welt, die sie sehen, riechen, hören, schmecken und berühren konnten. Die Verbreitung des Wissens brauchte Zähler und Erzähler. Auf ihren französischen Pässen waren ihre Berufe als *Astronomes, Géomètres* und *Botanistes* angegeben. Südamerika hatte sie zu Geografen gemacht. Ein Jahrzehnt, das dem Erforschen der Küste und des Inneren des Kontinents gewidmet war, ließ das Bild einer eng miteinander verbundenen Welt entstehen, in der ausbrechende Vulkane und strotzende Regenwälder ebenso zu finden waren wie Ackerland und Abgründe, die durch schmelzende Schneemassen geschaffen wurden. Dörfer, die seit der Zeit der Inkas bewohnt wurden, teilten sich die Täler mit modernen spanischen Städten mit Kirchen und einer Plaza im Zentrum. Balsaflöße, Einbäume und Galeonen befuhren dieselben Seewege. Die menschengemachte Geografie aus Stadt und Land bildete ein Nervensystem aus Völkern, dessen Kapillaren Südamerika, die Karibik, Afrika und Europa durchzogen: Es gab Gesellschaftsklassen, in denen derartige Ungleichheit und Ungerechtigkeit herrschte, dass Ulloa tief bewegt war. Fünf Jahre, bevor die Expedition aus Rochefort abgesegelt war, hatte die Akademie ihren ersten Geografen berufen. In den Jahren nach der Rückkehr der Expedition wurde die Geografie als eine neue Wissenschaft anerkannt, die aus der Astronomie die Disziplinen des Vermessens und Kartografierens übernahm und auf ein Publikum traf, das begierig war, die alles umfassende Macht der physischen Welt zu verstehen. Während er seine Sachen packte, um Lima in Richtung Kap Hoorn zu verlassen und nach Hause zu segeln, sinnierte Ulloa, dass sein König »nicht vollkommen in seinen großzügigen Darstellungen enttäuscht sein würde, die nützlichen Wissenschaften der Geografie und Navigation zu fördern«.

Die Geodätische Expedition an den Äquator zeigte, wie ein zusammengewürfelter Haufen Menschen aus verschiedenen Ländern und unterschiedlicher Herkunft ihre geballte Geisteskraft einsetzen konnte, um gemeinsame Probleme zu lösen. Sie waren innovativ. Sie kombinierten ihre Ideen. Sie erkannten, dass das hartnäckige Hinarbeiten auf schrittweise Verbesserungen zu einem Ergebnis führen würde. Sie erprobten die Wissenschaft der Zukunft.

14

Pierre Bouguer

Nachdem er Quito im Februar 1743 verlassen hatte, war Bouguer das erste Mitglied der Expedition, das Europa erreichte. Nach seiner anstrengenden siebenmonatigen Reise auf dem Landweg nach Cartagena de Indias blieben ihm nur wenige Mittel. Er konnte ein Schiff nach Saint-Domingue besteigen, wo er seinen Sklaven verkaufte, seinen Diener entließ und sich 2.000 Livres für die Weiterfahrt nach Europa sicherte. Er überquerte den Atlantik auf einem irischen Sklavenschiff und kam im Mai 1744 in Frankreich an. Im darauffolgenden Monat betrat er den Louvre, entschlossen, das Beste aus seiner neunjährigen Abwesenheit herauszuholen. Er wurde zum gefeierten Wissenschaftler der Akademie und veröffentlichte Schriften zu Astronomie und Mathematik, Navigation und Physik. 1746 brachte er sein lange hinausgeschobenes Werk zur Schiffsarchitektur heraus, *Traité du navire*. 1749 folgte *La figure de la terre*, ein ausführlicher Bericht über die Geodätische Expedition an den Äquator. Während Godin in Verruf geriet, wurde Bouguer zum Direktor der Akademie. Krater auf dem Mars und dem Mond tragen heute den Namen des widerstrebenden Seefahrers aus der Bretagne. Meteorologen kennen den Bouguerschen Lichthof (Halo), das

Phänomen, das er auf dem Pambamarca beobachtet hatte, wenn sein von hinten beleuchtetes, mit einem Regenbogen bekröntes Bild auf eine Wolke projiziert wurde. In der Geologie werden mit »Bouguer-Anomalien« Variationen im Schwerefeld der Erde bezeichnet, die durch Unterschiede der Dichte des zugrundeliegenden Gesteins verursacht werden. In der Bretagne blickt eine Statue des berühmtesten Sohnes von Le Croisic über den Hafen, einen Quadranten an der Hüfte und eine Triangulationskarte in der Hand haltend. Pierre Bouguer, abstinent in Peru und unverheiratet in Paris, war mit der Wissenschaft vermählt. Anfang 1758 fiel er der Amöbenruhr zum Opfer.

Charles-Marie de La Condamine

Als er am südlichen Ende der Kette aus Dreiecken zusammen mit Morainville seine astronomischen Beobachtungen erfolgreich abgeschlossen hatte, wollte La Condamine den schwierigen Weg nach Hause aufnehmen. Gemeinsam mit einem der Sklaven, die er von Seniergues geerbt hatte, verließ er Tarqui am 1. Mai 1743 und nahm die Straße nach Loja, wo er Schösslinge des Chinarindenbaums sammelte und Attentätern entging, die sich für die Verhaftung von Cuencas *alcalde* rächen wollten. Bergpfade, Furten und schwankende Brücken aus Lianen führten ihn durch die Kordilleren zum Oberlauf des Amazonas. An einem Nebenfluss des Marañon gab La Condamine den Bau eines Balsafloßes in Auftrag. Als er die berüchtigten Strudel und Stromschnellen des Pongo de Manseriche hinunterraste, schleuderte er mit dem Floß immer wieder gegen die Felsen. Er hielt fest, dass er für seine Fahrt durch die Stromschnellen 57 Minuten gebraucht hatte und »an einem Süßwassersee, umgeben von einem Labyrinth aus Seen, Flüssen und Kanälen, die in alle Richtungen die Düsternis eines riesigen Waldes durchdrangen« herauskam. In Lagunas kam es zu dem geplanten Treffen mit Maldonado und sie fuhren den Amazonas in zwei 40 Fuß langen Einbäumen herunter. Während der Reise machten sie Aufzeichnungen über die physische und menschliche Geografie, erstellten Karten, sammelten Proben und führten Experimente durch. Am 27. September 1743 erreichten sie die Küstenstadt Belém. Krieg verzögerte die Rückkehr nach Frankreich und so kam La Condamine erst im Februar 1745 in Paris an. Im Louvre stand die Akademie ganz im Banne Bouguers. Während Bouguer sich an die harten Fakten der Wissenschaft hielt, wurde La Condamine zum beliebten Sprachrohr für die außerordentlichen Abenteuer der Expedition in Südamerika. Voltaire schrieb, dass sein Freund auf dem Weg zur Akademie auf einen *café au lait* hereinschaute, und La Condamine dokumentierte ausführlich seine Erfahrungen und Entdeckungen in Peru. *Journal du voyage fait par ordre du Roi à l'Equateur* und *Mesure des trois premiers degrés du méridien dans l'hémisphère austral* wurden 1751 veröffentlicht. Er schrieb außerdem – und war damit seiner Zeit weit voraus – einen Artikel, in dem er vorschlug, dass alle Nationen eine standardisierte Längeneinheit einführen sollten. Es würde allerdings noch ein halbes Jahrhundert dauern, bevor der Meter im französischen Gesetz offiziell als ein Zehnmillionstel der Strecke vom Nordpol zum Äquator definiert wurde. 1756 heiratete La Condamine. 1774 bestand er darauf, sich als Versuchspatient einer neuen Form von Leistenbruchoperation zu unterziehen und starb an Blutvergiftung. Seine Papiere vermachte er seinem alten Freund Maupertuis.

Jorge Juan y Santacilia

Als Jorge Juan und Ulloa im Januar 1744 von ihren militärischen Pflichten zurückkehrten, fanden sie Godin allein in Quito vor. Zwischen Januar und März 1744 weiteten die drei Männer die Dreiecke nordwärts bis zum Observatorium von Mira aus und nutzten dann das beschlagnahmte 20-Fuß-Zenitteleskop, um die astronomischen Beobachtungen abzuschließen, die das Nordende der Kette fixieren würden. Anders als Bouguer und La Condamine versuchte das Trio nicht, gleichzeitig Beobachtungen an beiden Enden der Kette aus Dreiecken vorzunehmen. Ihr endgültiger berechneter Wert für die Länge eines Breitengrads betrug 56.767 *Toises*, war also 14 *Toises* (90 Fuß) länger als der Wert, den Bouguer und La Condamine ermittelt hatten. Es war eine bemerkenswert kleine Diskrepanz und dazu noch eine, die die Schlussfolgerung stützte, die Welt sei in der Tat an den Polen abgeplattet. Vor ihrer Rückkehr nach Europa verdoppelten die beiden Leutnants ihre Ergebnisse und bestiegen dann separate Schiffe für den Fall, dass einer von ihnen die Reise nicht überleben sollte. Die zwei Schiffe segelten im Oktober 1744 aus Callao ab

Richtung Kap Hoorn und dann in den Atlantik. Jorge Juan erreichte Madrid Anfang 1746. Er wurde zum Kapitän befördert und erhielt vom spanischen Minister Marqués de la Ensenada den Auftrag, zusammen mit Ulloa auf Regierungskosten einen Bericht über die Expedition zu verfassen. Jorge Juans Beitrag war ein Band, der die wissenschaftlichen Aspekte der zehnjährigen Expedition behandelte. 1749 wurde Jorge Juan als Spion nach England geschickt. Er reiste als »Mr. Josues« und sammelte Informationen über die Konstruktion und die Bewaffnung von Schiffen und übermittelte seine Erkenntnisse in Form eines Zahlencodes an Ensenada. In seiner nachfolgenden Rolle als königlicher Problemlöser arbeitete er in den Bereichen Verteidigung und Ingenieurwesen, Bergbau und Bewässerung. 1767 wurde er zum Botschafter in Marokko ernannt und seine letzten Jahre verbrachte er in Madrid als Leiter der Königlichen Adelsschule. Er blieb unverheiratet und starb 1773. Im Laufe der Zeit führten seine Errungenschaften immer wieder zu Anerkennung: Im 20. Jahrhundert trugen zwei Zerstörer der spanischen Marine seinen Namen, es gibt eine Calle Jorge Juan in seiner Heimatstadt Valencia und sein Porträt war auf der Rückseite einer 10.000-Peseta-Banknote zu finden.

Antonio de Ulloa y de la Torre-Guiral

Als der jüngere der beiden spanischen Leutnants der Expedition war Ulloa seinem Freund in den meisten Angelegenheiten untergeordnet, und als die beiden

Männer 1744 Callao verließen, befand sich Ulloa an Bord des kleineren der beiden Handelsschiffe, der langsamen und undichten *Notre Dame de la Délivrance*. Nachdem sie sicher das Kap Hoorn umrundet hatte, suchte die *Délivrance* in Louisbourg Schutz vor den Briten, da man auf dem Schiff nicht wusste, dass der Hafen besetzt worden war. Um zu verhindern, dass heikle Informationen in die Hände des Feindes fallen, warf Ulloa viele seiner Papiere über Bord. Er überquerte den Atlantik als Gefangener der Briten, die ihn in der Nähe von Portsmouth einsperrten. Irgendwann hörte der Präsident der Royal Society in London, dass ein Mitglied der Geodätischen Expedition an den Äquator in einem Gefängnis in Hampshire festsaß. Ulloa wurde freigelassen und erreichte Madrid mehrere Monate nach Jorge Juan im Juli 1746. Zwei Wochen nach ihrer Wiedervereinigung reichten die beiden Männer ihr Buchprojekt ein. Vier der fünf Bände wurden von Ulloa geschrieben. Die spannende geografische Darstellung wurde 1748 veröffentlicht und in mehrere Sprachen übersetzt (unter anderem als *A Voyage to South America* ins Englische). Nachdem Ulloa sein Meisterwerk beendet hatte, wurde er von der Regierung angewiesen, »einen vertraulichen Bericht über die zivile und politische Regierung dieser Königreiche« in Südamerika einzureichen. In diesem Bericht startete Ulloa einen uneingeschränkten Angriff auf die Übel des kolonialen Spanien: die Ungerechtigkeit des *mita*-Systems, die Tyrannei der *corregidores*, die Ausbeutung der Dörfler durch die Priester und die gesellschaftlichen Abgründe zwischen den europäischen Spaniern und den etablierten Siedlern. Wäre Ulloas

Geheimbericht im 18. Jahrhundert veröffentlicht worden, hätte er Schockwellen durch Spanien geschickt. *Secret News about America* wurde schließlich 1826 veröffentlicht und bleibt eine der wichtigsten Arbeiten, die aus der Geodätischen Expedition an den Äquator hervorgegangen ist. Ulloas Hingabe an das Schreiben, Lesen, die Forschung und das Experimentieren wurde durch seine Versetzung zurück nach Peru unterbrochen, wo er die Korruption in den Quecksilber-Bergwerken eliminieren sollte, sowie seine Einsetzung als Gouverneur von Louisiana in New Orleans. Zweimal wurde er als Kommandeur eines atlantischen Geschwaders zurück auf See befohlen. In Cádiz führte ihn seine Neugier zur Beschäftigung mit Elektrizität und künstlichem Magnetismus, Sonnenreflexion und dem Blutkreislauf von Fischen. Außerdem arbeitete er an dokumentenechter Tinte, Buchbinderei und Druckverfahren und führte feinere Wollen für die spanischen Weber ein. Ein englischer Geistlicher, der Ulloa Ende der 1780er-Jahre besuchte, überlieferte eine berührende Beschreibung der Szene: »Dieser große Mann, winzig von Statur, bemerkenswert dünn und vom Alter gebeugt, gekleidet wie ein Bauer« belegte einen Raum, der 20 mal 14 Fuß maß, in dem »durcheinander Stühle, Tische, Koffer, Kisten, Bücher und Papiere, ein Bett, eine Druckerpresse, Schirme, Kleidung, Zimmermannswerkzeuge, mathematische Instrumente, ein Barometer, eine Uhr, Gewehre, Bilder, Vergrößerungsgläser, Fossilien, Mineralien und Muscheln, sein Wasserkessel, Krüge, amerikanische Antiquitäten, Geld … verstreut waren«. Ulloa schrieb bis an sein Lebensende. *Conversaciones de Ulloa con sus tres hijos en servicio de la Marina* (Gespräche mit seinen drei Söhnen im Dienst der Marine) erschien 1795, seinem Todesjahr.

Louis Godin

Als die Expedition sich 1744 auflöste, hatte ihr einstiger Anführer den Willen und die Mittel verloren, seinen eigenen definitiven Wert für die Form der Erde zu berechnen. Er hatte Schulden und seine Gefährten waren fort. In Paris beschuldigte ihn Maupertuis, »wegen all der Unterschlagungen entehrt« zu sein, »unerbittlichen Hass und Zwietracht« unter seinen Mitreisenden zu säen und letztendlich so »blamiert und ängstlich« zu sein, dass er Zuflucht in Peru gesucht habe. Im Dezember 1745 wurde Godin zu seiner Schande aus der französischen Akademie der Wissenschaften entlassen. Er war zu dieser Zeit bereits in Lima, wo er eine gutbezahlte Professur für Mathematik an der Universität San Marcos angenommen hatte. Der Posten war durch den Tod des langjährigen Freundes und Mentors der Expedition Pedro de Peralta y Barnuevo freigeworden. Zwei Jahre später wurde die Stadt durch ein Erdbeben verwüstet, das Tausende tötete und Godins kurze Universitätskarriere beendete. Er spielte in der Folge eine wichtige Rolle als Vermesser und Stadtplaner beim Wiederaufbau der Stadt. Godin behielt die Mehrzahl der Beobachtungen und Journale, die er während seiner Jahre bei der Mission in Peru gesammelt hatte, für sich und gab niemals einen offiziellen Bericht über die Expedition ab. 1751 kehrte er nach Paris zurück, wo er mit seiner Frau, Rose Angélique, wiedervereint wurde. Ermutigt durch Jorge Juan und Ulloa zog das Paar nach Spanien. Dort wurde Godin zum Direktor der Marineakademie in Cádiz ernannt. Die Akademie der Wissenschaften nahm Godin schließlich wieder auf, doch vier Jahre später starb er im Alter von 58 Jahren an einem Schlaganfall.

Joseph de Jussieu

Als die Expedition sich auflöste, war Jussieu mittellos und krank. Der melancholische Arzt brauchte zwei Jahre, um ausreichend Geld für die Heimreise zusammenzubringen, wurde aber in Quito durch eine Pockenepidemie festgehalten. 1747 reiste er nach Lima, wo er Louis Godin wiedertraf. Die beiden unternahmen eine Reise an den Titicaca-See, wo Jussieu Wasservögel erforschte. Nachdem er Godin verlassen hatte, zog Jussieu in die Silberbergbaustadt Potosí und kümmerte sich dort um das Schicksal der Bergleute, die vom Quecksilber vergiftet wurden. Er blieb dort vier Jahre, bevor er 1755 deprimiert und erschöpft nach Lima zurückkehrte. Er hat sich nie wieder vollkommen erholt. 1771, nach 36 Jahren in der Ferne und auf wiederholtes Bitten seiner Familie hin reiste er nach Frankreich zurück, wo er seine letzten Lebensjahre niedergeschlagen und bettlägerig verbrachte, gepflegt von seinem Bruder Bernard und seinem Neffen Antoine-Laurent. Seine umfassenden botanischen Entdeckungen hat er niemals veröffentlicht und ein Großteil seiner Sammlungen ging während seiner Reisen verloren.

Jean-Joseph Verguin

In den veröffentlichten Berichten über die Expedition sind die Rollen, die die vier französischen Spezialisten – Jussieu, Verguin, Morainville und Hugo – spielten, deutlich unterrepräsentiert. Verguin, der Kartograf und Ingenieur, war ein vielseitiger, praktischer Mitarbeiter an den sich entwickelnden Projekten der Mission, die Art von Person, die unverzichtbar wird, wenn die Herausforderungen sich vervielfachen. Einer seiner wichtigsten Beiträge war der Kartenentwurf, den er im Juli 1738 in Quito fertigstellte und der den Vermessungsteams einen Überblick darüber verschaffte, was sie in der ersten Runde der Triangulation geschafft hatten. Eine nachfolgende Karte von Verguin zeigte die vollständige Kette der Dreiecke, die sich wie ein Gitter zwischen den 200 Meilen voneinander entfernt liegenden Grundlinien erstreckte. Nachdem die Arbeit der Expedition abgeschlossen war, wurde Verguin wegen einer Krankheit in Quito festgehalten und verließ Peru erst 1745, zwei Jahre nach Bouguer. Als er Frankreich und seine Heimatstadt Toulon schließlich erreichte, musste er feststellen, dass seine Frau verstorben war und seine zwei Kinder bei der Großmutter aufwuchsen. Verguin heiratete erneut und kehrte zu seiner Tätigkeit als Ingenieur für den Hafen von Toulon zurück. Sein überaus genauer Plan des Arsenals und der Docks von Toulon aus dem Jahre 1752 ist das Bild einer Ordnung, die sich in den karibischen und südamerikanischen Häfen, die er während seiner zehnjährigen Abwesenheit besucht hatte, nicht gezeigt hatte. Für seinen Beitrag zur Geodätischen Expedition an den Äquator wurde er zum korrespondierenden Mitglied der Akademie der Wissenschaften ernannt. Er starb im April 1777 im Alter von 75 Jahren.

Jean-Louis de Morainville

Morainvilles Beitrag, der als Zeichner und Künstler auf die Expedition mitgenommen wurde, ging weit über das hinaus, was sein ursprünglicher Auftrag gewesen war. Er war ein wichtiges Mitglied der Triangulationsteams und arbeitete mit La Condamine an den astronomischen Beobachtungen. Er half La Condamine dabei, die verhängnisvollen Yaruquí-Pyramiden zu bauen und zeichnete die Monumente für die Veröffentlichung. Sein vielleicht krönendes Andenken war der *Plan de Quito*. Morainville stellte die Karte 1741 zusammen; es war der erste detaillierte Stadtplan von Quito, der veröffentlicht wurde und er bleibt eine einzigartige Momentaufnahme einer spanischen Kolonialstadt aus der Mitte des 18. Jahrhunderts. Morainville fertigte auch eine der frühesten detaillierten Zeichnungen des Chinarindenbaums an. Der Zeichner und Künstler, der von Anfang an bis zu seiner Auflösung ein solch unschätzbares Mitglied des Teams gewesen war, wurde von der Akademie im Stich gelassen. Versuche, eine Entschädigung von Maurepas einzufordern, schlugen fehl. Morainville sah Frankreich und seine Frau nie wieder. Er fand Arbeit als Künstler und Architekt und half etwa im Jahr 1765, als er 58 Jahre alt war, bei der Reparatur der Kirche in Sicalpa am Rand von Riobamba, wo er vom Gerüst stürzte und starb.

Théodore Hugo

Für dieses faszinierende, wenig dokumentierte Mitglied der Expedition ist kein Geburtsdatum bekannt. Vermutlich war er Ende zwanzig oder Anfang dreißig, als die Expedition von Rochefort in See stach. Dank seines Gewerbes als Uhrmacher war er ein geübter Feinmechaniker und besaß umfassende Kenntnisse in der Metallbearbeitung, vom Drehen an einer Drehbank bis zum Gewindeschneiden und Gießen. Für La Condamine war er der »stolze Hugo, unser Uhrmacher« und »*Sieur* Hugo, unser Instrumenteningenieur«. Der *horloger*, dessen technische Expertise die Arbeit der Expedition überhaupt erst möglich gemacht hatte, wurde zum größten Teil aus den veröffentlichten Berichten herausgeschrieben und schließlich von der Akademie in Peru im Stich gelassen. Auch Hugo versuchte erfolglos, Gelder von Maurepas einzufordern. Er gab seinen Beruf schließlich auf und wandte sich in Quito der Herstellung von Fliesen zu. Außerdem heiratete er eine Frau aus dem Ort, mit der er mehrere Kinder bekam. Er starb etwa 1781.

Jean-Baptiste Godin des Odonais

Nach seinem treuen und unermüdlichen Dienst als »Signalträger« und astronomischer Assistent der Expedition nahm Godin des Odonais den Textilhandel auf und ließ sich mit Isabel Gramesón in Quito nieder, wo ihr erstes Kind geboren wurde. Sie planten, Geld für die Reise nach Frankreich zu sparen, aber das Schicksal wollte es anders. Ihr Baby starb und weder der Textilhandel noch der Versuch, Geld mit dem Eintreiben von Steuern zu verdienen, führte zu dauerhaftem Erfolg. Als 1744 eine Epidemie in Quito tobte, zogen sie gemeinsam mit Isabels erweiterter Familie in das gesündere Klima von Riobamba. Ein zweites und ein drittes Kind starben und dann erhielt Godin des Odonais im Jahre 1748 einen Brief aus Frankreich, der acht Jahre zuvor geschrieben worden war. Darin erfuhr er vom Tod seines Vaters und dem Wunsch seiner Familie, er möge nach Hause, nach St-Amand-Montrond, zurückkehren. Er entwickelte einen Plan, der so waghalsig war wie der seines Mentors und Helden La Condamine: Er würde den Amazonas hinab bis zum Atlantik fahren und dann, wenn er die Machbarkeit der Route überprüft hatte, den Amazonas wieder hinaufkommen, um Isabel zu holen, die erneut schwanger war. Dann würden sie zusammen den Amazonas hinunterfahren und nach Frankreich segeln. Im März 1749 brach Godin des Odonais den Amazonas hinab auf und folgte damit dem Weg, den La Condamine sechs Jahre zuvor genommen hatte. Nach sieben Monaten erreichte er den Atlantik, konnte aber nicht wieder flussaufwärts umkehren, da ihm das Geld fehlte und die portugiesischen Behörden sich ihm in den Weg stellten. Wiederholte Versuche, Geld zu beschaffen und eine Genehmigung zu erhalten, schlugen fehl. Neunzehn Jahre, nachdem sie sich getrennt hatten, machte sich Isabel mit einer Gruppe von 40 Begleitern den Amazonas hinab auf den Weg, um zu versuchen, die Küste zu erreichen, wo Godin des Odonais immer noch wartete. Der größte Teil ihrer Gruppe starb auf der Reise. Sie war gezwungen, allein den Regenwald zu durchwandern, bis sie von Dörflern gerettet wurde, die sie gesundpflegten. Am 18. Juli 1770 wurde sie mit ihrem Mann wieder vereint. Im Juni des folgenden Jahres waren sie in Frankreich. Das Paar zog sich auf das Familienanwesen in St-Amand-Montrond zurück. Jean schaffte es nie, sein Buch über die Grammatik der Quechua-Sprache zu veröffentlichen, doch La Condamine nahm in eine spätere Ausgabe seines eigenen Buches einen von Jean geschriebenen, 7.000 Wörter langen Bericht über Isabels erstaunliche Reise auf. Mithilfe der Bemühungen La Condamines wurde Godin des Odonais schließlich eine Pension für seine Dienste als »offizieller Geograf des Königs« gewährt. Er starb 1792 mit 79 Jahren. Isabel starb sieben Monate nach ihm im Alter von 65. Im Jahr 2004 wurde aus ihrer Geschichte ein Bestseller von Robert Whitaker: *The Mapmaker's Wife, A True Tale of Love, Murder and Survival in the Amazon* (2005 auf Deutsch erschienen unter dem Titel *Die Frau des Kartographen und das Rätsel um die Form der Erde*). Heute ist St-Amand-Montrond die Partnerstadt von Riobamba.

Jean Seniergues

Der mit fünfunddreißig Jahren ermordete Chirurg übte im Tod einen größeren Einfluss auf die Expedition aus als im Leben. Sein Abstecher nach Cartagena de Indias zum Geldverdienen ließ ihn lange abwesend sein, und seine zunehmende Gier auf Reichtümer schmälerte seinen Beitrag. Nach der blutigen »Cuenca-Affäre« lenkte La Condamines besessene Verfolgung der Mörder den Wissenschaftler in den letzten drei Jahren der Geodäsie immer wieder von seiner eigentlichen Aufgabe ab. Larrie D. Ferreiro, dessen überragendes Buch *Measure of the Earth* der umfassendste Bericht über die Expedition ist, fragte sich, ob Seniergues an paranoider Schizophrenie im Frühstadium litt. Die Kampfeslust und Raffgier, für die der Chirurg anfällig war, kann für seinen sensibleren Freund Joseph de Jussieu nicht einfach zu ertragen gewesen sein.

Jacques Couplet-Viguier

Der junge Jacques war eines der zufälligen Opfer der Expedition. Laut La Condamine war er der »robusteste« von allen. Seine Anwesenheit bei der ersten Aufklärungsreise außerhalb von Quito auf der Suche nach einer Grundlinie war ein Zeichen dafür, wie begierig er war, etwas zu der Expedition beizutragen und ein aufregendes neues Land zu sehen und zu erleben. Er war siebzehn, als er aus Frankreich absegelte und achtzehn, als er in Cayambe am »fauligen Fieber« starb.

Grangier

»Ich zähle nicht auf, wie viele unserer Diener, weiße ebenso wie farbige, im Verlaufe unserer Reisen starben, zwei von ihnen eines gewaltsamen Todes«: Charles-Marie de La Condamine, 1751.

Zweihundert Jahre, nachdem diese Worte geschrieben wurden, scheinen sie unbegreiflich zu sein. Die zwölf Männer aus Frankreich und Spanien, deren Aktivitäten auf ihrer Expedition ausführlich dokumentiert sind, wurden von einer wechselnden Besetzung aus mehr als einem Dutzend Dienern und Sklaven begleitet. Von diesen *domestiques* ist der Diener, den Bouguer 1735 in Saint-Domingue eingestellt hatte, der einzige, über dessen Verbleib nach der Auflösung der Expedition noch etwas gesagt werden kann.

Grangier erduldete die gesamte Expedition und erwarb Fertigkeiten, wie etwa das Vermessen, die Kartografie und das astronomische Beobachten. Er arbeitete mit Bouguer in dem »geheimen« Observatorium am Rand von Quito sowie im Observatorium von Cochasquí. Als die Beobachtungen 1743 abgeschlossen waren, begleitete er Bouguer auf dem langen Landweg nach Cartagena de Indias und dann weiter per Schiff nach Saint-Domingue. Dort wurde er entlassen und fand eine Anstellung als königlicher Vermesser für die französische Kolonie. Es besteht die Möglichkeit, dass Grangier noch am Leben war, als der Plantagensklave François-Dominique Toussaint-Louverture den Aufstand anführte, der die französische Kolonialherrschaft von Saint-Domingue stürzte und die erste von Sklaven ausgerufene Republik der Welt einrichtete.

Anhang

Liebe Leserinnen und Leser,

vielen Dank! Wo wären wir Autoren ohne Sie? Sie wissen inzwischen, dass dies eine Geschichte und kein akademisches Nachschlagewerk ist. Ich würde meinen Schreibtisch gern mit einem Schiffsdeck vertauschen und mit Wissenschaftlern lossegeln, um nach Lösungen zu suchen. Dieses Buch, das während der Pandemie geschrieben wurde, ist eine Lockdown-Entdeckungsreise, die mich zu den Höhen und Tiefen der Neuen Welt geführt hat: ins Dachgeschoss und in die Küche. Eine Zeit lang konnte ich noch mit dem Fahrrad in die London Library fahren, aus der ich beladen wie eine Galeone mit bibliografischen Schätzen zurückkehrte. Der größte Teil meiner Rohmaterialien stammt aus Büchern, Zeitschriften und Online-Bibliotheken. Der Dachboden enthüllte eine Archivkiste mit Notizbüchern, Karten und verschiedenen Quittungen und Papieren, die ich dort verstaut hatte, nachdem ich 1989 zu Fuß, per Bus, mit dem Einbaum (ein Boot aus einem Baumstamm) und dem Dampfzug durch Ecuador gereist war. Viele der Orte in dieser Geschichte erwachten zum Leben, als ich ihre hingekritzelten Beschreibungen in diesem vergessenen Notizbuch wiederentdeckte. Ich war mit einer Taschenbuchausgabe von *The Conquest of the Incas* von John Hemming gereist, der das Hin und Her der Eroberer und Inkas durch dieses spektakuläre Land für mich erschloss. Außerdem wurde ich von einer wunderschönen jungen Frau begleitet und hatte einen Heiratsantrag im Sinn, als ich eine romantische Bergwanderung auf einem alten Inka-Weg in den Bergen oberhalb von Alausi vorschlug. Genau wie die Forscher der 1730er-Jahre waren wir nicht auf die Härten des Bergwanderns in den Anden vorbereitet und verbrachten unsere erste Nacht bei über 4.000 Metern Höhe eisbedeckt in Müllsäcken, die wir an einem Marktstand gekauft hatten. Am folgenden Tag überquerten wir den langen, ungeschützten Kamm der Cuchilla Tres Cruces, nur wenige Kilometer von dem Signal entfernt, an dem Bouguer, La Condamine und Ulloa mehr als zwei Jahrhunderte zuvor gekauert hatten, ihr Zelt in Fetzen und dessen Zeltstangen von heftigen Stürmen zerknickt. Meine Fotografien zeigen einen blauen Horizont, an dem silberne Vulkane und zerklüftete Grate aufragen, die den Hintergrund dieser Geschichte bilden. Nachdem wir drei Tage ein wenig verloren in den Anden herumgewandert waren, kamen wir zu den Ruinen von Ingapirca, an denen La Condamine seine bahnbrechende Vermessung eines Inka-Ortes durchgeführt hatte.

Die Recherche für dieses Buch war also eine Übung in erzählender Archäologie, bei der ich Informationsfetzen aus einer Vielzahl von Quellen ausgegraben und diese dann in einer Reihenfolge angeordnet habe, die dem Thema gerecht wird. Ich hatte mich gefragt, ob ich in das fertige Buch die Fußnoten aufnehmen sollte, die sich angesammelt hatten, als ich meine Recherchen sortierte. Die meisten sind schnöde Fakten, die die Quelle eines Zitats angeben oder erklären, wie ich zu dem Schluss gekommen bin, weshalb der »Sinasaguan« der Expedition wahrscheinlich der heute so genannte Gipfel des Naupan ist. Einige der Fußnoten enthalten

Abschweifungen des Autors in obskures Wissen, wie die Wirksamkeit von in Pfeffer und Schießpulver gezogenen Zitronen als Heilmittel für ein Gangrän des Rektums. Glückliche Stunden wurden dem Definieren des Wortes »*canonnière*« gewidmet, das – laut der Ausgabe des *Boy's Own Annual* von 1883 – ein kleines Militärzelt war. Ich bin ein Fan von Fußnoten, doch in der letzten Zählung hatte das Buch 796 von ihnen, mit fast 28.000 Wörtern. Ich wollte allerdings um keinen Preis, dass diese Geschichte mit ablenkenden persönlichen Schwärmereien vollgestopft ist, weshalb ich sie weggelassen habe. Die meisten der Zitate, die ich benutzt habe, stammen aus den Werken der vier Expeditionsteilnehmer, die Bücher und Artikel über die Mission geschrieben haben.

La Condamine glänzt als Anekdotenerzähler. Von seinen zwei Hauptwerken ist *Journal du voyage fait par ordre du Roi à l'Equateur* (1751; Journal der Reise im Auftrag des Königs an den Äquator) ein ausführlicher, wochenweiser Bericht dieser oft chaotischen Expedition des 18. Jahrhunderts. Der zugehörige Band *Mesure des trois premiers degrés du méridien dans l'hémisphère austral* (1751; Messung der ersten drei Grade des Meridians in der südlichen Hemisphäre) umfasst La Condamines Beschreibung der Triangulation, Astronomie, der Instrumente und Berechnungen, die während des Jahrzehnts der Expedition in Südamerika zum Einsatz kamen. Pierre Bouguers strenger gehaltenes Werk *La figure de la terre* (1749; Die Form der Erde) beginnt mit einem eher lockeren Reisebericht, der auch von seinen Abenteuern mit La Condamine an der Küste erzählt und eine Untersuchung der Vulkane und Erdbeben enthält. Den Kern des Buches bildet jedoch eine mathematische Darstellung der geodätischen Erkundungen unter ausführlicher Beachtung der Nervenkitzel von Trigonometrie und Astronomie sowie der Feinheiten von Quadranten, Pendeln und Zenitteleskopen. *Relación histórica del viaje hecho de orden de su Majestad a la América Meridional* (1748; Historische Erzählung über die Reise nach Südamerika auf Anordnung seiner Majestät) von Jorge Juan und Ulloa gewinnt den Preis für die gründlichsten geografischen Beschreibungen der unterschiedlichen Länder und Völker. Aus Ulloas Feder lernen wir Quitos schändliches Kastensystem, aber auch das amphibische pazifische »Vogel-Kind« kennen, heute besser bekannt als Pinguin. Der zweite Band von Jorge Juan und Ulloa, *Observaciones astronómicas y físicas hechas en los Reinos del Perú* (Astronomische und physikalische Beobachtungen im Königreich Peru), beschreibt die Geodäsie. Alle fünf Primärquellen sind online zu finden. Gekürzte Abschnitte der Bücher von La Condamine, Bouguer und Ulloa sind in englischer Übersetzung im 14. Band von *A General Collection of the Best and Most Interesting Voyages and Travels in All Parts of the World* (1813) zu finden, herausgegeben von John Pinkerton. Den immer wieder durchscheinenden, für das 18. Jahrhundert typischen Vorurteilen begegnet man am besten, indem man den Geheimbericht liest, den Jorge Juan und Ulloa verfasst haben. Diese Offenlegung der Korruption und Grausamkeit im spanischen Südamerika, *Noticias Secretas de América* (Geheime Notizen aus Amerika) wurde erst 1826 veröffentlicht und liegt heute in einer englischen Ausgabe (*Discourse and Political Reflections on the Kingdoms of Peru*, 1978) vor, übersetzt und herausgegeben von John J. TePaske. Von den anderen Mitgliedern der Expedition sind es Jean-Joseph Verguins Landkarten, die bis heute überdauert haben. Man kann sie auf der Website der Bibliothèque Nationale de France (BNF) anschauen. Die BNF ist außerdem die Hüterin eines außerordentlichen digitalen Tresors, der die jährlichen Ausgaben der *Histoire de l'Académie Royale des Sciences* enthält. Jede Ausgabe ist unterteilt in einen kürzeren Eröffnungsabschnitt von *histoires*, der die neuesten wissenschaftlichen Forschungen zusammenfasst, gefolgt von den umfangreicheren *mémoires* für das Jahr. Ein Blick in die Ausgabe von 1735 enthüllt die Pendel-Berichte, die Godin und La Condamine aus Saint-Domingue geschickt haben, sowie eine Explosionszeichnung des Instruments. Die Ausgaben des astronomischen Jahrbuchs *La Connaissance des temps* (Kenntnis der Zeit) der Akademie sind ebenfalls auf der BNF-Website zu finden. Interessiert man sich eher für das internationale Gespräch der 1730er- und 1740er-Jahre, dann ist Band 1 von Rigauds *Correspondence of Scientific Men of the Seventeenth Century* (1841) eine fesselnde Lektüre, in der Briefe von Newton und Huygens zu finden sind, sowie der briefliche Ausbruch von Bouguer und La Condamine, die sich bei Edmond Halley in London über Godin ausweinten. La Condamines Stichelei über den fettwangigen Pariser Dichter Sinetti ist in *The Complete Works of Voltaire 87, Correspondence and Related Documents, III, May 1734-June 1736*, herausgegeben von Theodore Besterman (1969) zu finden.

Die Geodätische Expedition an den Äquator ist von vielen heutigen Autoren wieder aufgegriffen worden.

Larrie D. Ferreiros großartiges Buch *Measure of the Earth: The Enlightenment Expedition That Reshaped Our World* (2011) bringt neue Forschungsergebnisse ins Spiel und behandelt außerdem Nebenhandlungen der Expedition wie etwa den »War of Jenkins' Ear«. Einen romantischen Ausflug in die Fußstapfen des Expeditionsteilnehmers Jean-Baptiste Godin des Odonais können Sie machen, wenn Sie *The Mapmaker's Wife: A True Tale of Love, Murder and Survival in the Amazon* (2004) lesen, 2005 auf Deutsch erschienen unter dem Titel *Die Frau des Kartographen und das Rätsel um die Form der Erde* von Robert Whitaker. Neil Safiers eher akademisches Buch *Measuring the New World: Enlightenment Science and South America* (2008) beschreibt ausgezeichnet den Austausch des Wissens über den Atlantik. Zwei wichtige Sekundärquellen konzentrieren sich auf die Beiträge der Expedition zur Geodäsie: *The Quest for the True Figure of the Earth: Ideas and Expeditions in Four Centuries of Geodesy* (2005) von Michael Rand Hoare enthält Kapitel über die frühe Geodäsie und die von Maupertuis geführte arktische Expedition. James R. Smiths *From Plane to Spheroid: Determining the Figure of the Earth from 3000 B.C. to the 18th Century Lapland and Peruvian Survey Expeditions* wurde 1986 aus Anlass des 250. Jahrestags der Expeditionen nach Peru und Lappland veröffentlicht. Mary Terralls Buch *The Man Who Flattened the Earth: Maupertuis and the Sciences in the Enlightenment* (2002) folgt dem Leben des Wissenschaftlers, der zum Gegenspieler der Äquator-Expedition zu werden drohte. Joseph Townsends rührende Beschreibung des alternden Ulloa, der in Cádiz von den Schätzen seines Lebens umgeben ist, stammt aus Arthur Whitakers »Antonio de

Ulloa«, erschienen in *The Hispanic American Historical Review* vom Mai 1935. In »Charles-Marie de la Condamine's Report on Ingapirca and the Development of Scientific Field Work in the Andes, 1735–1744« (*Andean Past 2*, 1989), zeigen Monica Barnes und David Fleming den Gelehrten als »den frühesten Beobachter, der einen präspanischen Ort in Amerika aus Sicht einer Person vermessen und analysiert hat, die an der historischen Interpretation interessiert ist«. Bouguer erfährt eine großzügige Wiederbelebung in *Earth Science History, Vol 29* (2010), wo John Smallwood die schwer erkämpften Pendel-Beobachtungen in »Bouguer Redeemed: The Successful 1737–1740 Gravity Experiments on Pichincha and Chimborazo« Revue passieren lässt.

Es gibt eine Unmenge an glitzernden kontextuellen Schatztruhen, die bereit sind, ihre Geheimnisse zu enthüllen. Unter den vielfältigen Ablenkungen habe ich Nicholas Cronks *Voltaire, A Very Short Introduction* (2017) besonders genossen. Es bietet kurzgefasste Einblicke in einen der einflussreicheren Freunde und Zuschauer der Expedition, während Ian Davidsons *Voltaire, A Life* (2010) eine hochinteressante ausgewachsene Biografie ist. Ein aufschlussreicher Essay von John C. Rule über den Marineminister Jean-Frédéric Philippe Phélypeaux, Graf von Maurepas, findet sich in der Ausgabe der *Louisiana History* vom Herbst 1965. Die Geschichte von Taita »Vater« Buerán und den Cañari stammt aus Rosaleen Howards Kapitel (»Why do they steal our phonemes? Inventing the survival of the Cañari language ...«) in von E. Carlin und S. van de Kerke herausgegebenen Buch *Linguistics and Archaeology in the Americas: The Histo-*

rization of Language and Society (2010). Niemand hat die traurige Saga von den Inkas lebendiger dargestellt als John Hemming in *The Conquest of the Incas* (1970). Für die transatlantische Geopolitik und die fragwürdigen Geschäfte der South Sea Company hielt ich mich an Adrian Finucanes *The Temptations of Trade: Britain, Spain, and the Struggle for Empire* (2016). In Geoffrey Walkers *Spanish Politics and Imperial Trade, 1700–1789*, veröffentlicht 1979, geht es um den Handelsverkehr (legal wie illegal), der durch Cartagena de Indias, Portobelo und Panama verlief. Tamar Herzogs *Upholding Justice: Society, State, and the Penal System in Quito (1650–1750)* deckt die brutale Präsidentschaft von Alsedo in Quito auf. Mark Honigsbaums *The Fever Trail–The Hunt for The Cure for Malaria* (2001) führt uns in die Chinarindenbaum-Wälder von Loja. Für die Familie Cassini und die Gründe, weshalb die französischen Kartenmacher des 18. Jahrhunderts sich für die besten der Welt hielten, gibt es keine bessere Quelle als Kapitel 9 aus Jerry Brottons *A History of the World in Twelve Maps* (2012; auf Deutsch 2015 erschienen als *Die Geschichte der Welt in zwölf Karten*). In Michael Heffernans Artikel »Geography and the Paris Academy of Sciences: politics and patronage in early 18th-century France«, veröffentlicht in Band 39 von *Transactions of the Institute of British Geographers* (2014), werden wir durch die Archive des Louvre geführt und erfahren, wie die Expeditionen nach Peru und Lappland dazu beigetragen haben, dass die »neue Wissenschaft der Geografie, zweifellos zum ersten Mal, das konzeptuelle Gebiet etabliert hat, auf dem die moderne Disziplin später ausgeführt wird«.

Es gibt Hunderte von Büchern und Artikeln über wissenschaftliche Instrumente und über Geodäsie. Eine verlässliche Autorin für den Einstieg ist die hochgeschätzte Eva Germaine Rimington (E. G. R.) Taylor, zu deren wegweisenden Werken über die Navigation *The Geometrical Seaman: A Book of Early Nautical Instruments* (1962) und *The Haven-Finding Art, A History of Navigation from Odysseus to Captain Cook* (1956) gehören. Aus den unvergleichlichen Beständen der London Library entlieh ich eine Kopie von Colonel A. R. Clarkes *Geodesy* (1880), das einen Abschnitt zu Bouguers Versuchen enthält, in den Stürmen auf dem Pichincha mit einem Pendel die Auswirkungen der Schwerkraft bei großer Höhe zu ermitteln.

Für einen authentischen Eindruck vom Bergwandern in den Anden hielt ich mich an Edward Whympers *Travels Amongst the Great Andes of the Equator* (1892). Obwohl es mehr als ein Jahrhundert nach der Abreise der Expedition aus dem Vizekönigreich Peru veröffentlicht wurde, unterscheiden sich Whympers Vorstöße an die Schneegrenze und darüber hinaus kaum von denen La Condamines und seiner Gefährten. Für diejenigen von Ihnen, die Spaß an Karten und Bergwanderungen haben, lassen sich mehrere Quellen kombinieren, um die Eskapaden der Expedition nachzuvollziehen. Versuchen Sie zum Beispiel, Verguins gezeichnete Karte von 1746 (zu finden auf der BNF-Website) mit den online verfügbaren topografischen Karten (Instituto Geográfico Militar (IGM), Quito, Ecuador) im Maßstab 1:50.000 abzugleichen. Vergleichen Sie dies mit den Satellitenbildern bei Google Earth. Eine der erstaunlichsten topografischen Verwandlungen ist das Wachstum der Stadt Quito seit 1746 von einem kompakten Ein-Meilen-Raster zu einer Ausdehnung von 30 Meilen. Das lange, ebene Plateau, das für die Grundlinie bei Yaruquí ausgewählt wurde, ist heute die Hauptstartbahn von Quitos neuem internationalem Flughafen.

Das erinnert mich daran, das irritierende Problem der Schreibweisen von Orten zu erwähnen. Die einzelnen Mitglieder der Expedition verwendeten eine verwirrende Vielfalt an Ortsnamen, vor allem bei Bergen, von denen die meisten noch nicht auf irgendwelchen Landkarten verzeichnet gewesen waren. Aus diesem Grund bin ich in diesem Buch der Regel gefolgt, die Schreibweisen zu verwenden, die im *Times Comprehensive Atlas of the World* zu finden sind. Wenn ein Ort, Berg oder Fluss zu klein war, um im *Atlas* aufzutauchen, habe ich die Schreibweisen der IGM-Karten, Maßstab 1:50.000, verwendet. Ein Ortsname kann besonders verwirrend sein: Das »Riobamba« des Jahres 1735 hat nicht nur den Namen, sondern auch die Lage verändert. Nach einem verheerenden Erdbeben im Jahre 1797 wurde die Stadt 20 Kilometer weiter nach Osten verlegt. Das »Riobamba« aus den 1730er-Jahren, das die Mission in diesem Buch besucht hat, heißt heute Cajabamba. Für Entfernungsangaben habe ich *Toises*, Fuß und Meilen benutzt, die den Einheiten der damaligen Zeit entsprechen. Meter und Kilometer mussten erst noch als universelle Einheiten auftauchen, auch wenn ihre Einführung zum Teil La Condamine geschuldet war.

Dieses Buch zu schreiben, hat wirklich viel Spaß gemacht. Ich bin im Herzen Geograf und dies ist eine geografische Abenteuergeschichte. Sie war ein Lebensretter im Lockdown. Allerdings wäre dieses Buch nie entstanden, wenn nicht eine E-Mail bei mir eingetrudelt wäre, kurz bevor Covid-19 zuschlug.

Die Idee für dieses Buch stammt von Dan Bunyard, Publishing Director und Leiter des Non-Fiction-Bereichs bei Michael Joseph. Es war eine unwiderstehliche Geschichte: Eine kosmische Suche mit Segelschiffen, Landkarten, Bergsteigen, extremer Triangulation, Meutereien, Mord und einer kinoreifen Besetzung. Am Nachmittag meines ersten Treffens mit Dan wurde London vom Lockdown getroffen, aber ich war bereits gefesselt. Danke, Dan, für einen solch unterhaltsamen Auftrag. Und danke, Jim Gill von United Agents, für die Weisheit, Ermutigung und einen Spaziergang durch die belebenden Grenzgebiete von Alfreds England. Mein Studienfreund Martin Goodchild las einen ersten Entwurf und listete peinlich genau die vielen Widersprüche und unpassenden Abschweifungen auf. Alle Fehler, die das überlebt haben, sind natürlich von mir.

Auf dem Weg zur Vollendung konnte ich die Reise, die das Buch dazu unternahm, mit dem wunderbar fröhlichen, effizienten Team bei Michael Joseph teilen: Senior Editorial Manager Bea McIntyre, Editorial Assistant Aggie Russell, der Kartenverantwortlichen Fran Monteiro und der Lektorin Sarah Day. Dank der Expertise von Gaby Young und Sriya Varadharajan im Bereich Publicity und Sophie Shaw im Bereich Marketing ist *Latitude/Breitengrad* in guten Händen. Ich danke euch allen!

Bildnachweise für die Bilder in diesem Buch finden Sie auf S. 303. Mit Ausnahme der Darstellung von Martinique stammen alle Schwarzweiß-Illustrationen aus den Werken von Bouguer, La Condamine, Jorge Juan und Ulloa.

Ich möchte dieses Buch allen widmen, die sich für Wissenschaft begeistern und einsetzen.

Nick Crane, London, 2021

Index

A

Alsedo y Herrera, Dionisio de 87, 89, 90, 91, 101, 109, 125
Araujo y Rio, José de 157
Tod des Sekretärs 128, 134, 208
Araujo y Río, José de 125

B

Baños 194, 196, 210
Belalcásar, Sebastían de 148
Belalcázar, Sebastían de 87
Blechynden, Thomas 131
Borma 196
Bouguer, Pierre
auf dem Buerán 188, 189, 192
auf dem Carihuairazo 170
auf dem Corazón 164
auf dem Cotopaxi 155, 156, 164
auf dem Lalanguso 181, 183
auf dem Pambamarca 144, 146
auf dem Pichincha 140, 142, 145, 146, 148, 150, 151, 221, 243, 245, 247
auf dem Sinasaguan 187
auf dem Tanlagua 148
auf der Portefaix 13, 14, 15, 17, 18, 25
auf der Vautour 48
auf Saint-Domingue 36
erstochener Sklave 159
geheimes Observatorium 228
Grundlinienmessung 104, 106, 108, 111, 116, 194, 195, 196
in El Quinche 251, 252
in Montechristi 70, 72
in Portobelo 51
in Portoviejo 72, 74
in Quito 104, 107
kartografische Exkursion 136
Küstenbeobachtungen 220, 225
Längengrad-Breitengrad-Entscheidung 122

Manta-Bucht 60, 62
Mondfinsternis 115
Pendelmessungen 144
Reise nach Quito 44, 66,
   77, 94, 101
Rio Jama 75
Schallgeschwindigkeitsexperimente 161, 163, 225
Seniergues' Ermordung
   205, 206, 207
späteres Leben 262
Tarqui 194
und Godin 158
und La Condamine 18
Zelt 41
Zenitteleskop 209, 210,
   216, 220, 232
Buerán 188, 189

C

Cañar 187, 188, 189
Caracol 66, 79, 80, 81, 91
Carihuairazo 85, 170
Cartagena de Indias 21, 28,
   29, 30, 31, 33, 34, 35,
   37, 40, 42, 45, 46, 48,
   69, 89, 91, 110, 127,
   133, 135, 185, 197, 224,
   227, 239, 248, 262, 276,
   277
Cassini, Jacques 39
Cerro Igualato 171
Chagres, Rio 50, 53, 54
Changallí, Ebene von 154,
   155, 156

Chimborazo 85, 100, 175,
   176, 178, 179
Chusay (Cerro La Mira) 183,
   184, 185, 186
Clairaut, Alexis-Claude 120,
   169
Cochasquí 105, 217, 228, 247
Colbert, Jean-Baptiste 13
Corazón 153, 154, 156, 164
Cotopaxi 86, 153, 154, 164,
   166, 178, 225
Couplet de Tartreaux, Nicolas 23
Couplet-Viguier, Jacques 23,
   104, 105, 108, 112, 116,
   206, 217, 276
Cruces 54, 55
Cuenca 173, 175, 176, 177,
   180, 189, 191, 192, 193,
   194, 201, 202, 204, 208,
   209, 211, 213, 215
Cujidón (Sklave) 197

D

Dávalos, José 176, 256
de la Grive, Abbé 236
Derham, William 161, 162
Descartes, René 14
Drake, Sir Francis 34
du Fay, Charles 107, 179, 226

E

Elén 176, 252, 256
El Quinche 113, 147, 149,
   223, 225, 251

Epsilon Orionis 212, 213, 218, 219, 229, 230, 231, 232, 234
Esmeraldas, Rio 95, 96, 97, 102, 221

F
Fayet, Marquis de 36, 37, 41
Fort-Royal, Martinique 25, 26, 27, 28
Fort Saint Louis, Saint-Domingue 36
Frisius, Gemma 136
Fuß (Maßeinheit) 11

G
Geodätische Expedition an den Äquator 12, 15, 17
Gnaoupan 185
Godin des Odonais, Jean-Baptiste 23
  Geschäftsreise nach Cartagena de Indias 227
  Grundlinienmessung 196
  Heirat 239
  Quechua-Sprache 164
  späteres Leben 274
Godin, Louis 19, 20
  auf dem Corazón 153
  auf dem Cotopaxi 153
  auf dem Guamani 153
  auf dem Pambamarca 144, 146
  auf dem Quinualoma 188, 192
  auf dem Tanlagua 148, 149
  auf dem Yasuay 196
  auf Martinique 27
  auf Saint-Domingue 37, 39, 40
  Couplet-Viguiers Tod 116
  Führungsqualitäten 25, 59
  Grundlinienmessung 103, 104, 116, 194, 195, 196
  Guayaquil 60
  in Guayaquil 64, 65, 66, 67
  in Panama 55
  in Portobelo 49, 50
  in Quito 87, 91, 100, 106, 150, 173
  La Condamines Erinnerungspyramiden 233
  Längengrad-Breitengrad-Entscheidung 122
  Maldonado-Leihgabe 158
  Mondfinsternis 115
  Rebellion von El Quinche 149
  Reise nach Guayaquil 56
  Reise nach Quito 66, 80
  Schallgeschwindigkeitsexperimente 161, 162, 163
  Schatzsuche 243
  Seniergues' Ermordung 207
  späteres Leben 269
  und Jussieu 22
  wissenschaftliche Instrumente 50

Zelt 41
Zenitteleskop 210, 213, 219, 220, 224, 226
Godin, Rose Angélique 20, 270
Graham, George 63, 123, 181
Gramesón, Isabel 239, 274
Grangier (Diener) 38, 138, 221, 277
Guápulo 153, 225
Guaranda 66, 84
Guayama 171
Guayaquil 45, 46, 56, 63, 66, 67, 69, 91, 238
Guzan (Prostituierte) 37

H

Heredia, Pedro de 34
Héricourt, Graf von 40, 41
Herrera y Sotomayor, Juan 33
Hispaniola 28, 29
Hugo, Théodore 22, 138, 211
  späteres Leben 273
  Zenitteleskop 210
Humboldt, Alexander von 202

I

Ilito 164
Incendio (Schiff) 29, 31
Ingapirca 190, 191

J

Jama, Rio 75
Joséphe, Bastienne 37
Juan y Santacilia, Jorge 29, 30, 31, 32, 33
  auf dem Corazón 153
  auf dem Cotopaxi 166
  auf dem Guamani 153
  auf dem Pambamarca 146
  auf dem Quinualoma 188, 192
  auf dem Tanlagua 149
  auf dem Yasuay 196
  auf der Nuevo Conquistador 29
  Grundlinienmessung 103, 104
  in Guayaquil 66
  in Panama 56
  in Portobelo 51
  in Quito 92, 125, 127, 160
  La Condamines Erinnerungspyramiden 233
  Rebellion von El Quinche 149
  Schallgeschwindigkeitsexperimente 161, 163
  Seniergues' Ermordung 207
  späteres Leben 265
  Tod von Araujos Sekretär 128, 134, 208
  und britische Angriffe 228, 237, 238, 241, 242
Jussieu, Antoine de 22

Jussieu, Bernard de 22
Jussieu, Joseph de 22
  auf Martinique 26
  auf Saint-Domingue 37
  Chinarindenbaum 130, 135,
    186, 197, 198
  Fieber 231
  in Portobelo 50
  in Quito 92, 115
  Seniergues' Ermordung
    207, 208
  späteres Leben 270
  Ulloa und Jorge Juan 43
  und Godin 38, 57

K

Kap San Francisco 57, 60, 96
Kolumbus, Christoph 49

L

La Condamine, Charles-
    Marie 18
  auf dem Buerán 188
  auf dem Chusay 183, 184
  auf dem Cotopaxi 155
  auf dem Lalanguso 181,
    182
  auf dem Pambamarca 144
  auf dem Pichincha 117,
    145, 146, 150, 221, 243,
    245
  auf dem Sinasaguan 186,
    187
  auf dem Yasuay 195
  auf dem Zagrún 181

  auf Saint-Domingue 37
  Brechungsexperimente 216
  Chagres, Rio 50
  Changallí, Ebene von 154
  Chinarindenbaum 73, 130,
    135
  Couplet-Viguiers Tod 116
  Cuenca 209, 215
  Einbrüche 249, 253
  Erinnerungspyramiden
    233, 242
  Esmeraldas, Rio 77, 95, 96
  finanzieller Rettungsplan
    110, 119, 131, 157
  Gelbfieber 27
  Grundlinienmessung 103,
    104
  Gummi 108
  Heimreise 226, 248
  in Cuenca 202
  in El Quinche 223, 225,
    251, 252
  Ingapirca 190, 191
  in Montechristi 70
  in Portobelo 51
  in Portoviejo 71
  in Quito 93, 99, 108, 109,
    216, 221, 224
  in Tarqui 214
  Längengrad-Breitengrad-
    Entscheidung 122
  Manta-Bucht 60, 62
  Mondfinsternis 115
  Palmar 76
  Panama 55

Pazifikroute 46
Pendelexperimente 178,
  180, 215, 249
Polarkreis-Expedition 40,
  120, 126, 194
Pyramiden 223, 237, 238
Quilotoa-Exkursion 167,
  168, 221
Reise nach Quito 93, 96, 97
Schallgeschwindigkeitsexperimente 225
Schatzkiste 227
Seniergues' Ermordung 207
späteres Leben 263
Tagualo-Goldmine 167
Ulloa und Jorge Juan 43
und Bouguer 18, 220
und Diener 277
und Godin 157
und Seniergues 69, 185
und Sinetti 42
Verkauf von Instrumenten 248
Zelt 41, 248
Zenitteleskop 209, 214,
  220, 222, 229, 230
Lalanguso 181, 182
Langlois, Claude 17
Léon y Román, Diego de
  202, 203
Lima 129, 227
Loma de Marca 148
Louville, Chevalier de 71

M
Maenza, Marquis von 167, 255
Maldonado, Pedro Vicente
  158, 255
Maldonado y Sotomayor,
  José Antonio 113, 223, 251
Maldonado y Sotomayor,
  Ramón Joaquín 108, 157
Manta-Bucht 60, 61, 62
Martinez de la Vega, Dionisio
  50, 55
Martinique 25, 27, 28
Maupertuis, Pierre-Louis
  Moreau de 39, 158,
  265, 269
  Polarkreis-Expedition 40,
    120, 169
Maurepas, Graf von 15, 17,
  20, 24, 37, 40, 41, 44, 157
Meschin, Leutnant Guillaume
  de 12, 13, 36
Milanezio, Vater 255
Mojanda 216
Montechristi 60, 61, 70, 72
Morainville, Jean-Louis de
  21, 185
  auf Saint-Domingue 37
  Chinarindenbaum 186, 197
  in Portobelo 51
  späteres Leben 272
  Zenitteleskop 232, 257

298

Morel, Juan-Manuel 56, 61, 64, 67
Mulmul 171

N

Newton, Isaac 14, 22
Neyra y Perez de Villamar, Nicolás de 204, 205, 209
Nono 99, 102
Nuevo Conquistador (Schiff) 29

O

Olabe y Gomarra, Joseph de 72
Orellana, Francisco de 67
Ormaza, Antonio de 112
Oyambaro 114, 119, 218

P

Palmar 76, 223
Pambamarca 139, 144, 146, 147, 151, 152
Panama 45, 49, 50, 55, 239
Panecillo 160, 161, 162
Papa-urco 164, 166, 225
Patiño, José 32
Petit-Goâve, Saint-Domingue 37, 38, 40, 41
Pichincha 97, 99, 102, 117, 139, 140, 142, 145, 146, 147, 148, 150, 221, 243, 248

Portefaix (Schiff) 11, 13, 14, 15, 17, 29, 36
Portobelo 46, 49, 50, 51, 53, 224
Portoviejo 71, 72, 73

Q

Quesada, Francisco de 202, 203
Quesada, Manuela de 202, 203
Quilotoa 167, 168, 221
Quinualoma 188, 192
Quito 80, 83, 89, 97, 98, 99, 115, 119, 120, 219, 220, 221, 224
  Erdbeben 120, 224
  Längen- und Breitengrad 107
  Mondfinsternis 115
  Ostern 155
  Schallgeschwindigkeitsexperimente 161, 163
  Tod von Araujos Sekretär 128

R

Réaumur, René Antoine Ferchault de 39
Riobamba 163, 170, 171, 172, 173, 174, 175, 176, 216
Rochefort 11
Rumiñahui 87

S

Saint-Domingue 28, 36, 37
Saint-Pierre, Herzogin von 132
San Christoval (Schiff) 61, 62, 63, 64, 65
Sangay 177, 186
San Jose (Schiff) 89
Seniergues, Jean 23, 57, 276
  Cartagena de Indias 135, 139, 185
  Chinarindenbaum 186
  Cuenca 197
  Ermordung 207
  in Guayaquil 69
Serrano de Mora y Morillo de Montalban, Sebastían 205
Sinasaguan 185, 186, 187
Sinetti, Jean-Baptiste 42

T

Tanlagua 148, 149, 151, 218
Tarqui 194, 197, 208, 211, 212, 213, 214, 223, 232, 233, 234, 236, 238, 239, 248, 250, 252, 256, 257, 258
Toise (Maßeinheit) 17
Tungurahua 85, 177

U

Ulloa y de la Torre-Guiral, Antonio 29, 30, 31, 33, 35
  auf dem Buerán 188, 189
  auf dem Carihuairazo 170
  auf dem Chusay 183, 184
  auf dem Cotopaxi 153, 154
  auf dem Lalanguso 181
  auf dem Pichincha 142, 145, 146
  auf dem Sinasaguan 187
  auf dem Tanlagua 148
  auf dem Yasuay 195
  Chagres, Rio 50
  Couplet-Viguiers Tod 116
  Grundlinienmessung 116, 194
  Höhenkrankheit 140, 141, 145
  in Cuenca 189
  in Guayaquil 65, 66, 67
  in Panama 56
  in Portobelo 51, 53
  in Quito 87, 92
  La Condamines Erinnerungspyramiden 233
  Platin 200
  Reise nach Quito 79, 80, 83, 87
  Schallgeschwindigkeitsexperimente 161
  späteres Leben 266
  Tod von Araujos Sekretär 128, 208
  und britische Angriffe 224

V

Valparda y la Ormaza, Juan 125, 127, 242
Vautour (Schiff) 40, 42, 43, 46, 48, 49, 91
Verguin, Jean-Joseph 21
  auf dem Pichincha 117
  auf Martinique 26
  auf Saint-Domingue 38
  Brechungsexperimente 216
  Chagres, Rio 50
  Grundlinienmessung 103, 104, 194
  in Guaranda 84
  in Portobelo 51
  in Quito 102
  Landkarte 136, 153, 159, 164, 183
  mathematische Berechnungen 226
  Schallgeschwindigkeitsexperimente 228
  späteres Leben 271
  Zenitteleskop 214, 217
Villagarciá, Marquis von 31
Villagarcía, Marquis von 109, 110, 132, 134
Voltaire (François-Marie Arouet) 19, 42, 264

Y

Yaruquí 113, 115, 116, 117, 129
Yasuay 195, 196

Z

Zagrún 181

Bildnachweise

Bild 1: Bridgeman Images
Bild 2: Alamy Stock Photo
Bild 3: Bridgeman Images
Bild 4: Maurice Quentin de la Tour (French, 1704–1788). Porträt von Charles-Marie de La Condamine, 1753. Pastell auf Papier, 19 1/4 x 17 1/4 in. Frick Art & Historical Center, Pittsburgh, 1970.40.
Bild 5: Alamy Stock Photo
Bild 6: Alamy Stock Photo
Bild 7: Alamy Stock Photo
Bild 8: Mary Evans Picture Library
Bild 9: Gallica – Bibliotheque Nationale de France Digital Library
Bild 10: Gallica – Bibliotheque Nationale de France Digital Library
Bild 11: Bridgeman Images
Bild 12: Gallica – Bibliotheque Nationale de France Digital Library
Bild 13: Alamy Stock Photo
Bild 14: Bridgeman Images
Bild 15: Gallica – Bibliotheque Nationale de France Digital Library
Bild 16: Alamy Stock Photo
Bild 17: Gallica – Bibliotheque Nationale de France Digital Library
Bild 18: Gallica – Bibliotheque Nationale de France Digital Library

Bild 19: Gallica – Bibliotheque Nationale de France Digital Library
Bild 20: Gallica – Bibliotheque Nationale de France Digital Library
Bild 22: Bridgeman Images
Bild 23: Gallica – Bibliotheque Nationale de France Digital Library
Bild 24: Mary Evans Picture Library
Bild 25: Bridgeman Images
Bild 27: Alamy Stock Photo
Bild 28: Alamy Stock Photo
Bild 29: Bridgeman Images
Bild 30: Gallica – Bibliotheque Nationale de France Digital Library
Bild 31: Bridgeman Images

Bildtafeln

1. 1735 segelten Wissenschaftler aus Europa in ein Land, das sie sich nur vorstellen konnten, in dem der Äquator Regenwald, Schluchten und schneebedeckte Vulkane durchschneidet. »Herz der Anden« ist eine imaginäre Sicht des amerikanischen Landschaftsmalers Frederick Edwin Church auf das Land, das heute Ecuador heißt.

2. Louis Godin, der nominierte Leiter der Expedition, klammert sich an die Welt, die er verloren hat. Godin kehrte lange nach seinen Gefährten aus Südamerika zurück, entehrt und vergessen.

3. Pierre Bouguer, grimmig dreinschauend in seinem fliederfarbenen Rock, wurde hier neun Jahre nach seiner Rückkehr nach Europa von Jean Baptiste Perronneau mit Pastellfarben festgehalten. Er wollte eigentlich gar nicht an der Expedition teilnehmen und verabscheute Seereisen, wurde aber trotzdem der Anführer der Mission.

4. Charles-Marie de La Condamine blickt schelmisch aus seinem Pastell-Porträt aus dem Jahr 1753 von Maurice Quentin de la Tour, dem gefeierten Maler, zu dessen langer Liste von Porträtierten auch La Condamines Freund Voltaire sowie König Ludwig XV. gehörten.

5. Jorge Juan y Santacilia, der ältere der zwei spanischen Leutnants der Expedition, hier dargestellt als hochdekorierter Nationalheld. Er kehrte aus Südamerika zurück, um dann Spion in England und Außerordentlicher Botschafter in Marokko zu werden.

6. Antonio de Ulloa y de Torre-Guiral war neunzehn, als er von Cádiz aus nach Südamerika absegelte. Der fleißige Autor und Geograf berichtete in seinen Veröffentlichungen auch über die humanitären Verbrechen in den spanischen Kolonien.

7. In der globalisierten Welt des 18. Jahrhunderts bewegten sich Informationen, Waren und Menschen auf einem Netz aus Schifffahrtswegen, die unter ungenauen Seekarten, Stürmen, Piraten und räuberischen, feindlichen Flotten zu leiden hatten. Die Reise der Expedition an den Äquator dauerte fast ein Jahr. Die Illustration ist dem Buch der beiden spanischen Marineoffiziere der Mission, *Relación histórica del viaje hecho de orden de su Majestad a la América Meridional*, entnommen.

8. Der erste Landgang der französischen Abordnung erfolgte auf der Insel Martinique in der Karibik, wo La Condamine unter einem heftigen Fieber litt, das als »Schwarzes Erbrechen« bezeichnet wurde.

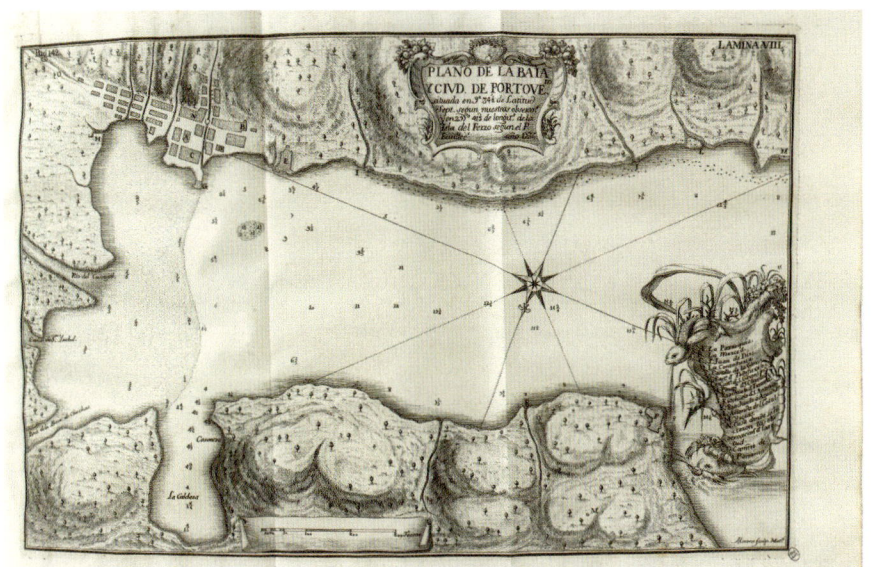

9. Die Hölle von Portobelo: Die Expedition war gezwungen, an einem Ort, der so sehr von Insekten und Krankheiten geplagt wurde, dass er als »Friedhof der Spanier« bekannt war, drei Wochen lang auf Flussboote zu warten. Jorge Juan und Ulloa schafften es, diese detaillierte Karte des Ankerplatzes und der Stadt zu zeichnen.

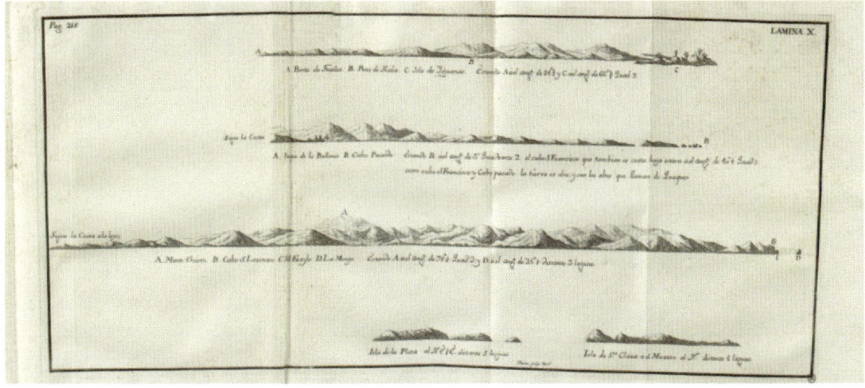

10. Diese Küstenprofile wurden von Jorge Juan und Ulloa auf der Überfahrt von Panama nach Guayaquil gezeichnet. Auf dem oberen Profil sind Punta Mala (B) und die Isla Iguana (C) zu sehen. Auf dem zweiten Profil bezeichnet »A« Punta Ballena, die Walspitze, wo Bouguer wartete, während La Condamine auf der Suche nach dem Äquator nach Norden paddelte. »B« kennzeichnet die Felsen von Punta Pasada. Auf dem dritten Profil ist »A« die Spitze von »Monte Christo« oberhalb der Manta-Bucht, wo Godin Bouguer und La Condamine zurückließ. Das unterste Profil zeigt die zwei Inseln, an denen Schiffe auf dem Weg von Manta nach Guayaquil vorbeifuhren.

11. La Condamine, der Entdecker, in »Punta Palmar«, wo seiner Ansicht nach der Äquator die Pazifikküste kreuzte. Hinter dem Felsen, an dem er seine Inschrift hinterlässt, befinden sich sein Quadrant, die Pendeluhr und eine noch unfertige Landkarte. Hängematte, Unterschlupf und Kanu erinnern seine Leser daran, dass die Wissenschaft auch Opfer verlangt.

12. Balsaflöße faszinierten die beiden Marineleutnants der Expedition. In ihrer Zeichnung hält das Floß seinen Kurs mithilfe zweier beweglicher Kielschwerter (F) und hat ein Segel, das an einem A-förmigen Mast aus Mangrovenholz befestigt ist (D). Das offene Feuer am Heck dient als Küche (H).

Demostracion de la Montaña de S.ⁿ Antonio, con la de los precipicios y riesgo de su Camino.

13. Der Weg über die Anden führte an gähnenden Abgründen vorbei. Auf steilen Abschnitten »schlitterten« die Maultiere abwärts, während die Führer sich an Bäumen klammerten, immer bereit, die Reiter in Sicherheit zu zerren.

14. Für Flussüberquerungen brauchte man Nerven aus Toledo-Stahl. Schluchten überquerte man mittels schwankender Seilbrücken oder in Schlingen, die vom anderen Ufer herübergezogen wurden.

15. Die Flora und Fauna der Anden, aus dem Buch von Jorge Juan und Ulloa. Der Avocadobaum (B) hatte die »erlesensten Früchte«, während die Cherimoya (C) »höchst köstlich« war. Zu den Wildtieren gehörten das Lama (F) und das »muca-muca« oder Opossum (G). Nicht zu sehen sind die Schlangen, Skorpione, Moskitos und Jaguare.

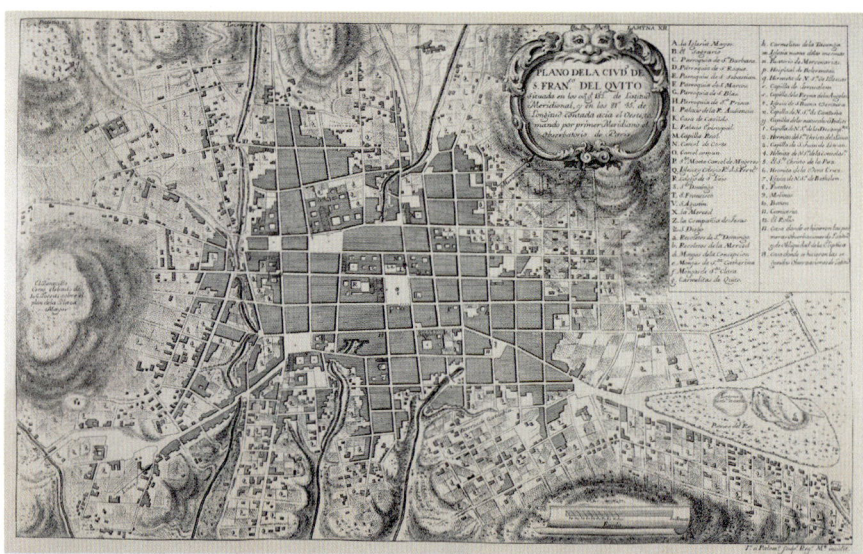

16. Morainvilles Karte der Stadt Quito, mit Nordosten am oberen Bildrand, wo die Vororte auf den Vulkan Pichincha treffen. Der Hauptplatz, auf dem Jorge Juan den Sekretär des Präsidenten getötet hatte, befindet sich im Zentrum des kolonialen Straßenrasters. Das Observatorium von Santa Barbara, das die Expedition benutzte, lag drei Straßenzüge nördlich der Plaza. Der Hügel von Panecillo, auf dem die Kanonen für die Schallexperimente abgefeuert wurden, ist auf der linken Seite der Karte zu sehen.

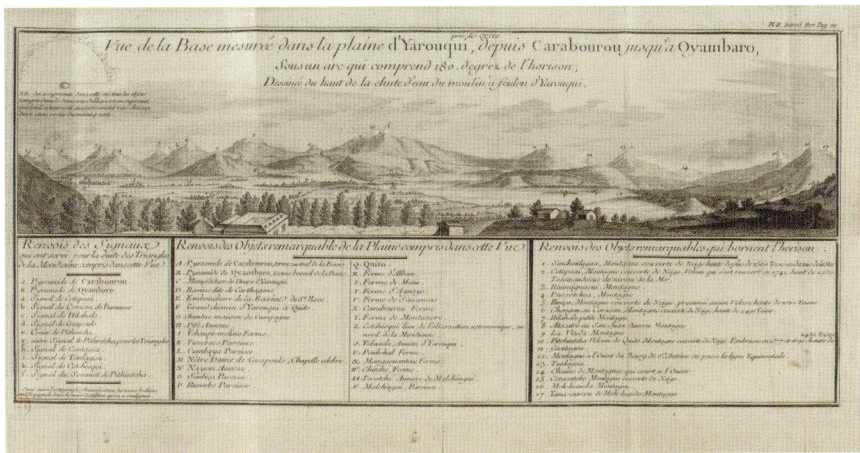

17. Ein 180°-Panorama der Grundlinie von Yaruquí im Herzen der Anden. In der Mitte befindet sich der Zwillingsgipfel des Pichincha (siehe Detaildarstellung), der Schauplatz so vieler Dramen der Mission. Das Pichincha-Signal, an dem La Condamine, Bouguer und Ulloa drei schneereiche Wochen lang auf einer Felsspitze kampiert hatten, ist mit »f« gekennzeichnet. Das Holzkreuz bei »e« wurde von der Expedition bei schlechtem Wetter als Signal verwendet. Tanlagua, der Gipfel, den Ulloa auf dem Hintern heruntergerutscht ist, befindet sich bei »13«. Die beiden Enden der Grundlinie sind mit »B« (Oyambaro) und »A« (Caraburo) markiert. Der Cotopaxi bricht bei »2« aus. Das Observatorium von Cochasquí, in dem Bouguer und La Condamine viele Monate lang unter dem Zenitteleskop kauerten, ist bei »k«, rechts unter dem Vulkan Mojanda (16), gerade so sichtbar.

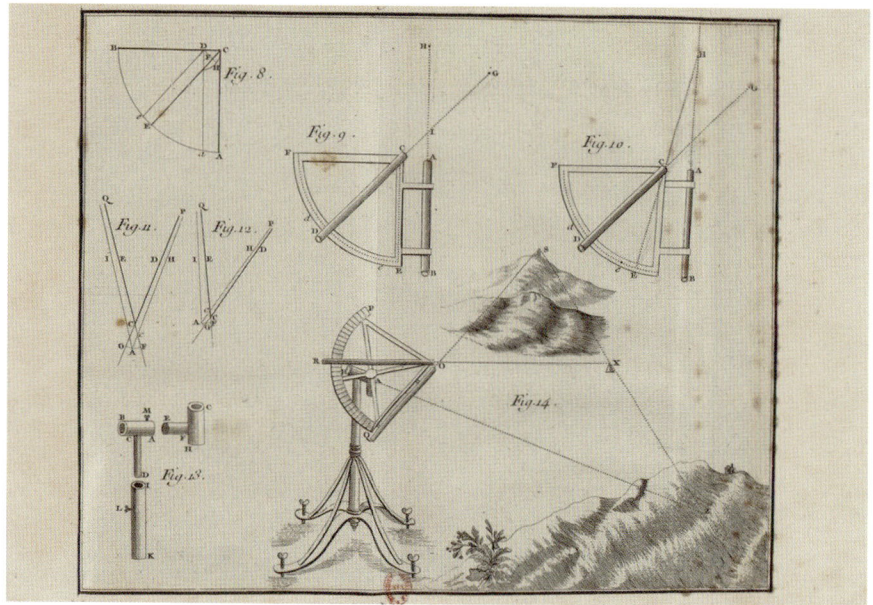

18. Das GPS des 18. Jahrhunderts: Der treue Quadrant diente zum Messen von Winkeln zwischen »Signalen«, die an gut sichtbaren Stellen platziert waren, und konnte auf diese Weise genutzt werden, um Orte im Raum zu bestimmen. Ein am Quadranten befestigtes Teleskop mit einem Fadenkreuz erlaubte das präzise Sichten des Signals. Indem man den Quadranten auf seinem eisernen Ständer neigte, ließen sich damit Berghöhen messen.

19. Wildcamping mit einer *marquise*, einem der großen Zelte mit doppelten Zeltplanen, die La Condamine für den Einsatz in großen Höhen in Auftrag gegeben hatte. Zwei Landvermesser im Gehrock bedienen den Quadranten, während die Assistenten einen ausbrechenden Vulkan besteigen, um ein verlorengegangenes Signal zu ersetzen. Die Wirklichkeit sah ein wenig anders aus als auf diesem Stich aus La Condamines Buch. Die Zeltplanen wurden zerfetzt, die Stangen brachen entzwei, und die Vermesser waren ungepflegt und in landestypische Kleidung gehüllt.

22	MESURE DES TROIS PREMIERS					
\multicolumn{7}{c}{TABLE du Calcul des Triangles}

I. ORDRE & PLANS des TRIANGLES.	II. NOMS DES LIEUX où étoient posés les Signaux.	III. ANGLES DE POSITION observés.	IV. Equation pour la somme des 3 Angles	V. LONGUEUR des côtés opposés aux Angles observés.	VI. ANGLES de hauteur & de dépression apparente observés.	
I. C–P base O	Pamba-marca......	P. 38° 36' 14"	– 3"	CO. 6274,05 Toises. Base inclinée.	C. – 5° 41' 10" calc. O. – 4. 30. 27. c.	
	Carabourou...... Terme Nord de la Base.	C. 77. 35. 40	– 4	PO. 9821,00	P. + 3. 33. 6. b. O. + 1. 6. 19. ab.	
	Oyambaro......... Terme Sud de la Base.	O. 63. 48. 16	– 3	PC. 9022,96	P. + 4. 20. 29. c. C. – 1. 11. 53. cd.	
		180. 0. 10	–10			
II. T–P O	Pamba-marca......	P. 69. 46. 37	0	OT. 15663,05	O. – 4. 30. 27. c. T. – 1. 26. 20. c.	
	Oyambaro.........	O. 74. 10. 58	0	PT. 16060,29	P. + 4. 20. 29. c. T. + 1. 18. 39. c.	
	Tanlago..........	T. 36. 2. 25	0	PO. 9821,00	P. + 1. 11. 13. d. O. + 1. 33. 48. d.	
		180. 0. 0				
III. T–P Π	Pamba-marca......	P. 38. 36. 34	– 2	TΠ. 12690,77	T. – 1. 26. 20. c. Π. + 0. 9. 55. c.	
	Tanlagoa.........	T. 89. 14. 10	– 2	PΠ. 20335,92	P. + 1. 11. 13. d. Π. + 1. 18. 39. c.	
	Pitchincha.......	Π. 52. 9. 22	– 2	PT. 16060,29	P. – 0. 28. 36. c. T. – 2. 16. 8. c.	
		180. 0. 6	–6			
IV. Π–P T S	Pamba-marca......	P. 39. 47. 3	0	ΠS. 13251,57	Π. + 0. 9. 55. c. S. – 2. 21. 47. c.	
	Pitchincha.......	Π. 61. 6. 24	0	PS. 18131,07	P. – 0. 28. 36. c. S. – 3. 38. 56. c.d.	
	Schangailli......	S. 79. 6. 33	0	PΠ. 20335,92	P. + 2. 4. 55½. c. Π. + 3. 25. 47. c.	
		180. 0. 0				
V. Π–S C	Pitchincha.......	Π. 58. 26. 10	– 4	SC. 18097,10	S. – 3. 38. 56. c.d. C. – 0. 11. 56. c.d.	
	Schangailli......	S. 82. 57. 50	– 4	ΠC. 21128,15	Π. + 3. 25. 47. c. C. + 2. 24. 31¼. c.	
	El Coraçon.......	C. 38. 36. 12	– 4	ΠS. 13251,57	Π. – 0. 7. 59. c. S. – 2. 42. 10. c.	
		180. 0. 12	–12			

20. Triangulation leichtgemacht: Eine Beispielseite aus La Condamines Buch von 1751 zeigt die Winkel, die zwischen einigen der ersten Dreiecke ermittelt wurden. Nachdem auf dem Boden die Länge der ersten Grundlinie vermessen worden war (C – O in der obersten Zeichnung), wurden nachfolgend Winkel ermittelt und eingetragen.

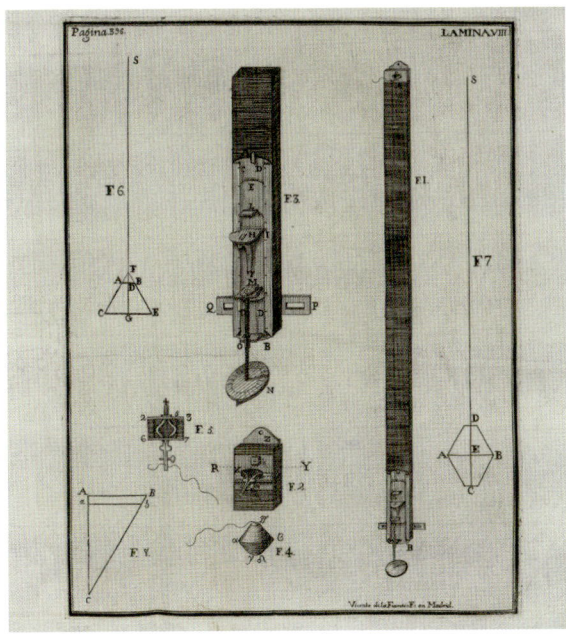

21. Pendelprobleme: Eines der empfindlichsten Instrumente, die aus Frankreich mitgebracht worden waren, konnte benutzt werden, um die Schwerkraft der Erde zu messen. Es musste an eine Wand oder einen festen Rahmen montiert werden. Erdbeben und die Reibung der beweglichen Teile verursachten zahllose Schwierigkeiten.

22. Nebelbogen auf dem Pambamarca: In dieser zusammengesetzten Darstellung ist einer der frühen Signaltypen neben einem *marquise*-Zelt zu sehen. Bouguer war der Erste, der den »Nebelbogen« – oder das Brockengespenst – erlebte, als er sein eigenes Bild von der niedrigstehenden Sonne auf eine Wolke projiziert sah, umgeben von einem regenbogenfarbigen Leuchten oder Halo (Lichthof).

23. Verlorene Welten auf dem Pambamarca, wo der spanische Leutnant Ulloa einen »Tempel« der »alten Indianer« sowie die konzentrischen Ringe einer mutmaßlichen Bergfestung zeichnete. Auf dem Berg wurde eines der ersten Signale der Mission errichtet. Im Vordergrund befinden sich die Häuser und die Kirche der Stadt Cayambe.

24. Die Entdeckung des Gummis: Während seiner Reise von der Küste nach Quito stieß La Condamine zufällig auf eine seltsame, elastische Substanz, die aus dem Saft eines Baums im Regenwald gewonnen wurde. Zu den verschiedenen »Ersten« der Expedition gehört also auch die erste Beschreibung von Gummi durch einen Europäer.

25 und 26. Das Heilmittel für Malaria: Jussieu, Seniergues und La Condamine erkundeten die Wälder rund um Loja, wo der Chinarindenbaum gedieh. Im Laufe der Zeit wurde die gemahlene Rinde des Baumes als Chinin bekannt. Die kleine Zeichnung stammt aus La Condamines Bericht *Über den Cinchona-Baum*.

27. Der Kratersee des Quilotoa: Als La Condamine nach einer verlorenen Goldmine und einem Berggipfel, der die Vermessung beschließen könnte, suchte, traf er auf diesen See, der – wie man ihm erzählte – einmal Feuer gespien und Herden von Tieren entzündet hätte. Er stieg in den Krater hinab, um das näher zu untersuchen.

28. Der Chimborazo (6.310 Meter) galt als der höchste Berg der Welt. Bouguer, La Condamine und Ulloa nahmen Instrumente mit auf die Hänge des Vulkans, um Newtons Gesetz der Massenanziehung zu testen. Die Breitengradmessungen der Expedition bestätigten, dass der Gipfel des Chimborazo am weitesten vom Mittelpunkt der Erde entfernt – und damit den Sternen am nächsten ist.

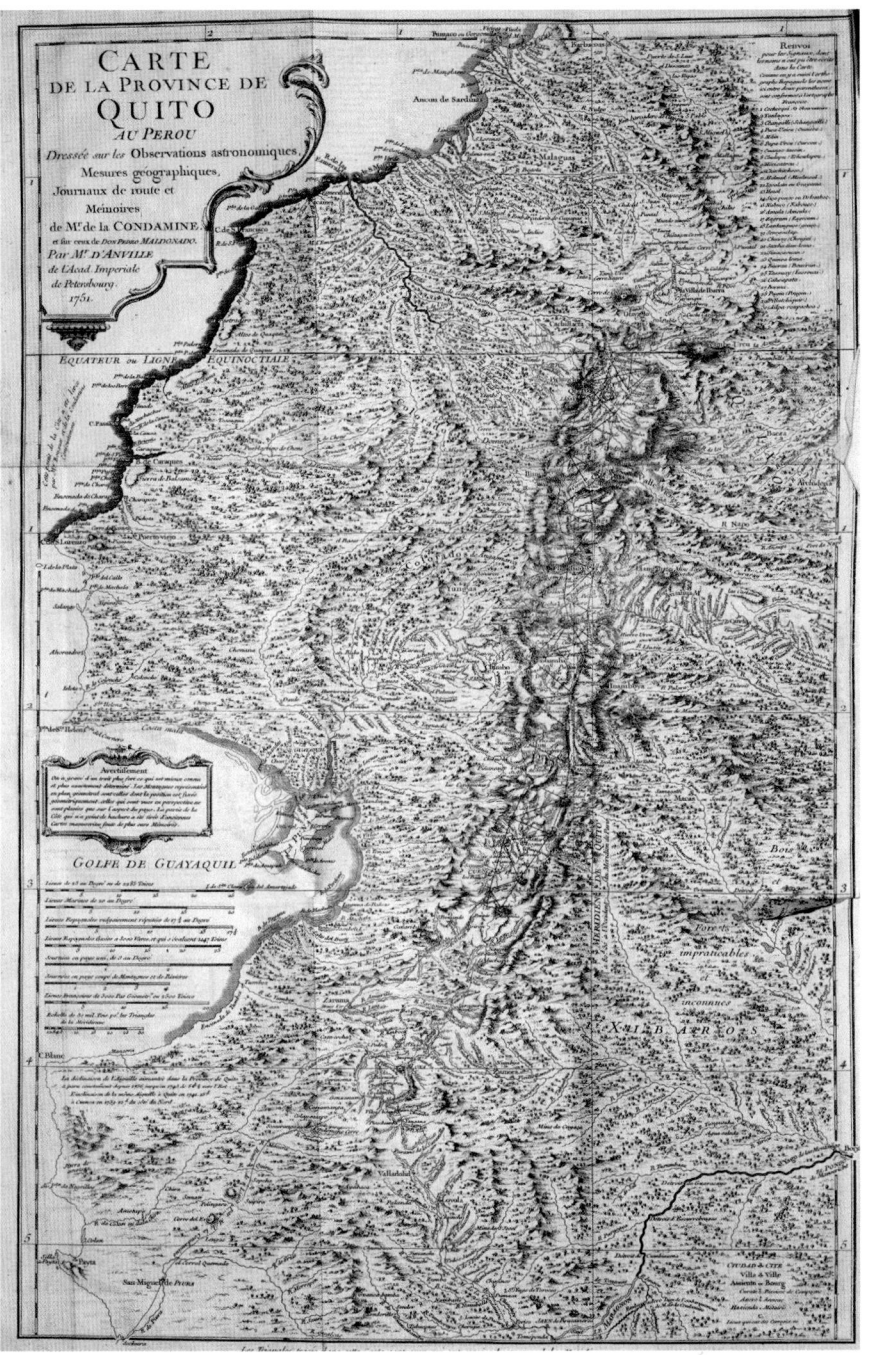

29. Nach vier Jahren des Vermessens erstreckte sich die Karte der Dreiecke über drei Grad geografischer Breite am Äquator, der hier direkt nördlich von Quito die Landkarte kreuzt.

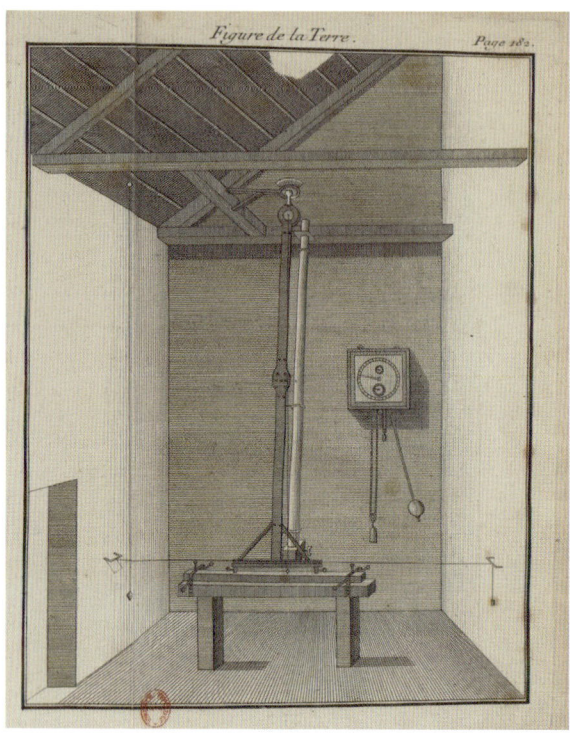

30. Folterinstrument: Das Zenitteleskop war so groß und empfindlich, dass es ein eigenes Observatorium benötigte. In der Praxis handelte es sich hierbei um ein Gebäude mit einem Loch im Dach und einer Pendeluhr. Der Beobachter musste sich auf den Boden unter das Okular des unglaublich langen, exakt ausgerichteten Teleskops legen. Mehr als drei Jahre wurden mit den astronomischen Beobachtungen an den Enden der Dreieckskette zugebracht.

31. Der aufgewölbte Globus in dem Buch, das Jorge Juan und Ulloa über die Expedition veröffentlichten. Die Geodätische Expedition an den Äquator bewies, dass ein Breitengrad am Äquator kürzer war als an den Polen und die Erde daher – wie Newton in einer Theorie vermutet hatte – eine abgeflachte Kugel ist.